# LE JARDIN

DES

# RACINES SANSCRITES.

# LE JARDIN

## DES

# RACINES SANSCRITES

OUVRAGE FAISANT SUITE

A LA MÉTHODE GRAMMATICALE, AU DICTIONNAIRE, AUX DEUX SELECTÆ,

PAR

**L.-LEUPOL**

L'UN DES TRENTE-SIX DE L'ACADÉMIE DE STANISLAS,
SECRÉTAIRE GÉNÉRAL DE LA SOCIÉTÉ D'ENCOURAGEMENT ET DE PROGRÈS DU NORD-EST,
CHEVALIER DE LA LÉGION D'HONNEUR ET DE L'ORDRE DU DANEBROG.

NANCY
NICOLAS GROSJEAN
Libraire de l'Académie de Stanislas
Trottoirs de la Fontaine de Neptune.

PARIS
MAISONNEUVE ET Cie
Libraires-éditeurs d'orientalisme
15, QUAI VOLTAIRE, 15.

1870.

# DÉDICACE

## SONNET A SARASVATI.

Epouse de Brahmâ, clémente majesté,
Déesse du langage, auguste Souveraine,
Toi, qui du sacrifice es l'arbitre et la reine,
Saraswati, pardonne à ma témérité!

J'ose t'offrir un livre humblement enfanté
Sous le soleil lointain où, pieuse et sereine,
Travaille en ton honneur la modeste Lorraine,
Afin que le Sanscrit soit par tous adopté.

Dans la Littérature, aujourd'hui languissante,
C'est du Gange héroïque amener l'eau puissante,
Et de l'Enseignement rajeunir les hivers!

Je voue à cette étude une ardeur sans génie :
Et pourtant, s'il te plaît, Mère de l'harmonie,
Mes rimes apprendront à lire de beaux vers.

# PRÉFACE

Il y a des livres qui peuvent se passer d'avant-propos, comme il est des choses qui n'ont pas besoin d'être redites. Telles ne sont pas les conditions dans lesquelles se présente le petit ouvrage que nous publions aujourd'hui. Chacun se demandera, voyant ce volume : *A quoi bon?* Chacun, après en avoir plus ou moins discuté la forme, en critiquera peut-être le fond même. Et nous, quand nous aurons justifié notre œuvre, il faudra que nous révélions aux lecteurs le secret de la généreuse intervention à laquelle cet humble travail doit la fortune de paraître. Nous voilà donc mis en demeure d'expliquer nos tendances, de répondre à des objections, et de manifester nos sentiments de profonde gratitude. Ce dernier motif d'*Avertissement préliminaire* est une de ces raisons qui viennent du cœur et qui dispensent d'en alléguer d'autres. Nous serons ainsi fort à l'aise en écrivant une Introduction ; car supposé que, pour les philologues proprement dits, elle ne fût pas indispensable, notre reconnaissance la rend obligatoire.

Et d'abord, à quoi bon un *Jardin des Racines sanscrites*? Que veut ce labeur, renouvelé de Claude Lancelot et de Louis-Isaac Lemaistre de Sacy? « *Çænaka* le Védique et *Pânini*, le grammairien indou, » nous objectait un illustre membre de l'Institut, « seraient bien étonnés de voir substituer des vers de ce genre à leurs formules algébriques. Croyez-vous être à la veille du jour où de jeunes *çixyas* (*écoliers*) étudieront en France la langue sacrée de l'Inde? Les adultes goûteront-ils cette mnémotechnie? N'est-ce pas trop de hardiesse, en effet, que de dessiner, de planter, de cultiver un *jardin* des racines âryennes, après l'arrêté qui défend à nos élèves cet autre jardin où poussait tout ce que beaucoup d'entre eux apprenaient et retenaient de grec? »

Nous ne demandons pas que le sanscrit s'introduise de si tôt dans le programme des lycées, des colléges et des séminaires; mais nous espérons que les professeurs et les lettrés ne tarderont point à l'adopter pour eux-mêmes, et que, d'année en année, ils auront un plus grand nombre d'adeptes : c'est à souhaiter, dans l'intérêt d'un enseignement plus complet et d'une *Renaissance* devenue nécessaire. Quant à notre procédé mnémonique, dont les rimes surannées auront l'air de vouloir faire sourire les enfants et hausser les épaules aux hommes, nous croyons qu'il a chance de succès, malgré son apparence bizarre. En somme, une langue se compose de mots, qu'il faut savoir; et lorsqu'il n'est pas possible de converser avec les gens qui parlent ou parlaient tel ou tel idiome, on n'a pour ressource que le dictionnaire. Mais on n'apprend pas par cœur un lexique; on le consulte, soit pour un doute d'orthographe, soit pour une recherche de signification, soit pour un raffinement de philologie : et c'est tout. L'intelligence s'est exercée en suivant une piste, sans profit notable pour la mémoire. Nos décades agissent à l'inverse : elles prennent l'esprit au repos, se font lire comme passe-temps; elles mènent, par curiosité, de chaque dixain aux appendices et des appendices au vocabulaire; elles rappellent ensuite à leur poésie étrange, hantent le cerveau, s'y fixent, y demeurent, et n'en sortent plus de loin en loin que pour être machinalement récitées par ceux qui les ont presque involontairement retenues. Notre savant maître et bienveillant critique ne convenait-il pas, tout-à-l'heure, que beaucoup ont cueilli dans le Jardin de Port-Royal le peu de grec dont ils ont en quelque sorte conservé le parfum, ou du moins le souvenir?

C'est parce que nous croyons que le sanscrit peut et doit entrer pour une large part dans l'étude de nos langues littéraires, et que nous regardons même comme déraisonnable qu'il n'y tienne pas la première place, que l'Ecole de Nancy travaille depuis longues années à le répandre, à le vulgariser; surtout à le rendre plus abordable, en le mettant à la portée des hommes laborieux qui voudraient l'apprendre sans pouvoir cependant être prodigues de leur temps et de leur argent. Il suffit de jeter les yeux sur les travaux de chacun de nous, d'en lire seulement quelques-uns, de parcourir les *Mémoires de l'Académie de Stanislas*, patronne de nos communs efforts, pour se convaincre que nous avons une foi robuste dans l'avenir du sanscrit, non-seulement en matière de critique et de science, mais encore au point de vue classique de la littérature et de la grammaire, — j'ajouterais volontiers, de la philosophie et de la religion; car, de mes pérégrinations idéales dans l'Inde ancienne, je suis revenu plus chrétien. — Nous ne sommes donc pas tout-à-fait de l'opinion émise par M. Renan dans la préface qu'il a consacrée à l'*Essai de Mythologie comparée* de M. Max Müller (1), lorsque, après être convenu que la découverte du sanscrit et de la vraie linguistique sera regardée dans un ou deux siècles comme un événement aussi considérable que le fut pour le monde latin celle de la littérature grecque, au quinzième siècle, il ajoute que néanmoins le grec et le latin ne seront jamais privés du droit *exclusif* de présider à notre éducation grammaticale et littéraire.

Ici, nous avons la certitude que le sanscrit est susceptible d'un classicisme complet; et nous pensons que, pour arriver à ce résultat, il faut une série de publications méthodiques. C'est dans cette voie que l'*Ecole de Nancy* s'est résolument engagée, à la suite de M. le baron de Dumast, son fondateur, qui déroulait sous les yeux de l'Académie de Stanislas, dès 1821, les destinées promises aux langues de l'Orient. Pendant qu'il mettait au jour les *Fleurs de l'Inde*, entre les trois éditions de son *Mémoire sur l'Orientalisme rendu classique dans la mesure de l'utile et du possible*, M. Emile Burnouf faisait paraître la *Bhagavad-Gîta*, l'*Essai sur les Vêdas;* et j'offrais les unes à la suite des autres, au vote de notre Académie, mes *Méditations orientales*. Comme œuvres plus élémentaires encore, M. Burnouf et moi, nous composions la *Grammaire ou Méthode pour étudier la langue sanscrite*, le *Dictionnaire sanscrit-français*, le *Selectæ* (choix de morceaux sanscrits analysés ou commentés), petit volume que je complétai quelque temps après par un *Spécimen des Purânas*, où j'appropriais à l'usage des Français le travail que M. Frédéric Stenzler avait fait imprimer à Berlin en 1829.

Mais ces labeurs auraient été stériles, si nous n'avions pas eu la facilité de les éditer à Nancy même : or, M. de Dumast nous donna les types romanisés qu'il avait fait exécuter, et l'Académie de Stanislas nous procura des caractères dêvanâgariques; en sorte que notre Ville est la seule en France où l'on puisse mettre sous presse des œuvres sanscrites, sans avoir recours à l'Etat. Quant au système de transcription combiné par le docte correspondant de l'Institut, système longtemps médité, discuté sérieusement entre personnes compé-

(1) Paris et Londres, chez A. Durand, libraire, rue des Grès, 7, et chez W. Norgates, 14, Henriett Street, Covent Garden.

★

tentes, reproduit plus tard dans le *Journal asiatique*, et qui, survivant aux divers essais, restera, comme le système métrique surnagera partout après la disparition des autres, nous en dirons seulement qu'il résume ce que les anciens procédés avaient de bon, qu'il en retranche ce qu'ils pouvaient avoir de mauvais, qu'il les corrige, les complète et qu'il arrive à reproduire sans exceptions, *lettre pour lettre*, chaque caractère dêvanâgari, avec autant d'exactitude que de simplicité. Tout le monde, au reste, connaît le mémoire de M. de Dumast : *Sur les Alphabets européens appliqués au sanscrit* (1).

Tel est, fidèlement exposé, l'ensemble de ce que nous avions accompli, lorsqu'il nous vint à l'idée qu'il manquait un *quatrième pied* à la modeste *table d'écolier* sur laquelle nous voulons que chacun puisse étudier à l'aise la plus ancienne et la plus féconde des langues classiques. Ce quatrième pied, ce sera le *Jardin des Racines sanscrites.*

*Rudiment* et *Dictionnaire*, *Jardin des racines* et *Selectæ*, tels sont les quatre livres élémentaires à l'aide desquels nous aurons tâché de rendre moins pénible l'initiation à la littérature, rendue classique, de cet Orient où dorment tant de secrets sous la poussière des siècles.

J'ai puisé mes racines dans notre dictionnaire, ressaisissant ainsi, par un singulier bonheur, la collaboration à laquelle je dois d'être le peu que je suis; et j'entends bien, en attribuant aux autres les meilleurs parties de mes ouvrages, garder pour moi seul la responsabilité de ce qu'ils offriront de mauvais aux regards de la critique.

On va me demander, par exemple, à présent que j'ai donné le mot de nos tendances en faveur de cet orientalisme sanscrit auquel Anquetil-Duperron imprimait le branle vers le milieu du siècle dernier, et qui, malheureusement, a subi chez nous de si nombreuses intermittences, depuis cette époque, qu'il en serait mort peut-être, malgré les efforts de Chézy, d'Eugène Burnouf, des rédacteurs du *Journal asiatique*, si les étrangers ne s'étaient pas mis à la tête de cette grande étude dont ils retireront autant de gloire que la science en aura d'inappréciables avantages, on va me demander ce que signifie, pour

---

(1) Livraison spéciale du *Journal asiatique*, intercalée sous le titre d'Annexe, à la suite du cahier de juin 1860. (Tome XV de la cinquième série.)

le fond, ce Jardin de prétendues racines, alignées dans des compartiments monotones derrière leurs plates-bandes dêvanâgariques.

Je répondrai que, depuis une vingtaine d'années, la France s'est sentie honteuse de son infériorité relative en Orientalisme; que les savants de notre pays se sont émus, et qu'ils ont essayé de regagner le terrain qu'une trop longue somnolence nous avait fait perdre; qu'une génération de jeunes érudits, ardents, laborieux, capables, s'est levée en masse, à l'appel des quelques vétérans de l'ancienne école; et que ce vigoureux élan a manifesté deux principes agissant de concert, deux principes qui domineront notre époque et qui déjà la caractérisent: La puissance des forces humaines, par *l'association;* l'accroissement des résultats obtenus, par *la division du travail.* Réunissons-nous donc, afin que de toutes nos insuffisances particulières se forme le faisceau de l'énergie universelle; et, puisque nul homme n'est complet, partageons-nous la tâche, afin d'aller plus vite, quoique mieux, en besogne. Ayons ensemble pour devise : *Laboremus* ! Et que chacun de nous individuellement se dise : *Age quod agis.*

C'est ce que fait l'Ecole nancéyenne. Elle est entrée fort résolument, et de plein gré, dans le mouvement d'exégèse qui nous reporte vers les antiques civilisations orientales; mais, laissant l'honneur des brillantes découvertes à de plus heureux et de plus savants (pour ce qui me regarde, au moins), elle s'est contentée de vouloir VULGARISER la science. Aux intrépides de creuser les filons et de tirer des mines le précieux métal; à nous de le dégager de la gangue, et d'en fabriquer une monnaie qui puisse être mise en circulation.

— « Soit! Avouez cependant, nous objectera-t-on, que vos racines n'en sont pas toujours; que vous ne distinguez pas assez rigoureusement d'avec elles les éléments simples du langage; que vous en faites une extraction qui manque de méthode; que vous donnez parfois des entités pour des racines; que celles-ci n'ont pas été primordialement ce que nous les voyons être dans les langues soumises à notre examen; que toute structure de la parole a commencé par ces éléments irréductibles, qui ne sont ni des abstractions ni des hypothèses, mais que nous regardons comme des êtres réels ou comme des mots primitifs, qui, dans la période de création du langage, existaient par eux-mêmes. » —

Voilà quelles sont les théories plus ou moins énoncées par les philologues de premier ordre, écrivains devant la science de qui je m'incline, par des hommes tels que Max Müller, tels que MM. Schleicher, Curtius, Chavée, et surtout par M. Abel Hovelacque (1). Soit, pourrions-nous dire à notre tour; mais, quand possédera-t-on les racines vraies? Dans combien de temps aura-t-on mis d'accord ceux qui pensent, comme M. Ascoli, que tout vient du nom, et ceux qui croient, comme M. Benfey, que tout vient du verbe? Sans compter ceux qui font tout reposer sur des pronoms, des particules, des interjections, des monosyllabes indéterminés. En attendant que l'on soit allé jusqu'au fond des choses et que l'on ait tiré de son puits la vérité nue, devrons-nous donc nous passer d'un livre qui renferme, pour l'utilité commune et la marche des études, ce que l'on est dans l'habitude d'appeler des *racines*, et qui représente au fond une sorte de chose usuellement très-claire pour l'esprit? Ne ressemblerions-nous pas à ces utopistes qui, toujours à la recherche de la meilleure constitution politique, n'acceptent jamais, pour s'en servir avec intelligence, le gouvernement sous lequel ils vivent?

Certainement, les racines primitives de toutes les langues ont été peu nombreuses, parce qu'il fallait peu de mots pour suffire à peu de besoins et d'idées; mais, à mesure que s'étendait l'horizon des peuples, par les migrations, les découvertes, les arts, les sciences, les progrès de la civilisation enfin, on a dû nécessairement inventer d'autres racines en créant d'autres termes. Sans doute, une grande quantité de ces racines de seconde main ont été des métaphores; mais pour beaucoup d'autres est-il bien aisé de remonter à la source? Rencontrera-t-on souvent des interjections d'une harmonie aussi naïvement imitative que le sanscrit *put*, d'où viennent des onomatopées à l'aide desquelles on représente le feu qui pétille ou l'eau qui bouillonne? En conséquence, et jusqu'à solution du problème, nous continuerons de nommer racines, — arbitrairement peut-être, mais pratiquement, — tout ce qui nous semblera procréer des familles de mots simples d'où naîtront des expressions composées. Nous avouons que cette manière d'envisager les choses laisse beaucoup à désirer, qu'elle est au-dessous de la science exacte, que la linguistique et la philologie en murmureront à bon droit : mais nous

(1) Consulter l'intéressante polémique soutenue dans la *Revue linguistique* entre ce dernier et M. Lucien Adam.

sommes avant tout les représentants de la grammaire *classique* et courante, les auteurs de la *Méthode* où sont exposées les doctrines auxquelles nous resterons fidèles en cette matière, jusqu'à nouvel ordre (1). Personnellement, je ne peux que répéter ce que Westergaard écrit à la page 13 de la préface de ses *Racines sanscrites* : ÆTATIS NOSTRÆ NECESSITATI *satisfacere volui; quomodo quæ volui, assecutus sum, judicent doctiores.* « Satisfaire aux besoins de notre époque (*Ætatis nostræ necessitati*), » voilà pour nous l'essentiel.

Abandonnant mon petit livre à ses destins, et persuadé que les Avant-Propos sont rarement très-utiles, attendu que, pour la plupart, ils disent tout excepté ce qu'il aurait fallu dire, je me tairais, à présent que j'ai réclamé de l'indulgente critique le bénéfice des bonnes intentions, si la reconnaissance ne me rendait pas désireux, et presque impatient d'apprendre aux lecteurs ce qui fait que le *Jardin des Racines sanscrites* est en mesure de paraître.

On pouvait regarder comme souhaitable que ce quatrième et dernier terme de la tétralogie de scolarité sanscrite, ce complément de l'entreprise grammaticale nancéyenne, vît le jour au moment actuel, à l'heure où la France cherche les moyens de mettre son Enseignement supérieur au niveau des Universités étrangères et se rend compte des ressources dont elle sera maîtresse de disposer : mais, en pareille circonstance, un écrivain a beau vouloir se conduire comme un brave citoyen et contribuer pour son humble part à la gloire du pays en apportant sa pierre à l'édifice, son arme à l'arsenal, il n'est pas toujours libre d'éditer tel ou tel ouvrage ; son zèle est souvent entravé par de misérables obstacles, et son œuvre doit rester manuscrite, plus longtemps que ne le demanderait l'intérêt du savoir.

Grâce à Dieu, la mienne n'a pas eu besoin d'attendre des temps meilleurs : aussitôt achevé, le livre du *Jardin des Racines sanscrites* a pu se mettre sous presse, parce qu'il y a des villes privilégiées où l'on n'a pas conservé seulement l'amour des grandes initiatives, mais où vivent encore de ces hommes à l'âme noble, aux sentiments élevés, dont la délicate et généreuse intervention facilite à propos l'accomplissement des vœux chers à la science.

---

(1) Voir notre *Méthode*, seconde édition (1861), pag. 39-44, paragr. 20 : *Des racines.*

En sauvant la précieuse façade sculptée de l'hôtel Lunati-Visconti (1), qu'il a fait transporter pierre par pierre, pour la rebâtir dans sa forme intégrale, au flanc de son manoir de Renémont, comme en rendant possible l'impression du *Jardin des Racines*, et tant d'autres fois en accomplissant des actes que je laisserai sous le voile de sa discrète bienveillance, M. Jules Goüy s'est acquis les plus respectables titres et les plus justes droits à la gratitude des Beaux-Arts, de l'Orientalisme, de la France, de la Lorraine; de cette ville de Nancy surtout qui n'a pas abdiqué le sceptre de la pensée; et de l'auteur enfin qui ne veut pas signer cette préface sans remercier du fond du cœur le parrain du livre qu'elle inaugure.

L.-Leupol.

---

(1) L'une des anciennes demeures de la Chevalerie lorraine, à Nancy, rue de Guise.

# TABLEAU DE TRANSCRIPTION

## VOYELLES.

| अ | आ | इ | ई | उ | ऊ | ऋ | ॠ | ऌ | ॡ | ए | ऐ | ओ | औ |
|---|---|---|---|---|---|---|---|---|---|---|---|---|---|
|  | *â* |  | *î* | *u* | *û* | *ṛ* | *ṝ* | *ḷi* | *ḷî* | *ê* | *æ* | *ô* | *œ* |

## CONSONNES.

| | | | | | |
|---|---|---|---|---|---|
| GUTTURALES. | क *ka* | ख *k̔a* | ग *ga* | घ *ġa* | ङ *γ̇a* |
| PALATALES. | च *ća* | छ *c̈a* | ज *j́a, ja* | झ *j̈a, ja* | ञ *ñâ* |
| CÉRÉBRALES. | ट *ṭa* | ठ *ṭ̔a* | ड *ḍa* | ढ *ḍ̔a* | ण *na* |
| DENTALES. | त *ta* | थ *t̔a* | द *da* | ध *d̔a* | न *na* |
| LABIALES | प *pa* | फ *p̔a* | ब *ba* | भ *b̔a* | म *ma* |

| | | | | |
|---|---|---|---|---|
| **Semi-voyelles.** | य<br>*ya* | र<br>*ra* | ल<br>*la* | व<br>*va* |
| **Sifflantes.** | श | श<br>*ça* | ष<br>*ṡa* | स<br>*sa* |
| **Aspirée.** | ह<br>*ha* | | | |
| **Lettre védique.** | ळ<br>*ḷa* | | | |

## GROUPES.

| | | | | | | | | | | | |
|---|---|---|---|---|---|---|---|---|---|---|---|
| क्<br>*k* | क्क<br>*kka* | क्च<br>*kća* | क्त<br>*kta* | क्त्य<br>*ktya* | क्त्र<br>*ktra* | क्त्र्य<br>*ktrya* | क्त्व<br>*ktva* | क्न<br>*kna* | क्न्य<br>*knya* | क्म<br>*kma* | क्य<br>*kya* |
| | | | क्र<br>*kra* | क्र्य<br>*krya* | क्ल<br>*kla* | क्व<br>*kva* | क्ष<br>*kśa (xa)* | | | | |
| ख्<br>*ḱ* | ख्न<br>*ḱna* | ख्र<br>*ḱra* | ख्व<br>*ḱva* | | | | | | | | |
| ग्<br>*g* | ग्ग<br>*gga* | ग्न<br>*gna* | ग्र<br>*gra* | | | | | | | | |
| घ<br>*ǵa* | घ्न<br>*ǵna* | घ्न्य<br>*ǵnya* | घ्र<br>*ǵra* | घ्ल<br>*ǵla* | | | | | | | |
| ङ<br>*ẏ* | ङ्क<br>*ẏka* | ङ्क्त<br>*ẏkta* | ङ्क्य<br>*ẏkya* | ङ्क्ष<br>*ẏxa* | ङ्ख<br>*ẏḱa* | ङ्ग<br>*ẏga* | ङ्ङ<br>*ẏẏa* | ङ्म<br>*ẏma* | ङ्घ<br>*ẏǵa* | ङ्य<br>*ẏya* | |
| च्<br>*ć* | च्च<br>*ćća* | च्ञ<br>*ćña* | च्र<br>*ćra* | च्व<br>*ćva* | | | | | | | |
| छ्<br>*c̋* | छ्म<br>*c̋ma* | छ्य<br>*c̋ya* | छ्र<br>*c̋ra* | छ्व<br>*c̋va* | | | | | | | |
| ज्<br>*j́, j* | ज्ञ<br>*j́ña, jña* | ज्र<br>*j́ra, jra* | ज्ज<br>*j́ja, jja* | | | | | | | | |

| | | | |
|---|---|---|---|
| ञ | ञ्च | ञ्ज | ञ्ञ |
| *ña* | *ñća* | *ñja* | *ñña* |

| | | | | | | | | |
|---|---|---|---|---|---|---|---|---|
| ट | ट्क | ट्ट | ट्ट्स | ट्प | ट्म | ट्श | ट्स | ट्य |
| *ṭa* | *ṭka* | *ṭṭa* | *ṭṭsa* | *ṭpa* | *ṭma* | *ṭśa* | *ṭsa* | *ṭya* |

| | | |
|---|---|---|
| ठ | ठ्म | ठ्य |
| *ṭ'* | *ṭ'ma* | *ṭ'ya* |

| | | | | | |
|---|---|---|---|---|---|
| ड | ड्ग | ड्ड | ड्ढ | ड्भ | ड्य |
| *ḍ* | *ḍga* | *ḍḍa* | *ḍḍ̆a* | *ḍb̆a* | *ḍya* |

| | | | |
|---|---|---|---|
| ढ | ढ्ण | ढ्म | ढ्य |
| *ḍ̆* | *ḍ̆ṇa* | *ḍ̆ma* | *ḍ̆ya* |

| | |
|---|---|
| ण | ण्ण |
| *ṇ* | *ṇṇa* |

| | | | | | | |
|---|---|---|---|---|---|---|
| त | त्त | त्र | त्व | त्त्र | त्त्व | त्न |
| *t* | *tta* | *tra* | *tva* | *ttra* | *ttva* | *tna* |

| | |
|---|---|
| थ | थ्व |
| *t'* | *t'va* |

| | | | | | | | | | | | | |
|---|---|---|---|---|---|---|---|---|---|---|---|---|
| द | द्ग | द्ग्र | द्ग्य | द्घ | द्घ्र | द्द | द्द्र | द्द्व | द्ड | द्ध्न | द्ध्व | द्ध्य |
| *d* | *dga* | *dgra* | *dgya* | *dǵa* | *dǵra* | *dda* | *ddra* | *ddva* | *dḍa* | *dd̆na* | *dd̆va* | *dd̆ya* |
| | द्न | द्ब | द्ब्र | द्भ | द्भ्य | द्भ्र | द्म | द्य | द्र | द्र्य | | |
| | *dna* | *dba* | *dbra* | *db̆a* | *db̆ya* | *db̆ra* | *dma* | *dya* | *dra* | *drya* | | |
| | द्व | द्व्य | द्व्र | | | | | | | | | |
| | *dva* | *dvya* | *dvra* | | | | | | | | | |

| | | | |
|---|---|---|---|
| ध | ध्न | ध्र | ध्व |
| *d̆* | *d̆na* | *d̆ra* | *d̆va* |

| | | | | | | | |
|---|---|---|---|---|---|---|---|
| न | न्त | न्त्र | न्त्र्य | न्त्व | न्न | न्र | न्व |
| *na* | *nta* | *ntra* | *ntrya* | *ntva* | *nna* | *nra* | *nva* |

| | | | | | | |
|---|---|---|---|---|---|---|
| प | प्त | प्न | प्र | प्ल | प्व | प्व्य |
| *p* | *pla* | *pna* | *pra* | *pla* | *pva* | *pvya* |

| | | |
|---|---|---|
| फ | फ्य | फ्म |
| *ṗ* | *ṗma* | *ṗya* |

| | | | | | | | | | | | | | |
|---|---|---|---|---|---|---|---|---|---|---|---|---|---|
| ब | ब्र | | | | | | | | | | | | |
| *b* | *bra* | | | | | | | | | | | | |
| भ | भ्र | | | | | | | | | | | | |
| *ƀ* | *ƀra* | | | | | | | | | | | | |
| म | म्न | म्र | म्ल | म्व | | | | | | | | | |
| *m* | *mna* | *mra* | *mla* | *mva* | | | | | | | | | |
| र | रु | रू | | | | | | | | | | | |
| *r* | *ru* | *rû* | | | | | | | | | | | |
| ल | ल्न | ल्ल | | | | | | | | | | | |
| *l* | *lna* | *lla* | | | | | | | | | | | |
| व | व्र | व्ल | व्व | | | | | | | | | | |
| *v* | *vra* | *vla* | *vva* | | | | | | | | | | |
| श | श्च | श्न | श्र | श्ल | श्व | | | | | | | | |
| *ç* | *çća* | *çna* | *çra* | *çla* | *çva* | | | | | | | | |
| ष | ष्ट | ष्ट्य | ष्ठ | ष्ठ्य | ष्ण | ष्व | | | | | | | |
| *ṡ* | *ṡṭa* | *ṡṭya* | *ṡṭ'a* | *ṡṭ'ya* | *ṡṇa* | *ṡva* | | | | | | | |
| स | स्त्र | स्न | स्र | स्ल | स्व | | | | | | | | |
| *s* | *stra* | *sna* | *sra* | *sla* | *sva* | | | | | | | | |
| ह | हु | हू | हृ | हॄ | ह्य | ह्ण | ह्न | ह्म | ह्र | ह्र्य | ह्ल | ह्व | ह्व्य |
| *h* | *hu* | *hû* | *hṛ* | *hṝ* | *hya* | *hṇa* | *hna* | *hma* | *hra* | *hrya* | *hla* | *hva* | *hvya* |

## SIGNES DIVERS.

| | | | | | | | | | | |
|---|---|---|---|---|---|---|---|---|---|---|
| ा | ि | ी | ु | ू | ृ | ॄ | े | ै | ो | ौ |
| *â* | *i* | *î* | *u* | *û* | *ṛ* | *ṝ* | *ê* | *æ* | *ô* | *œ* |

| anuswâra | — | anunâsika | — | virâma | — | visarga | — | apostrophe |
|---|---|---|---|---|---|---|---|---|
| ं | | ँ | | ् | | ः | | ऽ |
| *ṃ ṅ* | | *m ń* | | | | *ḥ* | | ' |

## CHIFFRES.

| | | | | | | | | | |
|---|---|---|---|---|---|---|---|---|---|
| १ | २ | ३ | ४ | ५ | ६ | ७ | ८ | ९ | ० |
| 1 | 2 | 3 | 4 | 5 | 6 | 7 | 8 | 9 | 0 |

# LE JARDIN

DES

# RACINES SANSCRITES.

## I.

अ — *A*, qui des Grecs est bien « l'*a* privatif, »
N'a pas toujours son effet négatif.
अक्, अग् — *Ak*, *ag-âmi*, serpente ou dissimule ;
अक्ष् — *Ax-nomi*, cherche, amoncelle, accumule.
अङ्क् — *Aṅk-ê*, dessine, écrit, fait des décors ;
अङ्ग् — *Aṅg-ati*, marche ; *aṅg-a*, membre du corps.
अङ्घ् — *Aṅĝ-as*, mal, faute, acte répréhensible ;
अज् — *Aj-ira*, l'air et tout objet sensible.
अञ्च्, अञ्च् — *Añć*, *añć-ami*, je suis respectueux ;
अञ्ज् — *Añj-ana*, fard et collyre onctueux.

### APPENDICE.

*A* fait *an* devant une voyelle. Gr. α, αν ; lat. in ; germ. un. A*kama*, sans amour. — A, dans le monosyllabe Ôṃ (a-u-m), représente le dieu *Viśṇu*.

*Ak-âmi* ; s. n. *ak-a*, péché, faute ; peine, chagrin. Gr. ἀχής, ἀγκύλος.

*Ax-nômi*, 5e classe, est aussi de la première : *axâmi*, rechercher, acquérir. Primitivement, *ax-a* représentait tout objet circulaire ou tournant, une roue, un char ; gr. ἄξων ; lat. axis ; germ. achse. A la fin des composés *axa* s'emploie pour *axi*, œil ; gr. ὄκκος ; lat. oculus. Au figuré, *axa* signifie savoir, connaissance.

*Aṅk* forme le verbe de la 10e classe *aṅkâyami*, noter, marquer, aller ; d'où le subst. masc. *aṅkati*, celui qui s'avance : le feu, l'incendie, le vent, le *brâhmane*.

Comparez avec le sanscrit *aṅgâmi*, je vais, je marche, le gr. ἄγγαρος, ἄγγελος.

*Aṅĝ-ê*, blâmer, veut dire aussi commencer, partir ; d'où *aṅĝri*, pied, pied d'un arbre.

*Aj-âmi* ; cette racine indique un mouvement en avant ; gr. ἄγω, lat. ago.

*Anć-âmi* et *añćê*, honorer, vénérer, courber ; *añćala*, bord, frange ; *añćilàbrû*, aux sourcils arqués ; *añćitapatra*, le lotus (aux feuilles arrondies).

*Añj-ayâmi*, être luisant, être beau ; *anajmi*, oindre, frotter, farder ; lat. ungo. Le subst. n. *añjana* signifie aussi le crépuscule, la nuit qui s'étend.

## II.

अट् — *Aṭ-ê,* je vais : *mṛgâyâm,* à la chasse ;

अट्ट् — *Aṭṭ-ê,* surmonte ; *aṭṭ-a,* balcon, terrasse.

अट्, अण्ट् — *Aṭ, aṇṭ-âmi,* se meut dans tous les sens ;

अण् — *Aṇ-âmi,* rend des sons retentissants.

अड् — *Aḍ-ati,* flatte et soigne ce qu'il aime ;

अड्ड् — *Aḍḍ-âmi,* juge, étudie un problème.

अत् — *At-âmi,* va s'efforçant d'acquérir ;

अद् — *Ad-ana,* mets, tout ce qui peut nourrir.

अन् — *An-yê,* j'aspire en moi la vie entière ;

अन्त — *Anta,* la fin ; but, mort, terme, frontière.

### APPENDICE.

*Aṭana,* s. n., promenade, voyage ; *aṭâ,* f., allées et venues des dévots mendiants ; *aṭâṭami* et *aṭâṭyâmi,* augm. de *aṭ.*

*Aṭṭayâmi,* de *aṭṭ,* veut dire mépriser, dédaigner ; d'où, *aṭṭahâsa* (has), rire dédaigneux.

*Aṭ-âmi,* moyen *aṇṭ'ê* ; p. *ânaṇṭ'ê* ; pp. *aṇṭ'ita.*

*Aṇâmi,* p. *âṇa* ; pp. *âṇita.*

*Aḍḍami,* qui signifie résoudre, décréter, veut dire aussi unir étroitement ; quant au verbe précédent, *aḍâmi,* il adopte en outre la forme *aḍnômi.*

*At-âmi,* gr. ὁδός ; *al-aṭa,* précipice, abîme, espace sans bord.

*Ad-mi,* je consomme : *havis,* l'offrande sacrée ; je dévore, je détruis : *prânân,* la vie ; gr. ἔδω, ἐσθιω ; lat. edo ; angl. eat.

*An-îmi, anyê,* souffler, respirer, exhaler, être vivant ; gr. ἄημι, ἄνεμος ; lat. animus.

*Anta,* c'est l'allemand « ende » ; l'anglais « end ».

On donne souvent à *Yama,* dieu de la mort, le nom d'*Antaka,* celui qui met fin. Un homme qui vient de mourir s'appelle *antaga* (gam), arrivé au but. *Antakâla,* le moment final, la fin des temps. *Antatas,* adv., à la fin, enfin.

## III.

अन्ध् *Anđ-a,* l'aveugle et son infirmité ;

अप् *Ap,* l'eau ; pluriel, *âpas,* seul usité.

अब्, अम्ब् *Ab, amb-ami,* s'avance, se promène ;

C'est d'*ambulo* l'origine certaine.

अभि् *Aƀi,* désigne une tendance VERS ;

अभ्र् *Aƀr-âmi,* court par des chemins divers.

अम् *Am,* va criant aux dieux qu'il sollicite ;

अय् D'*ayê,* marcher, vient *aya,* réussite.

अयस्, अर्क् *Ayas,* le fer ; *arka,* l'astre des cieux ;

अर्घ् *Arǵ-âmi,* vaut ; *arǵ-a,* don précieux.

### APPENDICE.

*Anđakupa,* caverne obscure ; *anđikâ,* la nuit ; *anđu,* puits ; *anđayâmi,* être ou devenir aveugle.

*Ap,* lat. aqua, amnis ; gr. ἀφρός, fr. évier. *Ap* s'allonge en *âp* aux cas forts, et change *p* en *d* devant le *ƀ* des flexions : *adƀis, adƀyas,* etc.

Le verbe *abâmi, ambâmi, amƀê,* etc., veut dire aussi résonner, retentir.

*Aƀikâma,* désir ; *aƀimarda,* assaut ; *aƀyâli,* agresseur ; *aƀiruhê,* monter, gravir.

*Aƀrâmi,* errer çà et là ; *aƀrayâmi,* mener, faire aller.

*Aƀra,* nuage. Gr. ὄμβρος, lat. umbra, imber.

*Am-âmi,* aller, adorer ; bruire, mais *am-ayâmi,* faire une maladie, ou bien, s'il s'agit d'un fruit, n'être pas mûr.

*Ayê,* — qu'à la rigueur nous eussions pu placer sous la lettre *i,* — n'est guère que la *vriđđi* du verbe *i, êmi* (lat. eo) ; aussi en prend-il ses temps. Seulement, il fournit le terme *aya,* succès.

*Ayas,* l'airain (jadis), le fer (plus tard). Lat. æs, æris ; germ. eisen ; angl. iron (qui se pron. *aïr'n*).

*Ark-ayâmi,* je brûle ; d'où *ark-a,* soleil.

*Arǵa,* prix, valeur, offrande ; vient du verbe *arǵâmi,* valoir, qui veut dire quelquefois aussi blesser ou tuer.

*

## IV.

अर्च् *Arć-âna,* culte; *arć-âmi,* je vénère;

अर्ज् *Arj-ana,* gain, travail qu'on rémunère.

अर्थ् *Arŧ-a,* l'utile; *arŧayê,* demander;

अर्द् *Ard-âmi,* veut, brûle de posséder.

अर्ध् *Arđ-a,* demi, la moitié d'une chose;

अर्ब् *Arb-âmi,* blesse et de la mort est cause.

अर्ह् *Arh-ê,* j'honore et je suis honoré;

अल् *Al-âmi,* j'orne; *al-aẏkṛta,* paré.

अव् *Av,* désirer, atteindre, avoir puissance;

अव् *Ava,* préfixe indiquant décroissance.

### APPENDICE.

Dans la langue vêdique, le verbe *arćâmi, arćê, arćayâmi,* veut dire honorer par un hymne.

La racine *arj* forme le verbe *arjâmi, arjayâmi, arjayê.* Comp. le gr. ἔργον.

*Arŧa,* l'utile, opposé à *kâma,* l'agréable, et à *đarma,* l'honnête. *Arŧayâ,* je demande; gr. αἰτέω, αἰτία.

*Ardâmi,* demander; *ardanâ,* demande; *ardani,* misère, maladie, feu; lat. ardeo.

*Arđa*; *arđakrâça,* demi-lieue; *arđaćanđra,* quartier de lune; *arđarâtra,* minuit.

*Arbuda,* tumeur, ophthalmie, le premier enfer glacé; *arvâmi,* comme *arbâmi.*

*Arh-âmi,* être digne de, capable de, avoir droit à, pouvoir; *arhat,* vénérable.

*Al-âmi, al-ê*; orner, mais aussi suffire; d'où *alam,* assez, gr. ἅλις.

*Avâmi,* lat. aveo, (d'où avidus, avarus), signifie d'abord désirer, aimer, puis atteindre, saisir, posséder, et enfin, protéger. De la racine *av-* vient *avi,* bélier, mouton; lat. ovis; gr. οἶς; lith. awi; angl. ewe.

*Ava* marque le mouvement de haut en bas: *avatâra,* descente; *avadîna,* vol de l'oiseau qui s'abaisse vers la terre; *avanî,* torrent; *avamati,* dédain, mépris, dégoût.

## V.

अश् *Aç-navê*, prendre, occuper, acquérir;
*Aç-nati*, mange et veut se bien nourrir;
*Aç-wa*, cheval, *aç-wanta*, l'étendue,
Semblent venir d'*aç*, racine perdue.
अष्, अष्ठ् *Aśtan*, fait huit; *aśta*, pépin, noyau;
अस् *As-mi*, je suis; *as-ê*, brille en joyau;
*As-yâmi*, jette; *asura*, vit, fait vivre;
असूय् *Asûy*, exècre et de fureur s'enivre.
अह् *Ah*, dire; *âh-us*, on dit; *anç-û*, morceau;
अंह् *Anh-ê*, commence; *anh-ri*, pied d'arbrisseau.

### APPENDICE.

*Açnavê*, j'obtiens: *swargam*, le ciel; *amŗtatwam*, l'immortalité.

Le verbe *açnâmi*, manger (gr. ἐσθίω, lat. esca), a aussi le sens d'*açnavê* (obtenir).

*Aç*, signifiant aller (*açwa*, cheval, lithuan. aszwa, zend. aspa, grec ἱκνέομαι, ἵππος, celt. epas, lat. equus), nous montre qu'il y a en sanscrit des mots d'origine douteuse. Par ex. *açra* et *açru*, larme, (gr. δάκρυ, lat. lacryma); d'un inusité *daçru*? *Açwanta*, champ, plaine, limite, fin, mort.

*Aśtan*, huit (gr. et lat. ὀκτώ, octo).

*Asmi*, je suis, gr. εἰμί pour ἔσμι, lith. esmi, lat. esse, germ. ist.

*As-âmi* ou *asê*, aller, briller, éclater. *As-yâmi*, jeter, lancer, et aussi rejeter, repousser: *çramam*, la fatigue.

*Asûy-âmi*, exécrer, injurier, maudire.

*Ah*, cette racine ne produit, dans son verbe, que quelques secondes et troisièmes personnes de deux ou trois temps; lat. aio, aiunt. — *Anç* ou *ans* (अंश्, अंस्).

*Anhê* (gr. ἄρχω), commencer, entreprendre; en outre, briller et parler. Nous avons fait voir (*Méth.* p. 199), combien de verbes sanscrits marient l'idée de parole à celle de lumière.

## VI.

आ, आखु *Â*, jusque, dans; *âḱu,* le rat qui ronge;
आञ्छ् *Âñč-ayâmi,* je tire à moi, j'allonge.
आप्, आशु *Âp-nôti,* gagne; *âçu,* rapide et vif;
आस् *Âs-ê,* s'assied et demeure inactif.
इ *I* (forme *êmi*), va : *puram,* à la ville;
इख्, इङ्ख्, इग् *Iḱ, iγḱ, ig-ê,* gesticule, est mobile.
इट् *Iṭ, êṭami,* vaciller, se mouvoir;
इन्द् *Ind-âmi,* règne, est maître, a le pouvoir.
इन्ध् *Indĥê,* j'allume et pourrais mettre en cendre;
इव्, इंव् *Iv, inwati,* saisir, ceindre, comprendre.

### APPENDICE.

Le préfixe *â* indique tendance (*âgaččâmi,* je vais à), ou approximation (*ânila,* bleuâtre, de *nila,* bleu). Il donne souvent un sens réfléchi : *karšâmi,* tirer ; *âkaršâmi,* tirer à soi. Comparez l'α grec, dans ἄλοχος, ἀδελφός, ἀκόλουθος.

On dit *âñčâmi* et *âñčayâmi.*

*Âpnômi* et *âpâmi,* atteindre, arriver à : *palam,* un fruit ; commettre : *kilvišam,* un péché ; part. pass. *âpta* ; lat. aptus, ad-ip(ap)-iscor, adeptus.

*Âçu,* rapide ; le gr. ὠκύς.

*Âsê, âssê, âstê, âsatê,* s'asseoir, être assis ; demeurer en place, être.

*I, êmi, ihi,* dans la langue vêdique, venir : *Indra, ihi* ; viens, Indra. Gr. εἶμι (ἰ', ἴμεν, ἴθι; lat. ire, eo ; lith. eimi ; slav. iti ; goth. iddja, je suis allé.

*Iḱ* fait *êkami* ; gr. εἴκω, οἴχομαι ; *iγḱ* et *ig* font *iγgâmi, iγgê* et *igê.*

De la racine *ind* et *id,* vient Indra, le roi des cieux, et aussi l'âme, la conscience, le maître intérieur.

*Indĥê*, gr. αἴθω, αἰθήρ ; lat. æstus, æstas ; goth. eit, feu ; *indĥana,* bois à brûler, paille sèche, tout combustible.

*Inwâmi,* je prends, je comprends, j'enveloppe, je vais, je réjouis ; est usité surtout dans le Vêda.

## VII.

इल् *Il-âmi,* cherche à lancer, à jeter ;

इष् *Iś-iććâmi,* désirer, souhaiter.

इष् *Iś-yâmi,* pousse, amène, occupe, explore;

ई *I* [long], *êmi,* s'adresse à, prie, adore.

ईक्ष् *îx-ê,* je vois, je regarde avec soin;

ईङ्ख् *îγk', îk'-âmi,* traverser, aller loin.

ईज् *îj, êjâmi,* s'emporte avec furie ;

ईञ्ज् *îñj-âmi,* blâme, invective, injurie.

ईड् *îḍ-a,* louange; *îdiśyatê,* voudra

Chanter Agnis ou célébrer Indra.

### APPENDICE.

*Ilâmi, êlayâmi,* jeter ; gr. ἐλάω, ἐλαύνω, germ. eile, goth. illu ; signifie quelquefois dormir.

*Iććâmi nidanam,* je souhaite la mort de quelqu'un; *putram,* je désire un fils. Dans la langue vêdique, *iććami* veut dire accorder : *iććâmi yavasam,* j'accorde des aliments.

*Iśiâmi,* faire sortir, faire avancer : *Savit'a rat'am iśyati,* Savitrî fait avancer son char.

La racine *î long* confond ses formes avec celles de *i bref;* et ses significations sont les mêmes, excepté dans la langue vêdique, où nous lui voyons prendre le sens d'aller à, s'adresser à, prier, adorer.

*Ixê,* gr. οσσομαι ; considérer, veiller aux intérêts de quelqu'un; *îxaṇa,* vue, aspect, œil, regard; *îxaṇika,* diseuse de bonne aventure ; *îxayâmi,* causat. faire voir (régit deux accusatifs); *îçîxiśê,* désidér. désirer voir.

*Ik'ami,* je passe; *îγk'ayâmi,* je traverse : *parvatân,* les montagnes.

Les verbes *êjâmi* et *înjâni* veulent dire aussi repousser.

*Iḍḍê,* je célèbre, j'honore, je rends un culte religieux : *haviśa,* avec le beurre du sacrifice; *îdya,* digne de louanges. Au lieu de *îḍḍê,* on dit aussi *îḍayâmi;* le désidératif de ces verbes est *îḍiḍiśâ.* Cette racine s'écrit aussi *il, îl* et *il.*

## VIII.

ईर् *ir-é*, je tremble, excite et pousse, exhorte ;

ईर्ष् *irś-â*, l'envie et sa jalouse escorte.

ईळ् *il-ê*, je loue et célèbre à l'autel ;

ईश् *iç-â*, seigneur, roi, maître ; un immortel.

ईष् *iś-âmi*, glane aux champs où l'on moissonne ;

ईष् *iś-é*, je frappe et n'épargne personne.

ईह् *ih-amṛga*, loup qui rôde la nuit ;

उ *U*, verbe *âvê*, résonne, fait du bruit.

उक्ष् *Ux-âmi*, lave, arrose et mouille ou lèche ;

उख् *Uk'*; ou bien *uγk'*, *ôk'âmi*, se dessèche.

APPENDICE.

*Iré*, *irayâmi*; lat. ira. Cette racine se confond souvent avec la suivante dans les dérivés.

*Irśayâmi*, porter envie; *irśâlu*, *irśu*, *irśyâlu*, envieux ; *irśila*, objet d'envie. La racine peut s'écrire aussi : *irx* et *irxy*.

*Iḷita*, participe passé d'*iḷê*, dans la langue védique, loué, célébré, chanté, est un surnom d'Agni.

*Içé*, dominer, régner, être maître de, capable de, pouvoir : *kartum*, faire quelque chose; *içatwa*, *icita*, souveraineté; *içwara*, puissant, en état de; *içwarya*, le pouvoir. De cette racine dérivent des épithètes en l'honneur de Kuvêra, de Çiva, de Durgâ, de Kâma, de Laxmi, de Saraswati, etc.

D'*iśâmi* dérivent l'adverbe *iśat*, peu, très-peu ; et l'adjectif *iśatkara*, chétif.

*Iśé*, marcher, s'avancer contre, aller vers, blesser, tuer; et aussi s'en aller, s'enfuir.

*Ihé*, je m'efforce, je tends à, je désire; *ihayâmi*, j'excite; *ihâ*, tendance effort, poursuite; *ihâ-mṛga* et *vṛka*, loup.

Dans le monosyllabe sacré *Ôṃ* (*a-u-m*), la lettre *u* désigne Çiva. La racine *u*, *avé*, fait au parfait *ûvé*.

*Uxâmi* veut dire aussi répandre : *çonitam*, le sang. *Uxa*, lavé, nettoyé.

*Uk'a*, pot, casserole; *uk'ya*, cuit au pot ou dans la casserole. Le verbe *ôk'ami* signifie, en outre, j'orne, je pare.

## IX.

उच् *Uć-yâmi*, joindre, assortir, ajuster ;
उछ्, उच्छ् *Uč, ućč-âmi*, passer outre, habiter.
उज्झ् *Ujj-âmi*, fuir, quitter : *prâṇân*, la vie ;
उञ्छ् *Uñč-â*, le grain que le glaneur envie.
उट् *Uṭ*, *ôṭâmi*, frappe et va renversant ;
उत् *Ut* (préfixe), à, vers, sur, haut s'élançant.
उन्द् *Und*, *unadmi*, trempe le sol aride,
Mouille, est mouillé, devient ou rend humide.
उप *Upa*, dessous, en présence, à côté,
Vers. — Ce préfixe est très-fort usité.

### APPENDICE.

*Ućyâmi* veut dire aussi s'assembler, se réunir, être apte à, bon pour, digne de.

*Uććâmi* ne s'emploie presque jamais seul ; il est ordinairement conjugué avec le préfixe *vi*.

*Ujjâmi*, s'éloigner de, abandonner, éviter : *avâćyam*, des paroles blâmables.

*Uñćâmi*, je glane : *çilâni*, des épis; *uñćayâmi*, je fais glaner; *uñćićći-śâmi*, je désire glaner; *uñća*, le grain glané; *uñćaçila*, la gerbe d'épis glanés.

*Ôṭâmi* et *ûṭami*, (de *ûṭ* long); gr. ὠθῶ.

Le préfixe *ut* indique mouvement en hauteur. Il a son comparatif : *uttara*, plus élevé, supérieur, au propre et au figuré ; son superlatif : *uttama*, suprême, excellent.

*Unadmi*, lat. unda, udus ; gr. ὕω, ὕδωρ. *Uda*, l'eau ; *undayâmi*, mouiller ; *undidiśâmi*, vouloir être mouillé, désirer la pluie, être altéré (en parlant des campagnes) ; *unduru*, rat d'eau ; *unna*, mouillé, humide ; au figuré, facile, obligeant, complaisant.

Le préfixe *upa* (zend, upa ; gr. ὑπο; lat. sub) marque voisinage, tendance, infériorité physique et morale, diminution : *upanṛtyâmi*, je danse devant quelqu'un ; *upapatâmi*, je m'élance vers ; *upayâmi puram*, j'entre dans la ville ; *upavahâmi*, je supporte ; *upastrî*, femme du second rang, concubine ; *hasâmi*, je ris —, *upahasâmi*, je souris.

## X.

उब्ज् *Ubj-âmi*, jette, abat, étend, terrasse ;
Relève aussi, délivre et débarrasse.
उभ्, उम्भ् *Uƃ, umƃ-âvas*, tous deux nous emplissons ;
उर्व् *Urv* (*arv*)-*âma*, détruisons ou blessons.
उरु *Uru*, de *vṛ* (*varu*), large, ample et vaste ;
उर्द् *Urd-ê*, je vis dans les jeux et le faste.
उष् *Uś*, *ôśâmi*, brûle, éclate, est brillant ;
*Uśa*, le jour à peine encor saillant.
उह् *Uh*, *ôhâmi*, persécute et tourmente ;
ऊन् *ûn-â*, de moins, le contraire d'augmente.

### APPENDICE.

*Ubjayâmi*, faire dresser ; *ubjijiśâmi*, vouloir dresser. *Indrâgni Raxa ubjatam*, Indra et Agni terrassent le Râxasa.

*Uƃâmi* et *umƃâmi* ont aussi le sens de tuer, faire mourir, comme *urvâmi* et *arvâmi*.

*Uru*, compar. *variyas*, superl. *variśṭa* ; gr. εὐρύς ; substantiv. l'air, l'atmosphère ; au fém. *urvî*, la terre.

L'*u* du verbe *urdê* devient long : *ûrdê*. Ce verbe signifie jouir, jouer, être heureux, et aussi mesurer.

*Ôśâmi* fait *uċċâmi*, dans la langue vêdique. Lat. uro, ustus ; gr. αὔω, αὖος. *Uśat*, brûlant ; *uśapa* (pa), le feu, le soleil ; *uśasî*, l'aurore ; lith. auszra, lat. aurora ; *uśayâmi*, poindre ; *uśakala* (kal), le coq, mot à mot le chanteur de l'aurore ; *uśṇa*, la saison brûlante (juin-juillet) ; *uśma*, le printemps (avril-mai). Au figuré, le verbe *ôśâmi* veut dire brûler, consumer, comme au propre.

*Una*, soustrait de, retranché de : *pañċônavinċati*, vingt diminué de cinq, moins cinq, c'est-à-dire quinze ; *ûnayâmi*, diminuer, amoindrir.

## XI.

ऊर्ज् *ûrj-ayâmi*, je suis fort, vigoureux;

ऊर्द् *ûrd* [long], *ûrdê*, comme *urd* [bref], être heureux.

ऊष् *ûś-âmi*, souffre, est malade et s'irrite;

ऊह् *ûh-âmi*, pense, est homme de mérite.

ऋ (1) *ṛ-ććâmi*, va, se dirige, parvient,
Se meut, s'élève, avance, arrive, obtient.

ऋ, ऋक्ष् *ṛ*, *ṛx-nômi*, provoque, et frappe, et blesse;

ऋक् *ṛk-ta*, puissance, honneurs, biens, or, richesse.

ऋच् *ṛć-âmi*, chante et célèbre en ses vers
Dieu, la nature aux attributs divers.

### APPENDICE.

*Ûrja*, force, vigueur, pouvoir, puissance; le mois *kârtika* (octobre-novembre); *ûrjaswat*, *ûrjaswala*, *ûrjaswin*, fort, robuste; *ûrjin*, nom de l'une des neuf classes des Maruts.

*Ûrdê*; causatif, *ûrdayâmi*; désidératif, *ûrdidiśê*.

*Ûśâmi* veut dire aussi, dans le sens actif, irriter, blesser, tuer.

*Ûhâmi*, *ûhê*, rassembler, concevoir, comprendre, raisonner : *amuktam apy ûhati paṇḍitas*, l'homme savant comprend même ce que l'on ne dit pas. Lat. augeo. *Ûhâ*, l'action de rassembler, de suppléer à la pensée exprimée elliptiquement, compréhension, raisonnement. *Ûhayâmi*, faire penser, faire comprendre, faire exécuter.

(1) Le *ṛ* peut s'articuler *ar*, *eur*, *reu*, *rou*, etc.; l'essentiel est qu'on le fasse compter pour une syllabe et qu'on ne le transforme pas en une simple consonne.

*ṛććâmi*; *çântim ṛććati*, il atteint la béatitude; *mâm ârat* (aoriste 2) *sampad*, un honheur m'est échu. Dans la langue vêdique, ce verbe est *iyarmi*, *âryê* : *iyarti rêṇus*, la poussière s'élève. On dit aussi *ṛṇômi* et *ṛṇâmi*.

*ṛxa*, ours; gr. ἄρκτος, lat. ursus; *ṛxêça* (*ṛxa-iça*), le prince des étoiles, la lune (lune est masculin en sanscrit.)

*ṛć*, substantif féminin : stance, distique des hymnes du Vêda; le Rig-Vêda (*ṛć*).

## XII.

ऋछ् *ṛc-c̈âti*, perd, émousse, engourdit l'âme ;
D'où *ṛc̈c̈arâ*, femme à conduite infâme.
ऋज् *ṛj...arjê*, vit, est ferme, fort, debout ;
ऋञ्ज् *ṛñj...ê*, fait frire en la poêle qui bout.
ऋण् *ṛṇ...arṇômi*, va, marche ; *ṛṇa*, dette ;
*ṛṇântaka*, régent d'une planète.
ऋत् *ṛt-wâ*, luttant, combattant ou régnant,
Parfois aussi méprisant, dédaignant.
ऋध् *ṛd-nômi*, croît, est florissant, prospère,
Etend : *râjyam*, les Etats de son père.

### APPENDICE.

*ṛc̈c̈âmi*, aller, se mouvoir, se solidifier, se congeler; s'émousser, s'engourdir. Lat. rigere ; *ṛc̈c̈ayâmi*, rendre solide, congeler ; émousser, *ṛc̈c̈arâ*, femme de mauvaise vie.

*ṛj*, *irju*. Lat. rego ; gr. ὀρέγω. *ṛju*, droit ; lat. rectus.

*ṛñjê*, lat. frigo. On sent ici que la prononciation *ri* ou *ru* devient nécessaire, et que *ar* serait impossible.

*Arṇômi*, *ṛṇômi*, *ṛṇâvê* ; *arṇavê*. *ṛṇamatkuṇa*, *ṛṇamârgana*, bail, contrat. *ṛṇamukti*, *ṛnamoxa*, libération d'une dette. *ṛṇântaka*, le régent de la planète de Mars (patron des débiteurs).

*ṛtiyê*, je vais ; je commande ; j'ai pitié ; je blâme.

La racine *ṛd* forme des verbes de différentes classes, qui, outre croître, accroître, agrandir, signifient encore louer, honorer. *ṛddu*, grand, fort, puissant, prospère : *ṛddam râjyam*, vaste royaume. *ṛddi*, prospérité, abondance, richesse, puissance surnaturelle ou magique ; d'où plusieurs dérivés et composés.

## XIII.

ऋफ् *ṛp'-âmi*, frappe et blesse en se battant ;
ऋष् *ṛś...arsâmi*, se meut, va suscitant.
एज् *Ej-ê*, s'agite et tremble d'épouvante ;
एट् *Eṭ-ê*, haïr, avoir l'âme méchante.
एष् *Eś-ê*, va, marche ; *êśaṇa*, balancier,
Flèche, outil, sonde ou de fer ou d'acier.
एध् *Ed̄-ê*, j'augmente et je suis en croissance ;
*Ed̄atu*, l'homme en son adolescence,
ओख् *Ok̄-ati*, peut, se fait fort d'empêcher,
Veut dire en outre : orner, se dessécher.

### APPENDICE.

*ṛpami* ou *ṛmpmi*, frapper, blesser, tuer. *ṛb̄u*, *arb̄u*, mot védique employé au pluriel : les ribhus ou ribhavas, réformateurs du sacrifice ; gr. ἀρφούς, puis Ὀρφούς, plus tard Ὀρφεύς, un Orphée. On sait que l'Orphée par excellence, celui qui seul en a gardé le nom, fut, chez les Hellènes encore barbares, le martyr de son apostolat pour la réforme des mœurs.

*ṛśâmi* et *arsâmi*, aller, se mouvoir ; faire aller, exciter : *ṛtam arśanti sind̄avas*, les libations suscitent Rita (c'est-à-dire allument le feu). *ṛśab̄a*, taureau, chef du troupeau ; à la fin des composés, le meilleur, le guide : *nararśab̄a*, le prince ; *ṛśab̄i*, femme aux traits virils. Comparez le gr. ἄρσην.

*Éjâmi*, *êjê*, se mouvoir, luire, briller, arriver, aller vers, trembler : *tê-girayo b̄iya êjam*, les monts tremblaient de peur devant toi.

*Éṭê*, être méchant, criminel ; haïr, tourmenter, frapper. Au causatif, *êṭayâmi*.

On dit aussi *êśana*, masculin, ou *êśaṇika*, féminin.

*Éd̄ê*, quelquefois *êd̄âmi*, croître, s'accroître ; prospérer : *suk̄am êd̄atê*, le bonheur augmente. Gr. οἶδος, οἰδάω.

*Ók̄âmi* ; causatif, *ók̄ayâmi*.

## XIV.

ओज् *Oj-as, ôjâ,* vie énergique et forte ;
ओण् *Oṇ-âmi,* vole, enlève, prend, emporte.
ओं *Oṃ* est un mot mystique et respecté,
Dans l'Inde encor bien souvent médité.
कक् *Kak-ê,* vacille, est chancelant, instable,
S'enorgueillit, a soif, est irritable.
कख् *Kaḱ-âmi,* rire, être aimable, amusant ;
Autour de soi donner le ton plaisant.
कग् *Kag-ayâmi,* je dérobe à la vue ;
कङ्क् *Kaẏk-ê,* je vais ; *kaẏka,* héron ou grue.

### APPENDICE.

*Ôjayâmi,* vivre, être fort, briller. Ce verbe est peut-être le dénominatif d'*ôjas, ôjâ, ôjaswita,* force, vigueur, action énergique de la vie qui se développe ; lumière, éclat ; manifestation, apparence ; éclat du métal poli ; or. *Ôjaswin,* fort, énergique, brillant. *Ôjayê,* devenir fort, brillant.

*Oṇâmi,* dérober ; causatif, *ôṇayami* faire emporter, faire dérober ; désidératif, *ôṇiniśâmi* ; *ôlu* (pour *ôṇu* probablement), chat.

*Ôṃ-tat-sat,* — *Ôṃ,* Lui, l'Etre ou le Bien, c'est-à-dire Dieu.

*Kakud, kakuda kakudmat,* le sommet d'une montagne ; lat. cacumen, culmen.

*Kakâmi, kekḱâmi, kakkami, kaḱḱâmi,* plaisanter ; *kaḱayami,* exciter à la plaisanterie ; lat. cachinnus ; gr. καχάζω, καγχάζω.

*Kagâmi* et *kagayâmi,* j'agis, je vais ; je couvre.

*Kaẏkaṭa,* cotte de mailles, cuirasse ; *kaẏkaṇa, kaẏkaṇî, kaẏkaṇikâ,* lith. kankalas ; polon. kolokol ; bracelet du poignet, ornements à grelots ; *kaẏkata, kaẏkati, kaẏkatikâ,* peigne ; *kaẏkamuḱa,* pincettes (mot à mot, bec du héron) ; et beaucoup d'autres mots.

## XV.

क *Ka* ; ce mot semble être le signe oral
Du mouvement, ou physique ou moral :
L'air, le vent, l'eau, la lumière et la flamme,
La temps, le son, le soleil, le corps, l'âme,
Un prince, un roi, le bonheur, le plaisir,
Un patrimoine, un opulent loisir,
Un homme actif, ingénieux, habile,
*Agni*, *Viṣṇu*, toute chose mobile,
Toute matière et tout être agissant,
Quoi que ce soit de prompt et de puissant.

### APPENDICE.

Dans l'ordre alphabétique, *ka* (neutre et masculin) devait venir avant les racines *kak*, *kak̃*, *kag* et *kaṅk*. Si nous l'avons mis après, c'est qu'il forme une décade à lui seul; encore n'avons-nous pas eu moyen d'exprimer en dix lignes toutes les significations qu'il présente, comme :

Au physique, tête, poils, cheveux, chevelure, paon.

Au moral, l'intelligence; dans le sens mystique, outre *Agni* et *Viṣṇu*, *Brahmâ* et *Kâma* ;

En composition, *Kañćâra* (*ka*, l'air, *ćar*), le soleil, mot à mot le voyageur aérien; *kañja* (*ka*, l'eau, *jan*), le lotus, mot à mot né dans l'eau; *kañjaya*, *Brahmâ*, mot à mot né sur le lotus ; etc.

*Ka* voulant dire une foule de choses très-différentes les unes des autres, il est bon d'observer que ce monosyllabe peut donner divers sens au même nom : ainsi, *kañja*, lotus (en prenant *ka* pour l'eau), signifie poil, cheveu, si l'on applique à *ka* la signification de tête, *kañja*, né de la tête ou sur la tête. Cette remarque est assez importante, et plus d'une fois, en traduisant, on aura besoin d'y songer.

## XVI.

कच् *Kać-ê, kañćê,* je brille, attache, lie ;
कच् *Kać-ati,* gronde, est retentissant, crie.
कज् *Kaj-âmahê,* nous avons le cœur gros
D'orgueil, de joie, ou de rudes sanglots.
कट् *Kaṭ-âmi,* va, marche, enveloppe et couvre ;
L'eau du ciel tombe, et la terre s'entr'ouvre.
कठ् *Kaṭ́-ara,* dur ; *kaṭ́êras,* indigent.
कड् *Kaḍ-ê,* se trouble, est inintelligent.
कड्ड् *Kaḍḍ-êt,* qu'il soit hérissé, qu'il se dresse ;
कण् *Kaṇ-ita,* cri de douleur, de détresse.

### APPENDICE.

*Kaća,* l'action de lier ; nœud, ligature, cicatrice; nœud de cheveux, chevelure ; nuage ; *kaćâmi,* résonner, faire du bruit; *kaćaŷgana,* marché libre où l'on ne paie pas de droit de place.

*Kajâmi,* être agité.

*Kaṭâmî,* parf. *ćakâṭa,* aor. 1, *akaṭiśam.* La racine *kaṭ* forme un très-grand nombre de mots, par exemple : *kaṭa,* actif, qui est en action ; *kaṭaka* plateau, haut pays, cercle, anneau, bracelet, camp, ville forte ; *kaṭakaṭâ,* battement, pulsation, frottement.

*Kaṭ́âmi,* mener une vie misérable; *kaṭ́alla* et *kaṭ́alya,* sable ; *kaṭ́ina,* dur, solide ; *kaṭ́inî,* craie, crayon, terre à potier ; *kaṭ́ina,* vase de terre, jatte; *kaṭ́âhaka,* poule d'eau.

*Kaḍâmi, kaḍê,* se réjouir, être troublé par un sentiment vif ou profond ; *kaḍa,* égaré, stupéfié, stupide, ignorant. Voir, pour les dérivés de *kaḍ,* les racines *kaṇḍ* et *kâḍ.*

*Kaḍḍâmi,* être raide, être hérissé.

*Kaṇâmi,* résonner, crier, gémir ; cette racine a de nombreux dérivés.

Le participe *kaṇita,* employé comme nom neutre, veut dire cri de douleur.

## XVII.

| | |
|---|---|
| कण्ट् | *Kaṇṭ-aka*, clou, pointe, épine —, atelier ; |
| कण्ठ् | *Kaṇṭ'-a*, licol, larynx, gorge, collier. |
| कण्ड् | *Kaṇḍ-ê*, s'ébat ; *kaṇḍayâmi*, fend, broie ; |
| | *Kaṇḍanî*, vase où le grain se nettoie. |
| कत् | *Kat* signifie (en composition) |
| | Mépris, dédain ou diminution. |
| कत्थ् | *Katt'-ê*, se vante, en parlant fait la roue ; |
| कत्र् | *Katr-ayâmi*, je relâche et dénoue. |
| कथ् | *Kat'-â*, récit ; *kat'aka*, narrateur ; |
| | *Kat'âprâṇa*, du prologue est l'acteur. |

### APPENDICE.

*Kaṇṭâmi*, aller, croître ; piquer ; *kaṇṭaka*, arête de poisson ; plante poussant en pointe, défaut, point faible. Gr. χέντρον, etc. Comp. *akaṇṭaka*. *kaṇṭala*, acacia arabica. *kaṇṭikala*, épineux.

*Kaṇṭ'* est une racine qui ne se rencontre guère qu'avec le préfixe *ut* : *utkaṇṭ'a*, tristesse, affliction, regret ; *utkaṇṭ'âmi*, *utkaṇṭ'ê*, regretter vivement, s'affliger.

*Kaṇḍâmi*, *kaṇḍê*, se réjouir. *Kaṇḍayâmi*, vanner le grain ; protéger. *Kaṇḍana*, vannage du grain.

*Kat* est la forme antique neutre de l'adjectif interrogatif *kas*, *kâ*, *kim* : elle s'emploie au commencement des composés.

*Katt'ê*, se glorifier ; *katt'ila*, vanterie, jactance. *Katt'asê satyavâdî*, tu te vantes d'être véridique.

*Katrayâmi*, délier. Comp. *kartr*, *kart* et *kṛt*.

*Kat'ayâmi*, dire, raconter, converser ; gr. κωτίλλω ; goth. qvath ; angl. quoth. *Kat'aṅkat'ika*, qui interroge. *Kat'ânaka*, historiette. *Katâprasaṅga*, hableur, charlatan.

## XVIII.

कद् *Kad-ê, kandê, kandâmi,* se lamente ;
*Kandayâmi,* trouble, agite et tourmente.

कन् *Kan-âmi,* voit, cherche, désire, atteint ;

कब् *Kab-ê,* célèbre, exalte, expose et peint.

कम् *Kam-ana,* jeune, aimable et voulant plaire ;

कम् *Kam,* comme *ka,* l'eau, le vent, l'atmosphère.

कम्प् *Kamp-ê,* trembler, s'émouvoir, s'agiter ;

कर्ज् *Karj, ćakarja,* vexer, persécuter.

कर्ण् *Karṇ-ayâmi,* je perce, et creuse, et troue ;

कर्त् कर्त्र् *Kart-ayâmi* (*kartr* aussi), je dénoue.

### APPENDICE.

*Kadê,* parf. *ćakanda,* crier, appeler, pleurer, gémir ; gr. κῆδος. *Kadana,* terreur, trouble, confusion, destruction, massacre. *Kadayâmi* et *kandayâmi,* troubler, mêler, porter le trouble, etc. *Kadyê,* être troublé, confondu, avoir les sens troublés par le chagrin. *Kadara,* tourment, misère ; aiguillon de cornac, scie.

*Kanâmi,* briller, voir, se porter vers, désirer, aimer, se réjouir. *Kanaka,* or, végétaux à fleurs jaunes.

*Kabê,* parf. *ćakabê,* peindre, dépeindre, célébrer. Comp. *kav* et *ku.*

*Kam,* parf. *ćakamê,* sans présent ni imparf., aimer, désirer, vouloir ; lat. amo. *Kamana,* qui aime, beau, désirable ; *Brahmâ. Kâma. Kamanîya,* aimable, désirable. *Kamara,* désireux, amoureux. *Kamitṛ,* amoureux, amant. *Kamra,* licencieux, lascif.

*Kampê,* : *bûr akâmpiṣṭa,* la terre trembla ; *samudrô'pî kampatê,* la mer même est émue ; *çûrâṇâm api hṛdayâni ćakampirê,* les cœurs des héros même tremblèrent de peur. *Kampa,* agitation, tremblement ; peur. *Kampana, kampra,* tremblant. *Kampayâmi,* ébranler, agiter : *dharaṇîm,* la terre ; troubler, effrayer : *manas,* le cœur.

*Karjâmi,* parf. *ćakarja,* tourmenter, etc.

*Karṇa,* l'oreille ; *karṇakôṭi,* espèce de myriapode qui, dit-on, s'introduit dans les oreilles.

*Kartrayâmi* ; voir aussi *katr* et *kṛt.*

## XIX.

कर्द् *Kard-ati,* sent au ventre des douleurs;
कर्ब् *Karb-ura,* forme aux changeantes couleurs.
कर्म *Karma* (de *kṛ*), *karman,* acte, œuvre, ouvrage,
De mots nombreux compose l'assemblage.
कर्व् *Karv-âmi* (fait au parfait *ćakarva*),
Marche orgueilleux, fier et superbe va.
कल् *Kal-ayâmi,* compte; *kalê,* résonne;
*Kala,* bruit sourd d'insecte qui bourdonne.
कल्प् *Kalp-a,* de *kḷip,* entre autres sens divers,
Marque le temps que dure un univers.

### APPENDICE.

*Kardâmi,* avoir des borborygmes; gr. χορδή. *Karda, kardama,* boue, fange, limon, souillure du péché. *Kardamâṭaka,* lieu où se rendent les ordures, cloaque, latrines.

*Karbâmi, kambâmi*; *karbura* et *karbûra,* de couleur variée; bigarrure; démon ou *râxasa* aux formes changeantes; crime, péché.

*Karmakara,* serviteur (non esclave), ouvrier libre. *Karmaṇyaƀuj,* qui vit de son salaire. *Karmêndriya,* organe de l'action, tout organe corporel. *Karmânta,* terminaison d'un acte, ouvrage fini.

*Karvâmi,* être fier. *Karva,* désir, amour. *Karvaṭa,* chef-lieu de district, ville centrale. *Karvara,* tigre; mauvais génie.

*Kalê,* gr. καλέω. *Kalayâmi,* parcourir, compter, mesurer, estimer : *Kalayâmi maniƀûśaṇam,* je compte les perles des colliers pour autant de péchés. *Kalakaṇṫa,* son doux, roucoulement; coucou (*kôkila*), tourterelle. *Kalama,* roseau dont on se sert pour écrire; gr. κάλαμος; lat. calamus, culmus. *Kalarava,* colombe; lat. columba; lith. karwélis. *Kalaça,* vase; gr. κάλυξ; lat. calyx. *Kalêvara* corps mort, cadavre; lat. cadaver. *Kalya,* prêt à, habile, favorable, heureux; gr. καλός.

*Kalpa,* forme corporelle; lat. corpus; forme idéale des objets, durée d'un univers. (V. notre dictionnaire.) *Kalapânta,* fin d'un *kalpa,* destruction d'un univers.

## XX.

कल्ल् *Kall-ê, kallâ,* je suis sourde et muette;
कव् *Kav-ayâmi,* chante; *kavi,* poète.
कश् *Kaç-ya,* qu'il faut flageller vivement;
कष् *Kaṡ-ṭa,* douleur ; *kaṡṭam,* péniblement.
कस् *Kas-âmi,* va, sonne, frappe, assassine;
*Kasa,* lanière, un fouet, une houssine.
कंस् *Kaṅs-ê,* je veux qu'on écoute ma voix;
*Kaṅsa,* mesure et le vase où je bois.
का *Kâ,* dans les mots qu'il précède, — atténue,
Détériore, amoindrit, diminue.

### APPENDICE.

*Kallê,* rendre un son confus et sourd; être muet. *Kalla,* sourd et muet. *Kallatwa,* voix ou son indistinct; enrouement; mutisme. (En esp. *callar,* se taire?)

*Kavê, kavayâmi,* chanter, célébrer. *Kavi,* qui chante, qui célèbre en vers; savant, instruit, poète. *Kavijyêṡṭa,* le premier des poètes, Valmiki. *Kavitâ,* la poésie. *Kavitâvêdin,* qui connaît l'art de la poésie. *Kavitwa,* qualité de poète. *Kavilâsikâ,* espèce de lyre.

*Kaçâmi,* claquer. *Kaçâ,* fouet, houssine. *Kaçârha,* qui mérite le fouet. *Kaçmala,* avilissement, faiblesse honteuse : *kutas twa kaçmalam idaṃsamupaṡtitam,* d'où te vient cet abattement?

*Kaṡami,* pousser, frapper, tuer; essayer. *Kaṡa,* pierre de touche. *Kaṡâya,* jaune, odorant; au fig. corruption : *kalpakaṡâya,* période de dégénérescence d'un *kalpa. Kaṡṭa,* affligé, persécuté, malheureux : *Kaṡṭam,* malheur à! *Kaṡṭakâraka,* le monde (lieu de misère).

*Kasâmi,* aller. *Kasa, kasipu,* vêtement et nourriture. Compar. avec *haṅs, kaç, kaṡ, kaṡa, kaçipu. Kaṣtîra,* étain; gr. κασσίτερος. *Kastûrî,* castor; gr. κάστωρ.

*Kaṅsê,* aller; frapper, heurter, tuer; ordonner, commander.

*Kâ,* forme de l'adject. interrog. *kas,* s'emploie au commencement des composés dans le même sens que *kat, ku,* etc., pour marquer, diminution, mauvaise qualité, etc., de l'objet au nom duquel il est joint.

## XXI.

काङ्क्ष् *Kâγx-â*, désir, élan, souhait, essor;
काच् *Kâć* et *kâñć-ê*, luit; *kâñćana*, l'or.
काश् *Kâç-ê kâçyê*, semble, apparaît et brille;
कास् *Kâs-ê*, je tousse; et *kâsê*, je scintille.
कि *Ki*, *ćikêmi*, connaître, apercevoir;
कित् *Kit*, *ćikêtmi*, voir, apprendre, savoir.
किट् *Kiṭ*, *kêṭâmi*, ma vue est effrayante;
D'où *kiṭiƀa*, punaise répugnante.
किम् *Kim* (latin, quid) et *çêkim*, quoi, comment,
De bien des mots sont le commencement.

APPENDICE.

*Kâγxâmi*, *kâγxê*, désirer : *na kâγxê -vijayam*, je ne désire pas la victoire; *tê kâγxanti*, ils te désirent (*tê*, reg. au datif).

*Kâća*, cristal de roche, verre; *kâćaƀâjana*, vase de verre ou de cristal; *kâñćavâγga*, qui a un corps et des membres d'or. *Kâñćê* veut dire aussi lier; d'où *kâñćî*, ceinture de femme.

*Kâçê*, briller, se dit surtout des personnes, dans le sens de se montrer, paraître.

*Kâsa*, toux; lith. kôstu; ancien germ. huosto. *Kâsaǵni*, *solanum Jacquini*, plante employée contre la toux. *Kâsû* (de *kas*, tousser), parole embarrassée, bredouillement; (de *kâs*, briller), éclat, splendeur.

*Kêtâmi*, d'une racine *kit* (différente de celle de la décade précédente) signifie douter, désirer. *Kitava*, fou, insensé, esprit malade.

*Kêṭâmi*, craindre, effrayer, fait au gérondif *kêṭitwâ* et *kiṭitwâ*. *Kiṭi*, porc, sanglier; *kiṭṭa*, excrément, ordure, saleté; *kiṭṭâla*, scorie, rouille, vert de gris.

*Kim*, neutre de *kas*, et sa racine *ki* forment un grand nombre d'expressions énergiques, vives, pittoresques, et d'onomatopées : *kimpaća*, misérable, pauvre, gueux, avare; gr. κίμβιξ (mot à mot, que fait-il cuire? de quoi vit-il?); *kiki*, un geai; *kiƙi*, un singe, un chacal: *kimvadanti*, une rumeur, un on-dit.

## XXII.

किल्  *Kil-âmi*, joue ; est blanc, froid, pâle et terne ;
किष्क्  *Kiśk-ayê*, tue; et *kîśkinḋî*, caverne.
कीट्  *Kîṭ-ayâmi*, teindre, user d'un pinceau ;
*Kîṭa* (grec κὶς), insecte, vermisseau,
D'où s'est formé *kîṭaja*, cochenille.
कील्  *Kîl-a*, poteau, pieu, lance, épingle, aiguille.
कु  *Ku, kavîmi, kæmi, kavê*, chanter ;
*Kuvê*, pousser des cris, se lamenter.
कुच्  *Kuć-âmi*, courbe ; et *kôćâmi*, dessine ;
*Kuća*, le pis d'où nous vient la vaccine.

APPENDICE.

*Kilâmi*, être ou devenir froid ; jouer. *Kila*, certainement, probablement, peut-être, assurément, oui sans doute. *Kilakilâ*, cri de joie.

*Kiśkinḋa*, montagne dans l'est-sud-est de l'Hindoustan. *Kiśkinḋî* et *kiśkinḋya*, caverne célèbre dans le mont *Kiśkinḋa*. *Kiśku*, vil, bas, méprisable.

*Kîṭa* chantre épique d'une caste issue d'un père *xattriya* et d'une mère *væçyâ* : adjectiv. dur, ferme, solide. *Kîṭagna*, soufre.

*Kîlâmi*, coudre, percer d'une aiguille, d'une flèche, etc. : *hṛdayaṃ çarakîlitam*, un cœur percé de traits. *Kukilâ* (*ku*, terre), pointe de terre, montagne, pic, promontoire.

*Kavîmi* est une forme vêdique ; le parfait de ce verbe est *ćukavâ* et *ćukuvê* : *kagâç ćukuvirê*, les oiseaux poussèrent des cris.

*Kôćâmi*, tracer des lignes, dessiner, polir, fourbir ; joindre, unir, mêler. *Kućâmi*, courber, se courber, s'arrondir, être courbe. *Kuća*, sein, mamelle, pis.

## XXIII.

कुक् *Kuk*, prend, reçoit ; au parfait *ćukukê* ;<br>
Pour le présent indicatif, *kôkê*.<br>
कुञ्च् *Kuñć-âmi*, ploie, est sinueux, se plisse,<br>
Devient petit, s'amoindrit, rapetisse.<br>
कुज् *Kuj*, *kôjâmi*, dérobe adroitement ;<br>
कुञ्ज् *Kuñj*, *ćukuñja*, murmurer doucement.<br>
कुट् *Kuṭ-âmi*, va tortueux, rusé, fourbe ;<br>
Ou bien sous l'âge et le malheur se courbe.<br>
कुट् *Kuṭ*, *kôṭayê*, brûler, fendre et briser ;<br>
कुट्ट् *Kuṭṭ-ayâmi*, remplir ou mépriser.

### APPENDICE.

Le participe passé du verbe *kôkê*, racine *kuk*, est *kôkila* et *kukila*.

*Kuñćikâ*, clef ; nom de divers végétaux, entre autres l'*abrus precatorius*, dont les graines servent de poids aux bijoutiers.

*Kôjâmi*, parf. *ćukôja* ; gérond. *kôjilwâ* et *kuktwâ*. *Kujamḃala* et *kujamḃila*, qui vole avec effraction ; *kujjaṭi* et *kujjaṭikâ*, brume, brouillard.

*Kuñjâmi*, bruire, résonner sourdement ; d'où beaucoup de composés.

*Kuṭâmi*, courber ; être courbé, se courber ; agir tortueusement, être trompeur, plier sous le fardeau du mal. Le parfait de ce verbe est *ćukôṭa* ; aor. 1, *akuṭiŝam*.

*Kôṭayê* et *kuṭṭayâmi*, rac. *kuṭ* ou *kuṭṭ*, ont encore les significations suivantes : diviser, parler confusément, s'embarrasser, être chaud, être tiède. Ces racines donnent naissance à beaucoup de mots, pour lesquels nous renvoyons à notre dictionnaire, page 168. *Kuṭila*, courbé, courbe, sinueux ; au fig. rusé, trompeur, qui agit tortueusement ; au fém. nom propre de rivière, la Saraswatî.

## XXIV.

कुटुम्ब् *Kuṭumb-ayê*, je soutiens ma famille,
Epouse, aïeul, frère et sœur, fils et fille.
कुड् *Kuḍ-âmi*, joue, en enfant se conduit ;
कुण् *Kuṇ-âmi*, souffre, est ému, fait du bruit.
कुण् *Kuṇ-ayâmi*, je dis l'adieu suprême
Aux voyageurs, aux trépassés que j'aime.
कुण्ठ् *Kuṇṭ-a*, niais, paresseux, nonchalant,
Estropié, mutilé, boiteux, lent.
कुण्ड् *Kuṇḍ-ayâmi*, d'où *kuṇḍaŷga*, la treille,
Et *kuṇḍala*, collier, boucle d'oreille.

APPENDICE.

*Kuṭumbayê* semble être le dénominatif de *kuṭumba*, famille, enfants, descendance ; de la racine *kuṭ*, et du nom *kuṭa*, maison. *Kuṭumbaka*, la réunion des parents. *Kuṭumbavyapṛta*, le père, administrateur de la famille. *Kuṭumbin*, un père de famille, un prolétaire, un laboureur, un paysan. *Kuṭumbækas*, la maison occupée par une famille.

*Kuḍâmi*, faire des enfantillages ; manger, s'engraisser ; amasser, entasser. *Kuḍi*, corps, embonpoint.

*Kuṇâmi*, sonner. résonner ; aider, prêter assistance ; être tourmenté, souffrir ; *kuṇinda*, son.

*Kuṇayâmi*, adresser la parole à quelqu'un, donner un conseil ; saluer, dire adieu ; *kuṇapa*, cadavre, corps en putréfaction, puanteur.

*Kuṇṭâmi*, être mutilé ou estropié ; au fig. être faible, lent, paresseux, stupide ; activ. confondre, mêler, mutiler, blesser.

*Kuṇḍayâmi*, protéger, préserver. *Kuṇḍa*, puits, citerne ; cavité creusée dans le sol pour la conservation du feu sacré. *Kuṇḍaŷga*, tonnelle de jardin, treille. *Kuṇḍala*, boucle d'oreilles, bracelet, collier, fers, entraves. *Kuṇḍira*, fort, puissant, homme.

## XXV.

कुत्स् *Kuts-ayâmi, kutsayê, kutsâmi,*
Je blâme, outrage, insulte un ennemi.
कुथ् *Kuṫ-yâmi*, pue, ou ne sent rien qui vaille ;
कुन्थ् *Kunṫ-âmi*, vexe, afflige, entoure, assaille.
कुद्र् *Kudr-ayâmi*, tromper, être un menteur,
Un hypocrite, un fourbe, un imposteur;
D'où *kundama*, chat ami du mensonge,
Et *Kundu*, rat, souris, bête qui ronge.
कुप् *Kup-yê*, je suis trop enclin à céder
Au mouvement qui me porte à gronder.

### APPENDICE.

*Kutsayâmi*, lith. kussinu, injurier, être en lutte avec quelqu'un ; *kutsana, kutsâ*, blâme, outrage, reproche; *kutsita*, partic. pass. de *kuts*, bas, vil, méprisable.

*Kuṫyâmi*, parf. *ćukôṫâ* ; fut. 2. *kôṫiśyâmi* ; aor. 1. *akôṫiśam*, sentir mauvais. *Kuṫa*, comparez *kuça*, *poa cynosuroïdes* (gazon sacré).

*Kunṫâmi*, tourmenter ; embrasser, envelopper, s'attacher à. On dit aussi *kuṫnâmi*. Comparez *krunṫ*, *kraṫ*, *knaṫ*, etc.

*Kudrayâmi*, *kundrayâmi*, et même *kôdayâmi* ; rac. *kud*, *kudr* et *kundr* ou *gundr*.

*Kupyê*, s'irriter, se mettre en colère ; lat. cupio. *Kupyâmi*, parf. *ćukôpa* ; aor. 2. *akupam* ; fut. 2. *kopiśyê* ; partic. pass. *kupita*. Ce verbe gouverne l'accusatif ou le datif.

## XXVI.

कुम्ब् *Kumb-ayâmi,* je couvre, enferme et cèle;
*Kumƀa,* pot, cruche, un homme sans cervelle.
कुर् *Kur-a,* son, bruit, murmure, air agité;
कुल् *Kul-a,* famille et sa propriété.
कुर्द् *Kurd-ê,* se livre à la plaisanterie;
*Kurdaṇa,* jeu, belle humeur, raillerie.
कुश् *Kuç-yâmi,* prendre, étreindre en embrassant;
*Kuńçayâmi,* parle, est resplendissant.
कुष् *Kuś-nâmi,* j'ôte, arrache, extrais, enlève
(*Ixusâram,* du doux roseau la sève).

### APPENDICE.

*Kumb* s'écrit aussi *kump, kumƀ, kub* et *kuƀ.* Cette racine donne naissance a beaucoup de mots, par ex. : *kubja,* bossu, courbe, en gr. κύπτω, lat. gibbus ; *kubra,* forêt ; *kuƀâ,* rivière du Caboul, le Κωφήν des Grecs ; *kumpa,* estropié, contrefait ; *kumbâmi,* cacher ; *kumbâ,* palissade ; *kumƀa,* pot-à-l'eau, mesure, gr. κύμβη, lat. cymba ; *kumƀila,* voleur, etc., etc.

*Kurâmi,* sonner, résonner ; *kura,* son, bruit. Une autre racine *kur* forme en partie la conjugaison de *kṛ.*

*Kôlâmi,* réunir ; être parent, allié. *Kula,* troupe ou bande d'animaux de même espèce ; race noble ; habitation, sol formant la propriété d'une famille ; pays habité ; au fig. le corps (demeure de l'âme) ; *kulaka,* fourmilière, taupinière, et grand nombre d'autres dérivés.

*Kurdê* et *kûrdê* ; on écrit aussi cette racine : *kurd, gud, gurd,* etc.

*Kuć* et *kusyâmi, kuńçâmi* et *kuńçayami.* On écrit même *knuńś.*

*Kusṇâmi prâṇâm,* j'ôte la vie. *Kuśmala,* extraction, action d'ôter, d'arracher, de séparer, de diviser.

## XXVII.

कुह्  *Kuh-aka,* fourbe, hypocrite, imposteur;
Rat ou serpent, envieux et trompeur.
कुंश्  *Kuṅç-ayâmi,* je parle, je rayonne;
कू  *Kû-nê,* gémit, retentit et résonne.
कूज्  *Kûj-ita,* voix, murmure, chant d'oiseaux,
Plainte du vent, des arbres et des eaux.
कूट्  *Kûṭ-ayâmi,* conseille; *kûṭa,* ruse;
*Kûṭayê,* cherche à chicaner, refuse.
कूड्  *Kûḍ (kṛḍ)-âmi,* devenir gros et gras;
कूण्  *Kûṇ-i,* pauvre homme estropié d'un bras.

### APPENDICE.

*Kuhayê,* admirer, s'étonner; étonner; tromper. *Kuha,* surnom de *Kuvêra. Kuhaka,* pris substant. tromperie, fourberie, imposture. *Kuhanâ,* hypocrisie, affectation de piété, de sainteté, de vertu. *Kuhanikâ,* hypocrisie, etc.

*Kuṅçayâmi, kuṅçâmi, kuṅsâmi, kuṅsayâmi,* parler, briller, luire.

*Kûnâmi, kûnê.* La racine *kû* présente les mêmes significations que *ku, knu* et *knû* : rendre un son.

*Kûjita* est le partic. pass., pris substant., de *kûjayâmi,* causatif de *kûjâmi,* rendre un son inarticulé, murmurer, piauler, roucouler, chanter, croasser, etc.

*Kûṭayâmi,* brûler; au fig. consumer dans la peine, tourmenter, chagriner; donner un avis. *Kûṭayê,* chercher des détours, chicaner, refuser; se montrer avare; manquer de cœur, être abattu. *Kûṭa,* fraude, tromperie, illusion. *Kûṭakṛt, kûṭaka,* trompeur, malhonnête, etc.

*Kûḍâmi* ou *kṛḍâmi,* manger, être ou devenir fort.

*Kûṇayâmi, kûṇayê,* se contracter, se plisser, se resserrer, se courber. *Kûṇikâ,* corne d'animal; cheville ou clef d'un luth.

## XXVIII.

कूप् *Kûp-ayâmi*, suis-je assez misérable?
*Karpê, krâpê,* je suis bon, secourable.
कूल् *Kûl-a*, quai, mur, rempart, entassement,
Toute défense et tout empêchement.
कृ *Kṛ*, *kurvê,* faire, en dérivés abonde;
Nul mot sanscrit n'est source plus féconde.
कृज् *Kṛj*, d'où *karjê,* fait brûler, fait rôtir;
कृत् *Kṛt*, *kṛṇadmi,* cacher, voiler, vêtir.
कृ *Kṛ-ṇômi*, frappe et de la mort est cause;
कृत् *Kṛt*, *kṛntâmi,* détruire quelque chose.

### APPENDICE.

*Kûpayâmi, kṛpayâmi* et *kalpayâmi*, être faible. *Karpê* ou *kalpê, krapê,* avoir pitié. *Kṛpana*, pitoyable, misérable, malheureux, chétif, petit; un ver. *Kṛpâ*, pitié, compassion. *Kṛpâlu*, compatissant, tendre, miséricordieux.

*Kûlâmi*, couvrir, défendre, empêcher d'approcher; gr. κωλύω. *Kûla*, digue, rempart, quai, berge, rive, lac, tout ce qui met obstacle, couvre ou protége. *Kûlaka*, digue, monceau de terre, etc.

*Karômi*, *kurvê*, parfois *karâmi*, *karê*; lat. creare; gr. κραίνω, ancien germ. karawam; irland. caraim. Faire; en sanscrit comme en français, produit de nombreux idiotismes. Le parfait *ćakâra*, *ćakrê*, s'emploie pour former les parfaits par circonlocution. Suivant la signification qu'il adopte, *karômi* gouverne l'accus., le génit., l'instrum., le dat., l'ablat., deux accus. : *twâṃ karômi xitivarđanam*, je te fais mordre la poussière.

*Karjê*, rôtir, faire rôtir, brûler.

*Kṛnadmi*, part. *ćakarta*, envelopper, revêtir.

*Kṛṇâmi* et *kṛṇômi*, *kṛṛṇê*, couper, frapper d'un instrument tranchant, blesser, tuer. Comparez *kṛntâmi*.

*Kṛntâmi*, diviser, séparer, retrancher, détruire. *Kṛtti*, l'action de couper, de fendre, de trancher. *Kṛttikâ*, le troisième astérisme lunaire, comprenant les six étoiles des Pléiades et dont le signe est un couteau. *Râxasâṃ grîvâ api kṛntâmi*, je coupe même le cou aux *Râxasas*.

## XXIX.

कृश् *Kṛç-a,* petit, grêle, exigu, ténu;
*Karçita,* maigre et mince devenu.
कृष् *Kṛ̂ś-âmi,* traîne, emporte à l'aventure;
*Kṛśi,* labour, charrue, agriculture.
कॄ *Kṛ̂, kîrâmi,* lance et verse ou répand;
*Kṛ̂, kârayê,* connaît, distingue, apprend.
*Kṛ̂, kṛ̂ṇoti,* sur un champ de bataille
En brave il frappe et d'estoc et de taille.
कॄत् *Kṛ̂t, kîrtayê, kîrtayâmi,* conter,
Célébrer, lire, appeler, réciter.

APPENDICE.

*Kṛçyâmi,* amincir, amaigrir : *çôkakarçita,* amaigri par le chagrin. *Kṛçầygi,* femme qui a une taille mince ou des membres grêles. *Kṛçâçwin,* danseur, sauteur, bateleur.

*Kṛśâmi, kṛśê, karśâmi,* tirer, attirer, acquérir: *mahadyaças,* une grande gloire ; tourmenter, verser, dompter, vaincre, emporter : *mama añçô indriyâni prakṛtistâni karśati,* une portion de moi-même acquiert la sensibilité inhérente à la nature ; *sa tân çakarśa vâyus,* ce vent les emporta çà et là ; gratter, râcler, rayer, labourer : *xêtram,* un terrain. *Kṛśaka,* laboureur, bœuf de labour, soc de charrue. *Kṛśabala,* laboureur, paysan. *Kṛśli,* un savant, un champ labouré, la classe des laboureurs ; et beaucoup d'autres mots.

*Kîrâmi*, répandre ; *miham*, la pluie ; lancer : *çarân,* des flèches ; couvrir : *vâṇæs,* de traits ; *pṛťivîm varśêṇa,* la terre de pluie. Gr. κεράννυμι, κέρας.

*Kârayê* ; gr. κρίνω ; lat. cerno.

*Kṛ̂ṇômi* et *kṛ̂ṇâmi,* tailler, mettre en pièces, blesser, tuer.

*Kîrtayê, kîrtayâmi,* raconter, louer, nommer : *kîrtayaswa yaťavṛttam*, raconte la chose comme elle est arrivée. *Satatam kîrtayantô mâm,* redisant toujours mes louanges. *Yê twayâ kîrtitâ guṇas,* les qualités dont tu as parlé.

## XXX.

क्लृप *Kḷip-ta, kalpê, kalpayâmi,* paraître,
Faire une chose, agir, devenir, être.
केत् *Kêt-ayâmi,* proclame, fait savoir,
Donne un conseil et rappelle au devoir.
केव् *Kêv-ê,* servir ; *kêçara,* chevelure,
Vient de *kêça,* d'où *kêçanta,* tonsure.
केप् *Kêp-ê,* vacille, est agité, mouvant ;
केल् *Kêl-âmi,* va, folâtre et tremble au vent.
कै *Kæ, kâyâmi,* comme un corbeau qui passe,
Jette aigrement sa clameur et croasse.

APPENDICE.

*Kalpayâmi, kalpê.* Ce verbe s'applique à toutes sortes d'actions : *amṛtatwâya kalpatê,* il obtient l'immortalité ; *yajnamkalpatê,* il ordonne la cérémonie du sacrifice ; *açwam kalpatê,* il harnache un cheval ; *prîtim parâm kalpatê,* il procure une grande joie ; *âsanam kalpayâmâsa,* il prépara un siége ; *kâvyam kalpayâmi,* je compose un poème ; je dessine, je peins, j'arrange, je règle. *Kḷiptakîlâ,* un bail, un contrat. *Kḷiptika,* acheté, acquis par acte de vente.

*Kêtayâmi,* causatif de la racine *kit,* n'est usité qu'avec les préfixes *ni* et *sam.Kêtana,*invitation, appel, marque, signe, symbole, enseigne, drapeau,

*Kêvê,* honorer, servir ; même sens que *kêv* et *gêv,* etc. *Kêça,* chevelure, n'est pas une racine ; c'est un mot dérivé de *ka,* tête, et de *çî* probablement. Nous le citons, quoique d'origine incertaine, parce qu'il donne naissance à beaucoup d'expressions simples ou composées, comme *kêçara,* chevelure, crinière ; lat. cæsaries.

*Kêpê* a les mêmes significations que la racine *gêp.*

*Kêlâmi,* comme *kêl, kil,* etc. Les principaux dérivés appartiennent à *kil.* De *kêl* vient *kêlaka,* danseur, bateleur, bouffon.

*Kæ* (*kâyâmi,* crier, croasser) forme *kâka,* corbeau, corneille, d'où beaucoup de mots dérivent.

## XXXI.

क्नथ् *Knat-ayâmi*, du simple *knatâmi*,
Frapper, blesser, tuer un ennemi.
क्नस् *Knas-ayâmi*, je courbe et je suis courbe ;
Au figuré, c'est avoir l'esprit fourbe.
क्नु, क्नू, क्नूय् *Knu, knû, knûy-ê, ćaknûyê*, j'ai parlé
D'un ton maussade et mal articulé.
क्मर् *Kmar-âmi*, donne une forme penchante,
Se plie en arc, montre une âme méchante.
क्नथ् *Krat-ayâmi*, fait rire coup sur coup,
Nous réjouit, nous amuse beaucoup.

### APPENDICE.

*Knat'âmi*, gr. κτείνω, ἔκτανον. *Krat'âmi, krat'ayâmi*, même signification. *Krat'ana*, meurtre.

*Knasyâmi*, *knasayâmi*, comme *knańsâmi* et *knańsayâmi*, outre le sens de courber, voûter, veut dire aussi briller, parler.

*Knunâmi, knunê, knûnâmi, knûnê, knûyê*, marmotter, murmurer, rendre des sons inarticulés. *Knôpayâmi*, causatif de *knûyê*, signifie devenir et rendre humide, avoir et répandre une mauvaise odeur.

*Kmarâmi*, parf. *ćakmâra* ; lat. camera ; gr. καμάρα.

*Krat'ayâmi*, réjouir, amuser, faire rire coup sur coup, a les mêmes significations que *çrât'ayâmi*, réjouir, égayer, donner ses soins, s'efforcer. Il ne manque pas non plus de rapport avec *çrat'nâmi*, lier, délier, réjouir.

## XXXII.

क्रद्, क्रन्द् *Krad* et *krand-ê,* je me désole et crie ;
Je trouble, agite, ou provoque et défie.
क्रप् *Krap-ê,* j'entonne un chant religieux,
Et je suis bon, compatissant, pieux.
क्रम् *Kram-âmi,* va, marche, aborde, s'avance,
Foule à ses pieds, monte, franchit, s'élance.
क्री *Krî-nê,* j'achète, autrement *krînâmi,*
Répond au grec πρίαμαι, πέρνημι.
क्रीड् *Krîḍ-âmi,* joue : *axæs,* aux dés ; s'amuse,
Du temps parfois et des plaisirs abuse.

APPENDICE.

*Krandâmi*, causat. *krandayâmi*, parf. *ćakranda,* p. q. parf. *aćikrandam*, pousser des gémissements : *ćakranda kurarî iva,* elle poussa des cris comme l'aigle de mer ; demander à grands cris : *ćaranam,* du secours ; hennir : *krandad açwas,* le cheval a henni. Au moy. être affligé, troublé, confondu par la douleur ; activ. troubler, confondre, agiter. *Krandana,* cri lugubre, lamentation, gémissement, appel, défi, provocation ; un chat. Au causat. crier, résonner, retentir.

*Krapê,* avoir pitié ; célébrer par des hymnes.

*Kramâmi, kramyâmi, kramyê, kramê. Krama,* marche, progrès, ordre, méthode, règle. *Kramaṇa,* pied. *Kramêla,* chameau (le marcheur) ; gr. κάμηλος ; lat. camelus. Le part. pas. *krânta,* subst. cheval. *Krântu,* oiseau. *Krânti,* marche et progrès, au propre et au fig. — *Kramôdvêga* (*kram, ut, vêga*), bœuf. Ce verbe est peut-être la racine du latin gradus, gradi, gradior.

*Krînâmi, krînê,* part. *krîta. Krîtaka* et *krîtaputra,* fils acheté pour perpétuer artificiellement la descendance masculine d'une famille. *Krîtânuçaya,* reprise d'un marché par le vendeur.

*Krîḍâmi,* caus. *krîḍayâmi,* jouer. *Dâræ api dhanær api krîḍanti,* ils jouent leurs femmes et leurs richesses. *Krîḍa, krîḍana, krîḍâ,* le jeu ; amusement, plaisanterie. *Krîḍârat'a,* un char, une voiture d'agrément. Dans la langue vêdique, au lieu de *krîḍâmi,* c'est *krîlâmi.*

## XXXIII.

क्रुञ्च् *Kruñć-âmi*, va par détours et replis ;
*Kruñća*, montagne, et *kruñć*, *kruγ*, un courlis.
क्रुड् *Kruḍ-âmi*, plonge, au fond se précipite ;
क्रुध् *Kruđ-â*, colère, et *krudyâmi*, s'irrite.
क्रुन्थ् *Krunt*, *krutnâmi*, tenir, ceindre, entourer,
A quelque chose avec force adhérer.
क्रुश् *Kruç*, *krôçâmi*, se lamenter, se plaindre,
Crier, pleurer, se désespérer, geindre,
क्लथ् *Klat-ayâmi*, le combat commençant,
On frappe, on blesse, on fait couler le sang.

### APPENDICE.

*Kruñćâmi*, aller par sinuosités, en ligne courbe ; se courber, se baisser ; être ou devenir petit, bas ; activ. courber, rendre petit, peu élevé. *Kruñćâ*, espèce d'instrument de musique, de luth.

*Kruḍâmi*, se plonger, s'enfoncer dans, être plongé.

*Kruđyâmi*, s'irriter contre, se mettre en colère. *Kruđ*, *kruđâ* et *krôđa*, irritation, colère, toutes les passions de cette sorte. *Krôđana*, irascible ; *krôđamûrčita*, troublé par la colère ; *krôđayâmi*, irriter, mettre en colère ; *krôđin*, furieux, irrité.

*Krutnâmi*, embrasser, envelopper ; quelquefois aussi affliger, tourmenter.

*Krôçâmi*, pleurer, gémir, pousser des cris ; gr. κρώζω, κράζω, κραυγή ; lat. crocio. *Kruçwan*, un chacal. Le partic. pas. *kruṣṭa*, pris subst., veut dire cri, plainte, lamentation. *Krôṣṭu*, fém. *krôṣṭri*, comme *kruçwan*, chacal (*canis aureus*).

*Klatâmi*, *klatayâmi* ; lat. clades. Ce verbe a la même signification que *knatâmi*.

## XXXIV.

क्लद्, क्लन्द् *Klad, kland-âmi,* j'appelle et me lamente,
*Klâdê, klandê,* l'autre ou moi je tourmente.
क्लप् *Klap-ayâmi,* murmure sourdement,
S'exprime mal, parle indistinctement.
क्लम् *Klam-a,* chagrin, peine, sollicitude,
Abattement, fatigue, lassitude.
क्लव् *Klav-ayâmi,* faire craindre, effrayer;
क्लिद् *Klid* (au parfait, *ćiklêda*), se mouiller.
क्लिद्, क्लिन्द् *Klid* ou *klind-ê, klindâmi,* je m'afflige,
Et la douleur à larmoyer m'oblige.

### APPENDICE.

*Kladâmi* et *klandâmi,* appeler en criant, pousser des lamentations. Au moyen, être affligé ; activement, affliger, tourmenter. Lat. plango ; gr. κλάζω.

*Klâpayâmi,* bruire, parler bas, parler ; même signification que *hlap, jalp, jap,* etc.

*Klamaťa*, épuisement, affliction. *Klâmyâmi* et quelquefois *klâmâmi,* partic. *klânta,* être fatigué, épuisé ; au fig. être affligé, attristé.

*Klavê,* craindre, être effrayé. *Klavayâmi,* causatif de *klav,* effrayer, faire craindre.

*Klidyâmi,* être humide, devenir humide, se mouiller ; gr. κλύζω. *Klinna,* partic. pass. de *klid,* mouillé, humecté. *Klinnâxa,* qui a les yeux humides ou mouillés de larmes.

*Klindâmi, klindê,* pleurer, gémir.

## XXXV.

क्लिश् *Kliç-nâmi*, trouble, agite et fait souffrir,

Souffre soi-même et s'ennuie à mourir.

क्लीब्, क्लीव् *Klîb-ê, klîvê*, je suis faible et débile ;

क्लु *Klu*, d'où *klavê*, descend, monte, est mobile.

क्लेश् *Klêç-ê*, je parle, empêche ; ou, furieux,

Je blesse et tue un rival odieux.

क्वण् *Kwaṇ-ita*, bruit ; *kwaṇâmi*, je résonne ;

Grelot je tinte, et mouche je bourdonne.

क्वाथ् *Kwâťa*, mets cuit à l'eau, décoction ;

Au figuré, malheur, affliction.

APPENDICE.

*Kliçnâmi*, *kliçyâmi*, *kliçyê*, tourmenter, fatiguer, lasser ; être affligé ; partic. pas. *klisṭa*, d'où *klisṭi*, agitation, tourmente ; torture, misère, détresse ; servage, domesticité. *Ayam mâṃ kliçnati*, il me tourmente. *Marutas kliçnanti sâgaram*, les vents agitent la mer. *Janêna kliçyatê bâlâ*, la jeune fille est tourmentée par l'homme.

*Klîbê*, *klîvê*, être impuissant, timide. *Klîva*, lent, paresseux, efféminé, sans pouvoir générateur ; un eunuque ; en terme de grammaire, le genre neutre. *Klævya*, amollissement, affaiblissement ; mollesse, faiblesse, défaillance.

*Klavê*, se mouvoir. De *klu* vient *klôman* ou *klôma*, vessie.

*Klêçê*, parler, empêcher ; frapper, blesser, tuer. Compar. la racine *kliç*, d'où vient *klêça*-agitation, tourment, peine, ennui, toute imperfection produite par le mal moral.

*Kwaṇâmi*, sonner, résonner, tinter, bourdonner, crier, vociférer. *Kwana*, son des instruments de musique, bourdonnement ; son, en général. *Kwaṇana*, petit pot ou chaudière de terre. *Kwaṇita*, part. pass. de *kwan*, pris subst., son, bruit, bourdonnement.

*Kwâťa*, décoction, cuisson à l'eau, nourriture préparée de cette sorte ; au fig. peine cuisante, malheur, affliction. *Kwâťâmi*, faire cuire, faire bouillir, apprêter un aliment.

## XXXVI.

क्षज्, क्षञ्ज् *Xaj* et *xañj-ê*, va, se meut, fait largesse ;
*Xajayâmi*, vivre dans la détresse.
क्षण् *Xaṇ-wê*, blesser ; *xaṇapraɓâ*, l'éclair ;
*Xaṇarâmin*, le pigeon qui fend l'air.
क्षम् *Xam-ê*, je souffre, et pardonne, et supporte ;
*Xama*, j'ai l'âme et patiente et forte.
क्षर् *Xar-a*, nuage, eau ; *xarê*, s'échapper,
S'évanouir, couler, se dissiper.
क्षल् *Xal-âmi*, va, vient, réunit, amasse,
Est agité, court, accumule, entasse.

APPENDICE.

*Xajê*, *xañjê*, aller, se mouvoir, donner ; *xajâmi*, *xajayâmi*, vivre dans la détresse. Le parfait de ce verbe est *ćaxañjê*.

*Xaṇômi*, *xaṇwê*, frapper, blesser, tuer ; gr. καίνω. *Xaṇa*, moment, instant, moins d'une seconde. *Xaṇatu*, coup, blessure, plaie. *Xaṇada*, l'eau. *Xaṇadâ* et *xaṇiṇî*, la nuit. *Xaṇadićara*, esprit, démon de la nuit, *râxasa*. *Xaṇana*, coup porté, action de frapper, de tuer. *Xaṇikâ*, l'éclair. Du part. pas. *xata* dérivent beaucoup de mots, comme *xataja*, sang d'une blessure, etc. *Xati*, action de frapper, de blesser, de tuer ; *xattra*, un guerrier, un *xattriya* ; en zend, *xaťra*.

*Xamê*, *xamâmi*, *xamyâmi* : *tam mê xantum arhasi*, veuille me pardonner cela ; *xama*, pardonne, pardon ! *Xam*, la terre ; *xami*, dans la terre, à terre, gr. χαμαί. *Xama*, tolérant, indulgent. *Xamayâmi*, faire prendre patience, demander grâce. *Xamâ*, patience ; la terre, la nuit. *Xamâvat*, *xamitṛ*, *xamin*, *xânta*, patient, indulgent. *Xampayâmi*, souffrir, endurer.

*Xarâmi*, *xarê*, s'écouler, ou tomber goutte à goutte ; activ. répandre : *varśam*, la pluie ; *çôṇitam*, le sang ; chasser : *çôkam*, le chagrin. *Xarin*, la saison des pluies. *Xârayâmi*, causat. de *xar*, faire écouler, relâcher. *Xira* (de *xar*), lait, eau, suc.

*Xalâmi*, se mouvoir, vaciller, réunir, amasser, a beaucoup d'analogie avec les racines *ćal* et *kul*.

## XXXVII.

क्षल् *Xal-ayâmi*, laver et nettoyer,
Avec l'eau froide ou chauffée au foyer.
क्षि *Xi, xayâmi*, je suis seigneur et maître ;
क्षि *Xi, xiṇômi*, brise une chose, un être.
क्षि *Xi, xiyâmi*, demeurer quelque part ;
क्षिप् *Xip-âmi*, lance un projectile, un dard.
क्षीज् *Xîj-âmi*, faible, aux plaintes je me livre ;
क्षीब् *Xîb-ê*, je suis orgueilleux ; je suis ivre.
क्षीव् *Xîv-ê*, cracher, rendre les aliments ;
क्षु *Xu-ta, xœmî*, j'ai des éternûments.

### APPENDICE.

*Xâlayâmi*, faire couler de l'eau sur quelque chose, nettoyer avec un liquide.

*Xayâmi* (1re classe), être maître, régner : *Indra rayas xayati*, Indra est le maître des richesses. *Xit*, à la fin des composés, signifie maître, seigneur, chef.

*Xiṇômi* (5e cl.) et *xiṇâmî* (9e), frapper, tuer, briser : *danus*, un arc ; *yaças*, la gloire

*Xiyâmi* (6e cl.), habiter, demeurer : *suxitim xiyanti*, ils habitent une bonne terre. *Xi* et *xiti*, demeure, habitation ; destruction, disparition. — La racine *xi* peut s'écrire *xi*.

*Xipâmi*, *xipê*, jeter, lancer : *vâṇam*, une flèche ; précipiter : *xitæ*, à terre ; *narakê*, dans l'enfer. *Xipa*, l'action de jeter, de lancer. *Xipaka*, un soldat. *Xipaṇi*, un projectile ; une rame. *Xipaṇu*, le vent. *Xipâ* et *xiptâ*, la nuit. *Xipra*, prompt, rapide ; d'où l'adverbe *xipram*, subitement, vite.

*Xîjâmi*, gémir, se plaindre. *Xîjana*, gémissement du vent dans les roseaux.

*Xîbê*, être ivre ; au fig. être orgueilleux. *Xîba*, ivre, orgueilleux.

*Xîvê*, *xîvâmi*, *xêvâmi*, *xîvyâmi*, cracher, vomir.

*Xœmi*, éternuer ; lithuan. *czaudmi*. *Xut*, *xuta*, *xutâ*, éternûment. C'est une onomatopée, qui se retrouve lettre pour lettre dans le français familier.

# XXXVIII.

| | |
|---|---|
| क्षुद् | *Xud, xuṇadmi, xundê,* j'écrase et pile ; |
| | *Xudra,* menu, petit, faible, débile. |
| क्षुद् | *Xud-âmi,* va, d'ardeur est animé ; |
| क्षुध् | *Xuđ, xuđyâmi,* je me sens affamé. |
| क्षुभ् | *Xub-đa,* bâton de la baratte active ; |
| | *Xubđatâ,* trouble, émotion craintive. |
| क्षुर् | *Xur-a,* rasoir, et *xurâmi,* raser, |
| | Râcler, gratter, graver, bêcher, creuser. |
| क्षै | *Xæ, xâyâmi,* je tombe en défaillance ; |
| क्षोट् | *Xôṭ-ayâmi,* je jette au loin, je lance. |

APPENDICE.

*Xuṇadmi, xundê,* broyer. *Xudra,* au fig. vil, bas, abject, infime ; pauvre ; avare ; cruel. *Xudrâ*, femme estropiée, danseuse, fille de rien ; une mouche, une guêpe, un moustique. *Xudranâsika,* camus, qui a un petit nez. *Xôda,* poudre, poussière ; mortier, pierre à broyer. *Xôdayâmi,* causat. de *xud,* pulvériser ; au fig. mépriser. *Xôdiśṭa,* superlat de *xôda,* réduit en poudre très-fine.

*Xudâmi,* aller vers, se diriger vers, marcher au but. C'est une expression vêdique.

*Xuđyâmi,* avoir faim. *Xuđ* et *xuđâ,* la faim. *Xuđâbijanana*, moutarde noire apéritive. *Xuđita,* partic. pass. affamé. *Xuđuna,* un sauvage, un barbare.

*Xubyâmi, xubnâmi, xôbê,* part. pas. *xubita* et *xubđa,* être agité, troublé ; trembler, craindre ; se corrompre, se dépraver. *Xubdârnava,* mer houleuse. *Xôba,* houle. *Xôbaṇa,* l'une des flèches de Kâma. *Xôbayâmi,* causat., agiter, troubler : *samudram,* la mer ; *jagat,* le monde.

*Xurâmi,* gr. ξέω, ξύω. *Xura,* rasoir ; sabot du cheval ; ongles de la vache. *Xurî,* couteau, gr. ξυρός. *Xurapra,* espèce de flèche. *Xuramardin, xurin,* barbier.

*Xâyâmi,* s'amaigrir, s'amincir, se réduire à rien ; dépérir, mourir. *Xâma,* partic. pas. mince, grêle, maigre, exigu, faible, débile. *Xâmâśya,* diète, régime débilitant.

## XXXIX.

क्ष्णु *Xṇu*, d'où *xṇœmi*, veut dire aiguillonner ;
Mais *xṇu*, *xṇuvê*, signifie emmener.

क्ष्मील् *Xmîl-âmi*, baisse, agite sa paupière ;

क्ष्विड् *Xwiḍ*, *xwêḍâmi*, *xwêḍita*, cri de guerre.

क्ष्वेल् *Xwêl-âmi*, va, se met en mouvement ;
Saute, bondit, prend son ébattement.

ख *K'a*, ciel, bonheur, espace, air, jouissances,
Champ, cité, vide, un point, nos connaissances.

खक्ख् *K'akk'-âmi*, rire à se tordre, éclater ;

खच् *K'ać-ñâmi*, mort, je veux ressusciter.

APPENDICE.

*Xṇœmi*, aiguiser, effiler ; au fig. exciter, animer. *Xṇuvê*, emmener, emporter.

*Xmîlâmi*, parf. *ćixmîla*, cligner des yeux, a le même sens que *mîlâmi*, *mimîlâ*.

*Xwêḍâmi* et *xwidyâmi* (*xwiḍ* et *xwid*), grincer des dents ; répandre, émettre, dégager, laisser aller ; suer ; rendre un son ; répandre sur soi des parfums ; répandre des largesses, faire un présent ; aimer. *Xwêḍa*, courbé, tortueux ; au fig. pervers. *Xwêḍâ*, son, bruit ; toute chose émise ou répandue, poison, venin ; bourdonnement dans les oreilles. *Xwêḍana*, sonorité. *Xwiḍ* et *xwid* sont deux racines différentes, qui se rencontrent dans le sens de répandre, émettre, laisser aller.

*Xwêlâmi*, aller, se mouvoir ; vaciller, chanceler ; bondir, s'ébattre. *Xwêla* et *xwêlana* ont le même sens que *xwêḍa* et *xwêḍana*.

'*Ka* sert à former bien des mots, comme : *K'aga* (*gam*, aller), oiseau, flèche, vent, soleil, planète, étoile, un être divin ; *K'aćamasa*, la lune ; *K'aćara*, le nuage ; *K'ajala*, la gelée blanche, etc.

'*KakK'âmi*, rire, éclater de rire.

'*Kaćñâmi*, revenir à la vie, se montrer comme un revenant ; purifier, rendre illustre et puissant ou heureux.

## XL.

खच्   *K'ać-ayâmi*, je joins, enlace et noue ;
खज्   *K'aj-a*, cuiller ; *K'ajâmi*, je secoue.
खञ्ज्   *K'añj-a*, boiteux ; *K'anjâmas*, nous boitons ;
खट्   *K'aṭ-amâhœ*, désirons, souhaitons.
खट्ट्   *K'aṭṭ-ayâmi*, couvrir, cacher, défendre ;
खड्   *K'aḍ-ayâmi*, rompre, briser et fendre.
खण्ड्   *K'aṇḍ-ayâmi*, diviser, séparer,
Mettre en morceaux, partager, déchirer ;
*K'aṇḍa*, fragment, pièce, débris, cassure,
Et *K'aṇḍabra*, lambeau fait par morsure.

### APPENDICE.

*'Kaćayâmi*, lier, joindre, attacher.

*'Kajâmi*, agiter, remuer ; au fig. exciter, émouvoir. *'Kaja*, cuiller-à-pot. *'Kajâ*, agitation ; action de remuer, de pousser, de détruire, de mettre en déroute ; la main ouverte.

*'Kañjâmi* et *Kajâmi*, boiter. *'Kañja*, *Kañjaka*, *Kañjana*, boiteux. *'Kañjâ*, stance de deux parties, dont l'une a 32 padas et l'autre 30. *'KañjaKêṭa*, *KañjaKêla*, *Kañjanâkṛti*, *Kañjanikâ*, *Kañjariṭa*, hochequeue. *'Kañjanarata*, culte idolâtrique des saints.

*'Kaṭâmi*, désirer, peut-être aussi regretter.

*'Kaṭṭi*, *Kaṭṭikâ*, *Kaṭwâ*, *Kaṭwikâ*, bois de lit, couchette, bière, corbillard.

*'Kaḍayâmi*, mettre en pièces, détacher. *'Kaḍa*, action de fendre. *'Kaḍga*, glaive, poignard, épée, sabre, couteau. *'Kaḍgarîta*, bouclier. *'Kaḍgika*, marchand boucher. *'Kaḍgin*, qui porte un glaive, rhinocéros. *'Kaḍgika*, faucille.

*'Kaṇḍ*, qui forme *Kaṇḍayâmi*, *Kaṇḍê*, partic. pass. *'Kaṇḍita*, est une racine à l'aide de laquelle se composent beaucoup de mots, renfermant tous l'idée de briser, de séparer, de diviser, de déchirer, au propre et au figuré.

## XLI.

खद् *K'ad-a*, sois ferme, à frapper vigoureux ;
खन् *K'an-i*, la mine ou carrière aux flancs creux.
खर्ज् *K'arj-âmi*, traite avec respect, honore ;
*K'arjû*, le ver, l'insecte qui dévore.
खर्द् *K'ard-ati*, mord, pique, blesse et répand
Le noir poison d'un venimeux serpent.
खर्ब् *K'arb-âmi*, va, s'avance à la rencontre ;
खर्व् *K'arv-âmi*, fier et superbe se montre.
खल् *K'al-a*, lieu, place, aire à battre le grain,
Sol végétal, fertile et bon terrain.

APPENDICE.

*'Kadâmi*, être fixe, être ferme ; frapper, tuer ; manger.

*'Kanâmi, kanê*, fouir, creuser, fouiller : *pṛtivîm*, la terre ; *kanim*, une mine ; gr. χαίνω ; lat. canalis, cuniculus. *'Kanaka*, *kanitṛ*, laboureur, mineur, fossoyeur ; rat ; voleur. *'Kanana*, action de fouir, de creuser. *'Kani*, mine, souterrain. *'Kanitra*, houe, pioche, tout instrument pour creuser la terre ; labour.

*'Karjâmi*, honorer, rendre hommage, traiter avec respect ; purifier, nettoyer ; tourmenter, mettre mal à l'aise. *'Karjikâ*, fumet d'une liqueur, tout ce qui excite à boire. *'Karjû*, ver, insecte ; éruption cutanée. *'Karjûra*, scorpion.

*'Kardâmi*, mordre, piquer, en parlant des serpents venimeux.

*'Karbâmi*, a la même signification que *kambâmi, garbâmi, ćarbâmi*.

*'Karvâmi*, être fier, hautain. *'Karvaṭa*, ville, chef-lieu, marché central.

*'Kala*, terre aplanie, grange ; sédiment, dépôt, alluvion. *'Kalinî, kalyâ*, réunion de plusieurs aires ou granges. *'Kalêdânî* et *kalêvâlî*, aire à battre le grain. *'Kalâmi*, vaciller, chanceler ; réunir, rassembler. *'Kalamûrti*, vif-argent, mercure. *'Kalina*, mors de cheval ; gr. χαλινός. *'Kalapû*, qui balaie, qui nettoie. *'Kalvâṭa*, chauve ; lat. calvus.

## XLII.

खव् *K'av, K'ænâmi,* j'obtiens ma renaissance ;
Devenu pur, j'ai bonheur et puissance.
खष् *K'aś-âmi,* frappe et souvent met à mort ;
खाद् *K'âd-ana,* dent ; *K'âdati,* mange et mord.
खिट् *K'iṭ, K'êṭâmi,* je crains ou j'épouvante ;
खिद् *K'id-yê, K'indê,* s'afflige et se tourmente.
खु *K'u, K'avê,* sonne, et résonne, et s'entend ;
खुज् *K'uj, K'ôjâmi,* dérobe, en voleur prend.
खुण्ड् *K'uṇḍ-ayâmi,* briser, rompre (une branche) ;
खुर् *K'ur-âmi,* fend, casse, abat, coupe et tranche.

### APPENDICE.

'*Kænâmi* et *Kunâmi*, ressusciter, devenir heureux ; activement, purifier.

'*Kaśâmi*, frapper, tuer ; comme *kaś*, *ćaś*, *jaś*, etc. '*Kaśpa*, colère, passion, violence.

'*Kâdâmi*, manger : *mâṅsam*, de la chair ; dévorer, mordre ; au fig. affliger, tourmenter : *ćittam*, la pensée. '*Kâdaka*, mangeur ; emprunteur ; usufruitier. '*Kâdana*, dent ; aliment, pâture. '*Kâdayâmi*, faire manger, donner à dévorer : *puruśam ςwabis*, un homme aux chiens. '*Kâduka*, dévorant ; au fig. malfaisant, pernicieux, pervers.

'*Kêṭâmi*, je crains ; activ. j'effraie.

'*Kidâmi* ou *Kindâmi*, tourmenter, affliger, attrister : *ćittam*, l'esprit. '*Kindê* et *Kidyê*, être tourmenté, affligé, attristé, fatigué ; gr. κῆδος. '*Kidra*, tourment, affliction, misère ; un pauvre, un malheureux. '*Kinna*, affligé, misérable.

'*Kavê*, retentir, a la même signification que la racine *ku*.

'*Kôjâmi*, gérond. '*Kôjitwâ* et *Kuktwâ*, même sens que *kuj*.

'*Kuṇḍayâmi*, briser, fait aussi *Kuṇḍê* (même sens), qui signifie de plus être boiteux.

'*Kurâmi*, fendre ; fouir. '*Kura*, rasoir. '*Kuralî*, exercices militaires. '*Kurapra*, '*Kurâlika*, flèche de fer ; boutique de barbier ; poison.

## XLIII.

खर्द् *K'urd-é*, je joue et plaisante et me ris;
खेट् *K'êṭ-ayâmi*, je mange et me nourris.
खेल् *K'êl-âmi*, va, bondit, saute en cadence;
*K'êlana*, jeu; *k'êli*, chanson et danse.
खेव् *K'êv-ê*, servir, rendre un culte, honorer;
खै *K'œ*, *k'âyâmi*, rend fort, veut rassurer.
खोट्, खाड् *K'ôṭ*, *k'ôḍ-âmi*, boite et marche avec peine;
खोड् *K'ôḍ-ayâmi*, lance un trait dans la plaine.
ख्या *K'yâ-mi*, *k'yâyê*, *k'yê*, désigner, nommer,
Faire un récit, célébrer, proclamer.

### APPENDICE.

'*Kurdê* et *kûrdê*; comparez *kurd* et *gurd*.

'*Kêḷ* et *kêḍ*.

'*Kêlâmi*, se mouvoir, chanceler, vaciller, s'ébattre. '*Kêla*, chancelant, vacillant; action de chanceler, de vaciller; ébats. '*Kêlagati*, *kêlagâmin*, qui a une démarche chancelante. '*Kêlana*, *kêlani*, *kêla*, jeu, amusement, ébats; pion, au jeu du damier. '*Kêli*, chanson, danse; oiseau, animal (en général); le soleil (danseur céleste); flèche.

'*Kêv*, comme *kêv*, *gêv*, *sêv*.

'*Kâyâmi*, être las, abattu, affligé; être ou rendre ferme; fouir, creuser; frapper, blesser, tuer. Comparez *k'an*, *k'id* et *k'âd*.

'*Kôḍâmi*, *k'ôlâmi*, *k'ôrâmi*, *k'ôlâmi*, être boiteux. '*Kôḍa*, boiteux; lat. claudus. '*Kôra*, *kôla*, boiteux; gr. χωλὸς. '*Kôli*, carquois. '*Kôlaka*, casque; casserole; coque de la noix d'arec.

'*Kôḍayâmi*, *k'ôḷayâmi*, jeter, lancer.

'*Kyâla*, partic. de *k'yâ*, célèbre, fameux. '*Kyâlagarhila*, infâme, décrié. '*Kyâti*, réputation, gloire, notoriété. '*Kyâpayâmi*, causat. de *k'yâ*, passif *k'yâpyê*, proclamer: *jitwâ k'yâpayêt*, qu'il proclame sa victoire. *Upâk'yana*, récit secondaire, épisode.

## XLIV.

गग्घ् *Gaġġ-âmi*, rit, à la gaîté se livre ;
गज् *Gaj-âmi*, gronde en éléphant, semble ivre.
गड् *Gaḍ-âmi*, coule et tombe lentement ;
गण् *Gaṇ-aydmi*, je compte exactement.
गद् *Gad-âmi*, parle ; et *gadayâmi*, tonne ;
गन्ध् *Ganđ-ayê*, blesse, offense une personne.
*Ganđ-a*, parfum, soufre, myrrhe, senteur ;
Au figuré, l'orgueilleuse hauteur.
गम् *Gam-yê, gaččê, gaččâmi*, va, vient, passe,
Marche, franchit la distance et l'espace.

### APPENDICE.

*Gagġ*, comparez *kakk*.

*Gajâmi*, résonner sourdement, être ivre, mugir. *Gamđiram jagajur gajâs*, les éléphants ont mugi sourdement. *Gaja*, éléphant. La racine *gaj* donne naissance à beaucoup de mots qui, presque tous, ont rapport au substantif *gaja*.

*Gaḍâmi*, couler, tomber goutte à goutte. *Gaḍayanta*, nuage distillant la pluie. *Gaḍêra*, nuage.

*Gaṇaydmi*, compter, supputer : *padâni*, les pas ; compter pour, estimer : *dêvân na gaṇayanti*, ils comptent pour rien les dieux ; *kâmâsaktô na gaṇayati kâryam*, l'homme livré à l'amour ne compte pour rien son devoir. *Gaṇa*, nombre, troupe, réunion, secte. *Gaṇaka*, calculateur. *Gaṇita*, opération d'arithmétique ; et beaucoup d'autres mots.

*Gadâmi*, dire. *Gada*, parole, discours, la voix, la parole ; lith. zadas ; polon. gadac ; irland. gadh. *Gadayitnu*, loquace. *Gadgada*, balbutiement. *Gadya*, la prose.

*Ganđayê*, blesser, tourmenter, haïr, persécuter ; lith. gandinu. *Ganđâ*, au fig. grand-air, arrogance ; au prop. odeur. Ce mot forme beaucoup de composés.

*Gam* est une racine féconde en dérivés. *Gam, gmas, gmâ*, la terre ; gr. γῆ. *Gama*, qui va, qui vient, se place à la fin des composés.

## XLV.

गर्ज्, गर्द् — *Garj, gard-âmi,* hurler, gronder, rugir,
Pousser des cris, résonner et mugir.
गर्ध् — *Garđ-a,* souhait, vœu, convoitise, envie ;
गर्भ् — *Garƀ-a,* fœtus, germe, embryon de vie.
गर्व् — *Garv-a,* l'orgueil ; *garvara,* vaniteux ;
गर्ह् — *Garh-ya,* blâmable, abject et bas, honteux.
गल् — *Gal-a,* gosier, cou ; sorte de résine ;
*Galagraha,* trop piquante cuisine.
गल् — *Gal-âmi,* part et passe comme un trait,
Tombe, déchoit, s'écoule et disparaît.

APPENDICE.

*Garjâmi, gardâmi, garjayâmi, gardayâmi,* résonner, retentir ; au fig. se vanter, se glorifier. *Garja,* son profond et sourd ; lat. gurges, garrio. *Garjana,* bruit du tonnerre, du vent, de l'eau ; cri de fureur ou de guerre, hurlement, rugissement. On dit aussi *garji* et *garjita.*

*Garđayâmi,* désirer ; *garđana,* désireux ; *garđoyê,* tromper l'attente de quelqu'un.

*Garƀâmi,* aller, croître. *Garƀarûpa,* petit être nouveau-né. De la racine *garƀ,* germ. kalb, angl. calf, irland. cillin, gr. δελφύς, dérivent beaucoup de mots ayant rapport à l'enfantement.

*Garvâmi, garvayê,* être orgueilleux ; anc. germ. gelf ; lith. garbê. *Garvara, garvita,* fier, orgueilleux.

*Garhê, garhayâmi, garhayê,* blâmer, reprendre, accuser, injurier, ne pouvoir souffrir : *duśkŗtam,* une méchante action. *Garhaṇa, garhâ,* blâme, censure, reproche. *Garhyavâdin,* qui parle mal.

*Galâmi,* manger. *Gala,* cou, gosier, avaloire ; lat. collum, gula ; germ. kehl. *Gali,* bœuf gras.

*Galâmi, gâlayê,* s'échapper : *hastêƀyas,* des mains de quelqu'un ; s'écouler (en parlant de la vie).

## XLVI.

गल्भ् *Galƀ-ê,* je suis plein de force et d'audace ;
गह् *Gah-ana,* bois sombre, épais et sans trace.
गा *Gâ mi* (voyez *gæ, gam* et *gač*), marcher ;
गाध् *Gâđ-ê,* partir, monter à, rechercher.
गाह् *Gâh-ê,* je suis les détours d'une route,
Ou je me perds dans les sentiers du doute.
गु *Gu-vâmi,* c'est *alvum deponere* ;
*Gavê,* par nous un nom est célébré.
गुज्, गुञ्ज् *Guj, guñj-âmi, gôjâmi,* je résonne,
Murmure, gronde et sourdement bourdonne.

APPENDICE.

*Galƀê,* être fort, être audacieux ; irland. galbha, rigueur, dureté.

*Gahayâmi,* traverser péniblement : *vanam,* une forêt. Au fig. comprendre avec peine : *çâstram,* un traité. Au neut. être difficile à traverser, à parcourir, à comprendre. *Gahana,* impénétrable, impraticable, inextricable ; forêt, bois fourré ; caverne, l'abîme, la *géhenne* ; gêne (qui en est le dérivé), peine, détresse. *Gahwara,* caverne, grotte, abîme ; forêt épaisse ; cris de détresse ; orgueil ; tonnelle de jardin.

*Gâmi, jigâmi, jagâmi,* aller, parcourir ; gr. βαίνω, ἔβην ; aller vers, s'adresser à : *stutiƀir indram jigâmi*, j'adresse des hymnes à Indra.

*Gâđê,* partir, aller vers, monter à : *gâđitâsê nabas,* tu monteras au ciel ; désirer, rechercher ; placer, poser ; tâcher de prendre ; se tenir solidement debout ; germ. gehen. *Gâđa,* peu profond, guéable ; gué, place, lieu ; lat. vadum. Au fig. désir, convoitise.

*Gâhê vanam,* je traverse une forêt ; *gâhê mârgam,* je parcours une route ; *manô mê sañçayaṃ gâhatê,* le doute pénètre dans mon cœur ; *gâhê dyam,* je m'élève au ciel, *gâhê nadim,* j'entre dans une rivière (pour m'y baigner).

*Gavê,* résonner, louer, célébrer ; *guvâmi,* aller à la selle.

*Guñja* et *guñjâ,* bruit sourd, murmure, bourdonnement ; timbale ; cabaret ; la prière à voix basse, méditation. *Meditari* équivalait originairement à *mussitare* ; et Virgile dit encore : *Musam meditaris avena.*

## XLVII.

गुट्, गुड् *Guṭ, guḍ-âmi, guṇť* et *guṇḍ-ayâmi,*
Défend, protége et soutient un ami.
गुण् *Guṇ,* saluer ; renseigner qui dévie ;
*Guṇa,* façon, tout ce qui modifie.
गुद्, गुध् *Gud, guđ, — gôdê,* jouer, se divertir ;
गुध् *Guđ* (au parfait, *jugôđa*), revêtir.
गुध् *Guđ* (classe neuf), *guđnâmi,* je me fâche ;
गुन्द्र् *Gundr-ayâmi,* tromper, mentir en lâche.
गुप् *Gup-yâmi,* reste atteré, confondu ;
Se fait gardien ; *gupta,* bien défendu.

APPENDICE.

*Guṇťayâmi* et *guṇḍayâmi* veulent dire aussi cacher, voiler, couvrir : *pańçuguṇťila,* couvert de poussière. Quelquefois *guṇḍâmi* et *guṇḍayâmi,* signifient piler, broyer.

*Guṇayâmi,* saluer, conseiller, persuader. *Guṇa,* propriétés, qualités bonnes ou mauvaises de l'esprit et du cœur ; modes sensibles des objets matériels ; qualités du son, caractère qu'il reçoit dans la prononciation (terme de grammaire). A la fin des composés, *guṇa* produit des multiples : *triguṇa,* le triple ; *çataguṇa,* le centuple. *Guṇita,* partic. pas de *guṇ,* multiplié, additionné, réuni, entassé. *Guṇa* forme beaucoup de mots et se prête à beaucoup de significations.

*Gud, gôdê* ; *guđ, gôđê.*

*Guđyâmi,* couvrir, voiler, vêtir, revêtir. *Guđêra,* qui couvre, qui défend, qui protége ; gr. κεύθω ; lat. cutis ; germ. haut ; angl. hide ; suéd. hud.

*Guđnâmi,* s'emporter, s'irriter.

*Gundr* a le même sens que la racine *kundr.*

*Gup-yâmi* (4e classe), parfait *jugôpa,* être troublé, confondu ; *gup-gôpê* (1re classe), refuser, dénier ; *gup-gôpâyâmi* (10e classe), garder, veiller sur, protéger, défendre : *gôśťam,* une bergerie ; *strîyam,* une femme ; *đarmam,* la loi. *Gupila,* roi, prince. *Gupta,* partic. pass. de *gup* (10e cl.), protégé, défendu. Les noms propres qui finissent par *gupta,* désignent ordinairement des hommes de la 3e caste, celle des *Vaçyas. Gupti,* garde, protection, défense ; cachette, prison.

## XLVIII.

गुफ् *Gup'-âmi*, joint, ensemence, écrit, noue ;
गर्द् *Gurd-ayâmi*, je m'amuse et je joue.
गुर *Gur-u*, gros, grand, ardu, haut, large et long,
Compact et lourd, difficile et profond ;
Majestueux, GRAVE et considérable ;
L'instituteur, le père vénérable.
गुह् *Guh-â*, cachette et trésor enterré ;
*Guhya*, secret ; *guhina*, bois fourré.
गू *Gû-vâmi*, court vite à la garde-robe ;
*Gûtâ*, déjets, qu'aux regards on dérobe.

APPENDICE.

*Gupâmi* et *gumpâmi*, lier, unir, composer, écrire, ensemencer.

*Gurdayâmi*, *gùrdayâmi*, *gûrdê*, jouer ; habiter.

*Gurê*, *gûrvâmi*, lever avec effort, s'efforcer, soulever. *Gurana*, effort fait pour soulever, exercice pénible. *Guru*, fém. *gurwî*, compar. *garîyas*, superl. *gariṣṭa* ; lat. gravis ; goth. kauriths. *Gurwini*, femme de l'instituteur, du maître spirituel ; *gurukârya*, office ou devoir d'instituteur ; *gurwart'am* (adv.), à cause de l'instituteur, pour l'instituteur.

*Gûhâmi*, *gûhê*, couvrir : *divaṃ čâyayâ*, d'ombre le ciel ; *tamô jyôtiśâ*, l'obscurité de splendeur ; cacher : *karman*, une action ; gr. κεύθω. *Guhâ*, caverne, lieu obscur ; la nuit. *Guhina*, buisson. *Guhila*, richesse. *Guhêra*, ouvrier mineur, puisatier. *Guhya*, qu'il faut cacher, secret. *Guhyâdêça*, doctrine mystique, mystère, formule magique. *Gûḍaja*, enfant dont on cache l'origine, dont le père est tenu caché. *Gûḍapâda*, serpent (aux pieds invisibles). *Gûḍapuruśa*, espion, agent secret ; etc., etc.

*Gût'a*, excréments, ordure. *Gûṇa*, qui a évacué.

## XLIX.

गूर् *Gûr-yê*, heurter, blesser, donner la mort ;
*Gûrayê*, lève un poids avec effort.
गॄ *Gṛ, garâmi,* répandre des largesses,
Distribuer : *rayâs,* d'amples richesses.
गृज्, गृञ्ज् *Gṛj, gṛñj-ana,* rugissement affreux ;
गृध् *Gṛd-u,* l'Amour, et *gṛdnu,* désireux.
गृभ् *Gṛb-ayâmi,* de *gṛh* (forme vêdique),
Je prends, empêche, arrête et revendique.
गृह् *Gṛh-a* (de *grah*), domicile, maison ;
Ce mot produit d'autres mots à foison.

APPENDICE.

*Gûryê,* parf. *jugûrê,* part. pass. *gûrṇa* ; dans la langue vêdique, aller. *Gûrayê* signifie quelquefois manger. *Gûraṇa,* effort.

*Garâmi, jagâra,* répandre, faire couler : *payas,* de l'eau.

*Gṛñjâmi* et *garjâmi,* rugir ; parf. *jagṛñja* et *jagarja. Gṛñjana,* rugissement.

*Gṛdyâmi,* désirer : *parađârân,* la femme d'autrui. *Gṛdu,* l'Amour, Kâma. *Gṛdnu,* désireux, amoureux. *Gṛdnutâ,* convoitise, concupiscence. *Gṛdra,* désireux, avide ; vautour.

*Gṛbayâmi* ; en zend, *gereb,* est le causatif de *gṛb* ou *gṛmb,* formes vêdiques de *gṛh.*

*Gṛh* est la même racine que *grah* ; de là viennent : *gṛhanâçana,* pigeon ; *gṛhanîḍa,* moineau ; *gṛhapati,* maître de maison ; *gṛhamaṇi,* lampe, flambeau ; *gṛhamṛga,* chien ; *gṛhamêdin,* père de famille ; *gṛhavâṭikâ,* jardin, bosquet ; *gṛhârâma,* petit lézard des maisons ; *gṛhiṇî,* maîtresse de maison, mère de famille ; *gṛhya, gṛhyaka,* domestique ; et beaucoup d'autres composés.

## L.

गॄ *Gṝ, girâmi,* j'absorbe, je dévore,
Je bois, j'avale et j'engloutis encore.
गॄ *Gṝ, gṝṇâmi,* rendre un son, murmurer,
Prier tout bas, invoquer, révérer.
गेप् *Gêp-ê,* se meut, va, s'agite, frissonne ;
गेष् *Gêś* et *glêś-ê,* chercher une personne.
गेव् *Gêv-ê,* j'honore et respecte, je sers ;
गै *Gæ, gâyâmi,* je chante et loue en vers.
गो *Gô,* bœuf et vache, est la source féconde
De mots nombreux dont le sanscrit abonde.

### APPENDICE.

*Girâmi* (class. 6), *jigarmi* (class. 3, dans le Vêda), moy. *girê*, pass. *giryê*, part. pas. *gîrṇa*, engloutir ; au fig. écouter avidement ; lat. glutio, gula; gr. γλῶσσα.

*Gṛṇâmi*, chanter, louer, célébrer : *tam idam gṛṇîmas*, nous lui adressons cet éloge ; *tam gîrbîr gṛṇantas*, le célébrant par des hymnes.

*Gêpê,* aller ; trembler.

*Gêś* est peut-être une syncope de *gavêś*.

*Gêvê*, honorer ; comparez la racine *sêv*.

*Gâyâmi* , chanter : *kâvyam* , un poème ; *sâmâni*, des hymnes ; *indrâya*, en l'honneur d'Indra.

*Gô* n'est pas une racine. Voir *gup*, *gôpayâmi*. Lat. bos ; gr. βοῦς ; angl. cow ; dan. koe ; suèd. ko ; germ. kuh. *Gôkula,* troupeau de bœufs et de vaches ; *gôkṛla*, bouse de vache ; *gôgṛla*, le lait de la vache, l'eau du nuage, la pluie ; *gôćara*, pâturage, prairie ; *gôduh*, vacher ; *gôpâ, gôpî,* vachère, bergère, au plur. les *Gôpis* dans la légende de *Kṛśṇa* ; *gôpati*, le maître des vaches, le taureau, au fig. le roi, le soleil ; *gômêda,* le sacrifice d'une vache ; *gôlâsa*, champignon qui croît sur le fumier de la vache ; *gôçâla*, étable ; et beaucoup d'autres mots.

## LI.

गोष्ट *Gôśṭ-ê*, garder, réunir, héberger ;
ग्रथ्, ग्रन्थ् *Grat', grant'-âmi*, lier, joindre, arranger.
ग्रस् *Gras-ê*, ronger, dévorer, se repaître ;
ग्रह् *Grah-ê*, saisir, prendre, se rendre maître ;
*Graha*, l'éclipse aux longs bras triomphants,
Démon qui vient emporter les enfants ;
*Grahana*, chose à nos mains accessible,
Perception de quelque objet sensible ;
*Sûryaṃ tamô jagrâha*, du soleil
L'ombre a couvert le visage vermeil.

APPENDICE.

*Gôśṭê*, rassembler, amasser, est sans doute le dénominatif de *gôśṭ'a* (*gô, śṭâ*), étable ; demeure ; *gôsṭ'i*, assemblée, entrevue, conversation ; l'ensemble des parents.

*Grat'âmi, grat'ê, grant'âmi, grat'nâmi : kusumær grant'itaṃ srajam*, guirlande de fleurs entrelacées ; combiner des lettres, écrire ; être courbe, courbé ; être coupable ; act. courber. *Grant'a*, jonction, arrangement, écriture, livre ; richesse, propriété. *Grant'akuli*, bureau, cabinet d'étude, bibliothèque. *Grant'i*, ligature, articulation, rhumatisme. *Grant'ihara*, conseiller, ministre (qui dénoue les difficultés).

*Grasê, grasâmi, grasâyâmi*, absorber, tuer, perdre : *vânâṇ*, des flèches ; *đanam*, des richesses ; *sûryam grasati râhus*, l'éclipse ronge le soleil ; *na viđiṃ grasatê prajñâ, prajñâm tu grasatê viđis*, l'esprit ne tue pas la règle, c'est la règle qui tue l'esprit. Gr. γραίνω ; germ. grasen.

*Grahê, gṛhayê, gṛhṇâmi, gṛhnê*, prendre : *kârmukam*, un arc ; *râjyam*, la royauté ; lat. prehendo ; gr. γριπίζω, γρύψ ; franc. griffe ; germ. greifen. Cette racine a beaucoup de dérivés : *grahanêmi*, la lune ; *grahapati, grahapuśa*, le chef des planètes, c'est-à-dire le soleil ; *graharâja*, le soleil, la lune ; *grahâđarâ*, le pôle céleste du nord ; etc., etc.

## LII.

| | |
|---|---|
| ग्रुच् | *Gruć, grôćâmi,* trompe, est voleur et traître; |
| ग्लेप् | *Glêp-ê,* s'agite et tremble sous un maître. |
| ग्लेव् | *Glêv-ê,* servir respectueusement; |
| ग्लै | *Glæ,* d'où *glâni,* fatigue, épuisement. |
| घग्घ्, घघ् | *'Gagġ, ġaġ-âmi,* comme *kik* et *kikk*, rire; |
| घट् | *'Gaṭ-ê,* je veux arriver où j'aspire. |
| घट्ट् | *'Gaṭṭ-ayâmi,* touche d'un instrument, |
| | Ebranle, agite et met en mouvement. |
| घण् | *'Gaṇ-wê,* je brille et de feux je ruisselle; |
| घण्ट् | *'Gaṇṭ-âmi,* parle, est sonore, étincelle. |

APPENDICE.

*Grôćâmi,* parf. *jugrôća*, aor. 2. *agrućam,* aller; prendre, dérober.

*Glêpê,* se mouvoir, trembler, être malheureux.

*Glêvê*, parf. *jiglêvê,* honorer, servir. Compar. les racines *gêv* et *sêv*.

*Glæ*, *glâmi*, *glâyâmi*, être las, abattu. *Na glâyati na hṛśyati*, il n'éprouve ni abattement, ni allégresse. *Glâni,* lassitude, langueur, tristesse, affaiblissement, décadence. *Glâsnu,* las, abattu, épuisé, languissant, triste; lat. lassus. *Glâna,* part. de *glæ*, las, fatigué. Le causatif est *glâpayâmi.*

*'Gaggâmi*, *ġaġâmi* ou *ġagâmi*, rire.

*'Gaṭâmi*, *ġaṭê*, s'efforcer d'arriver à: *râjyâya*, la royauté; *asmâkamart'ê*, un avantage personnel. *'Gaṭâ*, effort, tentative. *'Gaṭî*, sorte de cloche ou plaque de métal où l'on sonne les heures. *'Gaṭayâmi*, exciter, encourager: *mâṃ vaktuṃ ġaṭayati*, il m'exhorte à parler.

*'Gaṭṭayâmi*, *ġaṭṭê*. *'Gaṭṭa*, quai; *ġaṭṭî*, petit débarcadère.

*'Gaṇwê* et *ġaṇômi*, briller.

*'Gaṇṭâ*, cloche. *'Gaṇṭu*, lumière, chaleur. Nous avons déjà fait remarquer, et depuis longtemps, que beaucoup de racines sanscrites ont à la fois le sens de parler et de briller, comme pour montrer que la parole est la lumière.

## LIII.

घम्ब्, घर्ब् 'Gamb, ġarb-âmi, je m'avance gaîment;
घस् 'Gas-âmi, mange, et ġasmara, gourmand.
घंस् 'Gaṅs-ê, tomber par gouttes, se répandre;
घिण्ण् 'Giṇṇ-ê, parfait jiġiṇṇê, saisir, prendre.
घु 'Gu, d'où gavê, fait du bruit, rend un son;
घुट् 'Guṭ-a, retour, cou-de-pied, choc, talon.
घुण् 'Guṇ-âmi, roule au hasard, est instable;
घुर् 'Gur-âmi, jette une voix lamentable.
घुष् 'Guś, ġôśâmi, ġôśaydâmi, vanter,
Avec fracas proclamer, raconter.

APPENDICE.

'Gambâmi, marcher, sauter; compar. le français gambader, jambe.

'Gasâmi, manger; ġâsi, vivres, aliment; ġasmara, mangeur, glouton; ġasra, dévorant, destructif, malfaisant; ġâsi, le feu (dévorant), Agni; ġâsa, pâturage, prairie. Gr. γαστήρ; lat. gustus, vescor.

'Gaṅsê ou ġaṅśê, tomber goutte à goutte, distiller de.

'Giṇṇê; on dit aussi ġuṇṇê, parf. juguṇṇê.

'Gu, subst. masc. son, bruit; ġûka, chouette; ġûkâri, corneille.

'Guṭâmi, résister au choc, rendre le contre-coup, réagir; troquer, faire un échange; retourner, revenir; ġuṭa, ġuṭi, ġuṭî, ġuṭikâ, cou-de-pied, talon.

'Guṇâmi, ġôṇê, rouler, errer çà et là.

'Gurâmi, résonner fortement, rendre un son terrible; épouvanter par du bruit ou par des cris; pousser un grand cri de douleur ou d'effroi.

'Gôśâmi : purê swayaṃ varam aġôśayat, il fit proclamer par la ville l'élection d'un époux.

## LIV.

घूर् *'Gûr-yê,* je frappe, et je blesse, et je tue ;

घूर् *'Gûr,* comme *ġṛ̂, ġûrayê,* s'évertue.

घूर्ण् *'Gûrṇ-âmi,* roule ; et *ġûrṇa,* tournoiement ;

*'Gûrṇê,* s'émeut, s'agite vivement.

घृ *'Gṛ, garâmi,* je répands sur, je voile ;

घृ, घृण् *'Gṛ, ġṛṇ-ômi,* briller comme une étoile.

घृण् *'Gṛṇṇ-ê,* saisir, prendre d'autorité ;

घृष् *'Gṛ̂ś-ṭi,* broiement, lutte, rivalité.

घ्रा *'Grâ-mi,* flairer odeur mauvaise ou bonne ;

ङु *Γu,* comme *ġu,* retentit et résonne.

### APPENDICE.

*'Gûryê* signifie aller et venir, dans le Vêda : *ġûrṭa amṛtasya,* venez vers l'Ambroisie.

*'Gûrayê,* je m'efforce, et aussi je mange.

*Vâyur ġûrṇatê* , le vent tourbillonne ; *nœr ġûrṇatê'mbasi* , le navire tournoie sur les eaux ; *ġûrṇati manô mê,* mon cœur est violemment agité.

*'Garâmi, ġârayâmi, jiġarmî* (dans la langue vêdique) : *jiġarmy Agnim havišâ ġṛtêṇa,* je couvre Agni des flots du beurre clarifié.

*'Gṛṇômi* , *ġṛṇwê* , briller , luire ; *gṛṇâ,* pitié, miséricorde ; *ġṛṇi,* rayon de lumière, soleil ; *ġṛṇin,* compatissant, miséricordieux. La racine *ġṛ,* signifiant répandre sur, couvrir de, et briller, luire, a de nombreux dérivés.

*'Gṛṇṇ,* prendre, semble être une altération de la racine *gṛh.*

*'Gṛś,* d'où *ġarśâmi,* frotter, triturer, broyer , *ġṛśṭi* et *ġṛświ,* porc.

*'Grâmi* et *jiġrâmi,* lat. fragrare ; *ġrâṇa,* odeur , nez ; *ġrâṇatarpaṇa,* odeur agréable, parfum ; *ġrâta,* odorant.

*Γu* fait au présent de l'indicatif *γavê.*

## LV.

चक्	*Ćak-ê*, repousse, écarte loin de soi,
　Résiste, chasse, et cause de l'effroi.

चक्क्	*Ćakk-ayâmi*, je souffre et je tourmente,
　Des maux d'autrui mon propre mal s'augmente.

चत्	*Ćax-ê*, parler, dire et voir ; *ćaxus*, l'œil ;
　*Ćaxuśya*, beau, charmant, de bon accueil.

चच्	*Ćañć-âmi*, tremble en sa démarche lente,
　Vacille, hésite, a l'âme chancelante.

चट्	*Ćaṭ-âmi*, fend, met en pièces, détruit ;

चण्	*Ćaṇ-âmi*, rendre un son, faire du bruit.

### APPENDICE.

*Ćakê, ćakâmi*, veulent dire aussi être satisfait ; *ćakita*, partic. effrayé, timide.

*Ćakkayâmi*, tourmenter, faire souffrir ; être affligé, souffrir soi-même ; *ćaxê* ou *jaxê*, verbe défectueux, qui paraît être l'abrégé de *ćakâsmi* ;. *ćaxaṇa*, l'action de parler, de dire, de voir ; *ćaxas*, instituteur, maître spirituel ; *ćaxuśmat*, qui a de bons yeux ; *ćaxuśmattâ*, faculté de voir ; *ćaxuśyâ*, femme d'un extérieur agréable.

*Ćañćâmi*, aller, se mouvoir, trembler ; *viśidati, rôditi, ćañćati*, elle s'affaisse, elle pleure, elle tremble ; lat. cunctari. *ćañćalka*, partic. qui se meut, qui tremble, qui chancelle.

*Ćaṭâmi* et *ćaṭayâmi*, diviser, briser, tuer ; pleuvoir ; couvrir.

*Ćaṇâmi*, retentir ; lat. cano.

Les racines *ćaṇ-ayâmi* ou *ćânayâmi* et *ćanâmi, ćanayâmi*, se rapportent aux deux racines *ćaṭ* et *ćaṇ*, dans le sens de frapper, tuer, briser avec fracas.

## LVI.

चण्ड् *Ćaṇḍ-ê,* s'emporte et se met en colère ;
चत् *Ćat-ê,* demande, implore son salaire.
चन्द् *Ćand-âmi,* brille, éclate, resplendit,
D'où le nom « lune » ou « dieu Lunus » se dit.
चप् *Ćap-âmi,* calme en nous l'inquiétude,
Se meut, vacille et change d'attitude ;
*Ćapalatâ* peint la mobilité,
L'étourderie et l'instabilité.
चम् *Ćam-âmi,* mange et boit ; *ćamasa,* vase
Où du *Sôma* les dieux puisent l'extase.

### APPENDICE.

*Ćaṇḍê, ćaṇḍayê,* brûler, s'irriter ; *ćaṇḍa,* chaud, ardent, emporté, violent ; *ćaṇḍâ, ćaṇḍî,* chaleur, ardeur, fougue, passion.

*Ćatâmi, ćatê,* aller à, chercher, demander. On dit aussi *ćadâmi, ćadê.*

*Ćanda, ćandaka, ćandira, ćandra, ćandramas,* lune. Tous ces mots sont masculins. La racine *ćand* donne naissance à beaucoup de dérivés. Lat. candeo, candela. A la fin des composés, *ćandra* signifie le premier, le meilleur, le chef.

*Ćapâmi,* caresser, adoucir, tranquilliser ; *ćapayâmi,* tromper, frustrer, broyer, écraser ; *ćapala,* mobile, inconstant, alerte, voleur ; *ćapalâyê* (dénominat.), devenir inconstant ou mobile, se mettre aisément hors de soi.

*Ćamâmi,* vêd. *ćamnômi,* manger : *mâṅsaṃ ćêmus,* ils mangèrent de la chair ; boire : *madu,* du vin. On écrit aussi *ćamâmi.*

## LVII.

चम्ब्, चम्प्, छम्प् *Ćamb-ayâmi, ćamp* et *c̈amp*, je me meus;

चय् *Ćay-ê,* je vais promptement où je veux.

चर् *Ćar-ê,* je cours; *ćarakas,* émissaire;

*Ćarâćara,* le monde, l'atmosphère;

*Ćara,* mobile, inconstant et léger;

*Ćaru,* l'offrande ou le divin manger.

चर्च् *Ćarć-ayâmi,* parle, à quelqu'un s'adresse,

En menaçant brise tout, frappe et blesse.

चर्ब् *Ćarb-âmi,* va; *ćarb-âmas,* nous marchons;

चर्व् *Ćarv-ayâmi, ćarvâmas,* nous mâchons.

### APPENDICE.

La racine *ćamp* produit beaucoup de noms d'arbres, de plantes, de fleurs, de villes, de pays, d'épithètes appliquées soit aux dieux, soit aux hommes.

*Ćayê*; gr. κίω; lat. citus.

*Ćarâmi, ćarê*; lat. curro, currus; gaul. carrus; franç. carrière et charrière, char; gr. σκαίρω; *ćaraṇa,* l'action d'aller, de marcher, de manger; l'exercice d'un emploi, prêtrise, magistrature; le pied; *ćarî*, jeune femme; *ćarma,* cuir, écorce, peau, bouclier; lat. corium, cortex; gr. σκῦλον. Cette racine a de très-nombreux dérivés.

*Ćarćâmi, ćarćayâmi,* au fig. accuser, blâmer, calomnier; lire, étudier, méditer; *ćarćarî,* l'action de battre la mesure avec les mains, chant, festival, concert; cheveux frisés ou crépus; *ćarćâ,* lecture, étude, méditation; action de friser ou de parfumer; *ćarćila,* frotté d'un collyre ou d'un onguent, par extension, souillé: *rudirêṇa,* de sang. La racine *ćarć* semble être un redoublement de *ćar.*

*Ćarbâmi,* aller, venir, s'avancer. Comparez *karb, gamb, ćamb,* etc.

*Ćarvâmi, ćarvayâmi,* manger, mâcher, dévorer; *ćarvaṇa,* manducation.

## LVIII.

चल् *Ćal-âmi,* tremble, et s'agite, et vacille ;
Va, vient, s'éloigne et sans repos oscille ;
D'où *ćalana, ćalâćala,* mouvant ;
*Ćalayâmi,* mène et pousse en avant.
चष् *Ćaś* (comme *jax*), *ćaśê,* je bois, je mange ;
Et comme *ćarć,* je frappe, je me venge.
चह् *Ćah-ayâmi,* tourmenter, extorquer ;
चाय् *Ćây-âmi,* voir, observer, remarquer.
चि *Ći-nwê, ćayê,* j'amoncelle, j'entasse,
Je réunis sans que ma main se lasse.

### APPENDICE.

*Ćalâmi, ćalê: ćaćâla vasunđarâ,* la terre s'agita, trembla ; *ćalâmi,* jouer, plaisanter, s'amuser ; *ćalayâmi,* commme la racine *bal,* nourrir, entretenir ; *ćala,* mouvement de va et-vient, instabilité ; *ćalanî, ćalanaka,* sorte de jupon de femme.

*Ćaśâmi, ćaśê ; ćaśaka,* verre ou vase à boire ; liqueur spiritueuse, miel ; *ćaśati* (de *ćaś,* frapper, blesser, tuer), affaiblissement, infirmité.

*Ćahâmi* et *ćahayâmi,* parf. *ćaćâha,* broyer, blesser ; tromper, frustrer.

*Ćâyâmi, ćâyê,* regarder, observer, honorer : *Agnijyôtir nićayya,* observe la splendeur d'Agni ; *ćâyayâmi,* faire remarquer, faire observer, faire honorer ; *ćâyitya,* tout lieu consacré au culte, temple, monument, arbre, etc.

*Ćinômi, ćinwê, ćayayâmi, ćapayâmi, ćayâmi, ćayê,* accumuler, amonceler, attiser, entretenir, couvrir de : *puśpâṇi ćinômi,* je fais un bouquet ; *bûmâv aćæśus tân halân,* ils entassèrent les morts à terre ; *Agniṃ ćinômi,* j'attise le feu, j'entretiens le feu sacré ; *aćiđwam yayim,* vous avez assemblé la nue ; *ćinômi navâm puśpæs,* je couvre de fleurs un navire.

## LIX.

चिक्क् *Ćikk-ayâmi*, comme *ćakk*, affliger ;

चिट् *Ćiṭ*, *ćêṭâmi*, faire au loin voyager.

चिन्त् *Ćint-â*, pensée, attention, étude ;

*Ćintayê*, songe avec sollicitude.

चिरि *Ćiri-ṇômi*, je blesse et fais périr ;

चिल् *Ćil*, *ćilâmi*, cacher, voiler, couvrir.

चिल्ल् *Ćill*, *ćillâmi*, s'ébat et se relâche ;

चीक् *Ćik-ayâmi*, supporte mal, se fâche.

चीव् *Ćiv-ati*, met : *vastram*, un vêtement ;

चुक्क *Ćukk*, ou tourmente, ou souffre du tourment.

APPENDICE.

*Ćikkayâmi*, tourmenter, faire souffrir, ou souffrir soi-même ; *ćikka*, qui a le nez camus ; subst. m. rat musqué ; fém. souris.

*Ćêṭâmi* et *ćêtayâmi*, éloigner, envoyer ; apercevoir, connaître, savoir ; revenir à soi ; veiller, réveiller ; *ćiṭ*, part. enclitique indécl. qui se place à la fin de certains adjectifs interrogatifs ou pronominaux, par exemple : *kaçćiṭ*. Voir *Méth.*, parag. 113. La racine *ćiṭ* forme un grand nombre de mots.

*Ćintayâmi*, *ćintayê*, méditer, réfléchir, s'occuper de, avoir souci de ; lat. censeo, sentio ; *ćintana*, réflexion, délibération ; *ćintapara*, qui est tout entier à la méditation, à la rêverie, à une idée fixe ; *ćintita*, objet de la pensée, chose à laquelle on songe.

*Ćiri* paraît être le développement d'une vraie racine monosyllabique perdue, en *ŗ* ou en *i*.

*Ćilâmi*, parf. *ćiçêla* ; lat. celare.

*Ćillâmi*, prendre du relâche, s'ébattre ; penser, conjecturer.

*Ćîkâmi*, *ćîkayâmi*, toucher, supporter bien ou mal, s'emporter, se fâcher.

*Ćivâmi*, *ćivê*, prendre, mettre sur soi, couvrir ; gr. σκεῦος ; *ćivayâmi*, parler, briller ; *ćîvara*, vieux vêtement, haillon ; *ćivârin*, couvert de haillons, mendiant.

*Ćukkayâmi*, tourmenter, affliger ; être tourmenté, souffrir ; *ćukkâra*, le rugissement du lion. Comparez les racines *ćakk* et *ćikk*.

## LX.

चुट् *Ćuṭ, ćuṇṭ* et *ćuṇḍ*, être faible, inhabile,
Etroit, petit, bas, chétif et débile.
चुट् *Ćuṭ-âmi*, rompt, brise, détache, fend ;
चुड् *Ćuḍ-âmi*, couvre, et protége, et défend.
चुत्, च्युत्, च्यु *Ćut, ćyut* et *ćyu*, *ćyavâmi*, disparaître,
Déchoir, tomber, s'écouler, cesser d'être.
चुप् *Ćup*, au parfait *ćućôpa*, le serpent
Vient par détours et se glisse en rampant.
चुद् *Ćud, ćôdâmi*, je présente une offrande ;
*Ćôdayâmi*, j'interroge et commande.

### APPENDICE.

*Ćuṭ, ćôṭâmi*; *ćuṇṭâ* et *ćuṇṭi*, petite source, bassin près d'une source.

*Ćuṭâmi*, *ćôṭayâmi*, *ćuṭṭayâmi*, *ćuṇṭayâmi* et *ćuṇḍayâmi*, diviser, séparer.

*Ćuḍâmi*, couvrir. Compar. la racine *buḍ*.

*Ćyavâmi*, *ćyavê*, *ćyâvayâmi*, *ćyôlâmi*, *cyôlayâmi* ; gr. χυ dans χέω ; tomber, faire tomber, précipiter, distiller, mouiller, humecter, périr, se perdre : *mê buddir aćyaval*, ma raison se perdait ; *ćula*, *ćuli*, *ćyuti* et *ćyuti*, anus, vulve ; *ćyovana*, écoulement ; *ćyula*, tombé, mort ; *ćyôla*, chute, arrosement ; *ćyœlna*, déchu, disparu, parti, qui a quitté la voie de la vertu ; *ćyulâ ratis*, la joie s'est enfuie. *Tataç ćyula*, mort, mot-à-mot : tombé d'ici-bas.

*Ćup* fait au présent de l'indicatif *ćôpâmi*, avancer lentement, ramper ; lith. kopu. Quant à *ćupâmi*, verbe de la 6e clas., dont la signification est celle de *ćupâmi*, nous le retrouverons parmi les racines qui commencent par la lettre छ, *ća*.

*Ćôḍâmi*, apporter, offrir avec empressement : *bôjanaṃ dêvêbyas*, l'aliment aux dieux ; *ćôdayâmi*, exciter, presser, stimuler ; interroger : *çîšyân*, des élèves ; gr. σπεύδω, σπουδάζω.

## LXI.

चुब्, चुम्ब् *Ćub* et *ćumb-in*, homme qui sait oser
(Qu'on le permette ou non) prendre un baiser.
चुर्, चूर् *Ćur* et *ćûr-yê*, je brûle, enflamme, embrase;
*Ćur*, *ćôrâmi*, vole, fait table rase.
चुल् *Ćul* (comme *bul*), d'où vient *ćôlayâmi*,
J'élève, hausse et submerge à demi.
चुल्ल् *Ćull-âmi*, joue, est joyeuse personne;
Pense, prévoit, conjecture et soupçonne.
चूण् *Ćûṇ-ayâmi*, froncer, rider, serrer;
चूर्ण् *Ćûrṇ-ayâmi*, broyer, casser, briser.

### APPENDICE.

*Ćumbin* et *ćumbaka*, homme qui prend des baisers; débauché; escroc, filou; homme universel, sachant un peu de tout; le milieu de la balance; l'aimant, barre aimantée; *ćumbana*, un baiser; *ćumbâmi* et *ćumbayâmi*, donner ou recevoir des baisers.

*Ćuryê* et *ćûryê*, brûler; gr. καυ dans καίω; lith. kurrù, sukurrù, allumer.

*Ćôrâmi* et *ćôrayâmi*, voler, dérober; gr. φωράω; lat. furari; *ćurâ* et *ćuraṇa*, vol, larcin; *ćuraṇyâmi* (dénominatif de *ćuraṇa*), voler, dérober.

*Ćuluka*, boue, fange; petit vase; le creux de la main; l'action de se rincer la bouche avec de l'eau tenue dans le creux de la main.

*Ćullâmi*, opiner, supposer; s'ébattre, badiner, plaisanter; *ćulli* et *ćullî*, âtre, foyer.

*Ćûṇayâmi*, contracter, resserrer. Comp. *kûṇ*.

*Ćûrṇayâmi*: *tasya gâtrâṇi ćûrṇayâmâsa*, il lui broya les membres; *ćûrṇa*, poussière, poudre; choix d'un argument irréfutable; *ćûrṇaka*, grain torréfié ou moulu; *ćûrṇakaṇda*, caillou, gravier, fragment de pierre ou de brique; et beaucoup d'autres dérivés.

## LXII.

चूष् *Ćûś-âmi,* boit, suce et se désaltère ;
चृत् *Ćṛt-âmi,* noue, attache, étend par terre.
चेल् *Ćêl-âmi,* va revêtu pauvrement ;
चेष्ट् *Ćêśṭ-ayâmi,* je mets en mouvement.
च्युस् *Ćyus* (comme *ćyu*), *ćyôsayâmi,* veut dire
Abandonner, supporter, surtout rire.
छद् *Čad-âmi,* couvre, ombrage, est protecteur,
Se montre fort, vigoureux, bon tuteur ;
D'où bien des mots : toit de chaume, tonnelle,
Un parasol, un arbre, un voile, une aile.

APPENDICE.

*ćûśayâmi,* faire sucer ; *ćûśâmi,* lat. sugere, succus ; germ. saugen ; island. siuga; *ćôśa,* action de sucer; *ćôśya,* objet bon à sucer. *Lêhyañ ćôśyañ ća pêyañća,* ce qu'on peut lécher, sucer et boire.

*ćṛtâmi,* lier, nouer, frapper, blesser, tuer. Dans la langue vêdique, la racine *ćṛt,* ou *ćṛp,* fait *ćartâmi, ćartayâmi,* et signifie illuminer, éclairer.

*ćêllâmi, ćêlâmi,* aller, se mouvoir, trembler; *ćêla* et *ćæla,* vil, bas, vêtement pauvre; *ćêluka* et *ćælaka,* religieux mendiant.

*ćêśṭê,* s'agiter, se mettre en mouvement : *Yadâ sa dêvô jagarti, tadâ idaṃ ćêśṭatê jagat,* quand Brahmâ s'éveille, alors ce monde se met en mouvement. *ćêśṭa,* branle, effort; *ćêśṭayâmi,* causatif de *ćêśṭ,* mettre en mouvement, donner le branle, exciter, exhorter; *ćêśṭita,* partic. de *ćêśṭayâmi,* mis en mouvement : *rurućêśṭitam vanam,* forêt où courent les antilopes.

*ćyu* fait *ćyavayâmi,* supporter, soutenir ; abandonner ; rire.

*čadâmi, čadê, čâdayâmi, čâdayê,* couvrir : *Kaṃ čâdayanti jaladâs,* les nuages couvrent le ciel ; *Bûmiṃ čâdati vṛxas,* l'arbre ombrage la terre. Gr. σκοτός ; angl. shade, shadow ; irland. scath ; goth. skadu; *čatra* (de *čad,* suff. *ra),* parasol, ombelle de fleurs, champignon ; gr. σκίρον. *čadana,* couverture, feuille, gaîne, fourreau; *čadis,* chaume, toit, maison, ombelle de fleurs ; gr. σκάνδιξ, σκιάς. *čadman,* déguisement, fraude, hypocrisie, masque ; et beaucoup d'autres mots. Le *ča* est ordinairement représenté chez les Hellènes par σκ.

## LXIII.

छन्द्  *Čand-âmi*, loue et célèbre les dieux ;
छम्  *Čam-âmi*, mange et se nourrit au mieux.
छर्द्  *Čard-ayâmi*, je vomis, j'expectore ;
छष्  *Čaš-ê*, je tue, ou frappe et frappe encore.
छिद्, छुट्, छुर् *Čid*, *čuṭ* et *čur*, *čindê*, briser, trancher,
Fendre, couper, mettre en pièces, hacher ;
*Čidira*, glaive ardent à la blessure ;
*Čidra*, défaut, brèche, fente ou fissure.
*Čidaka*, foudre, et *čurita*, brisé ;
*Čurî*, couteau, poignard bien aiguisé.

### APPENDICE.

*Čandâmi* (vêdique), célébrer par des hymnes ; favoriser : *êša mê dêvas savitâ ćačanda*, ce divin Savitri m'a été favorable. *čandas*, rhythme, les chants du Vêda ; *čandôga* (*gæ*), chantre ou théologien et commentateur du Sama-Vêda.

*Čamâmi*, se nourrir de, avec l'accus.

*Čardayâmi*, lat. screo, gr. σκωρ; *čarda*, *čardana*, *čardi* et *čardî*, *čardikâ*, *čardis*, vomissement, expectoration; *čardikâripu*, le petit cardamome, plante qui empêche les vomissements.

*Čašâmi*, *čašê*, parf. *ćačaša*, frapper, blesser, tuer.

*Činadmi*, *čindê*, couper : *dwiďâ*, *triďâ*, en deux, en trois ; *ćakrirê mârgaṃ čindantô drumân*, ils firent un chemin en coupant les arbres ; lat. scindo ; gr. σχίζω, σκεδάννυμι ; germ. scheiden. Figurément, ôter : *tṛšṇâm*, couper la soif, l'étancher ; *sańçayam*, trancher le doute; *čid* et *čidâ*, l'action de fendre; *čuṭâmi* et *čôṭayami*, fendre; *čurâmi*, briser, trancher, diviser, séparer; *čêda*, coupure, interruption, fin ; gr. σχίδη. Le verbe *čyâmi*, de la racine *čô*, a le même sens que *činadmi*, *čuṭâmi* et *čurâmi* ; *čurita*, partic. de *čur*, fendu, tranché ; enduit, peint, fardé : *çâçikiraṇæs*, coloré par les rayons de la lune.

## LXIV.

क्षुप् *Čup-âmi*, touche, effleure la surface ;
D'où *čupa*, vent qui caresse et qui passe.
क्षृद्, क्षृप् *Čṛd* (*čṛp* aussi), resplendir, scintiller,
Illuminer, éclairer et briller.
जञ्ज् *Jaj*, *jañj-âmi*, la bataille me tente ;
जट् *Jaṭ-a*, *jaṭ-i*, chevelure flottante.
जन् *Jan*, *jajanmi*, j'enfante, je produis,
Je viens, je nais, je me montre, je suis ;
*Jana*, le monde, une personne, un être ;
*Janayâmi*, fait engendrer, fait naître.

APPENDICE.

Par extension, *čupa* signifie bataille.

*Čardâmi*, *čardayâmi*, lat. splendeo, gr. σπινθήρ, germ. glanz, et *čarpâmi*, *čarpayâmi*, ont le même sens que *čṛnadmi*, *čṛndê*, luire.

*Jajâmi*, *jañjâmi*, combattre.

*Jaṭâmi*, entrelacer, entortiller. *Jaṭâ*, chevelure entrelacée ou nattée (comme celle de Çiva et des ascètes), ou tombant négligemment sur le dos et les épaules. *Jaṭâla*, *jaṭin*, *jaṭila*, qui a la chevelure entortillée, flottante ou nattée.

*Jajanmi*, *jâyê* : gr. γεννάω, γίγνομαι ; lith. gemù, gaminu ; lat. gigno, genui, nascor (gnascor). *Janaka*, *janayitṛ*, *janitṛ*, le père ; gr. γενέτωρ ; lat. genitor ; irland. genteoir. *Janakâ*, *janakî*, *janayitrî*, *janitrî*, la mère ; gr. γενέτειρα, lat. genitrix. *Janî*, femme ; gr. γυνή ; irland. gean. *Janma* ou *janman*, production, naissance ; gr. γέννημα ; lat. germen pour genmen ? *Janmada* (*dâ*), le père, celui qui donne la naissance. *Mṛtô na jâyatê*, un mort ne revient pas à la vie. *Abrâd vṛšṭir ajani*, le nuage a produit la pluie. *Nô janê janaya viçwavârê*, rends-nous pères de nombreux enfants. *Kaûçalyâ ajanayad Râmam*, Kauçalyâ mit au jour Rama. *Xudârttâ jajñirê janâs*, les hommes devinrent affamés. Cette racine est d'un fréquent usage et produit une foule de dérivés.

## LXV.

जप् *Jap-ê,* tout bas récite une oraison ;

जभ् *Jaƀ-ê,* s'étendre en bâillant sans façon.

जम्भ् *Jamƀ-ayâmi,* mettre à mort une bête ;

जम् *Jam-ayâmi,* de manger se fait fête.

जर्च् *Jarć-âmi,* frappe ou menace en parlant ;

जल् *Jal-âmi,* couvre, est riche, a froid, est lent.

जल्प् *Jalp-âmi,* cause, et rapporte, et raconte ;

*Jalpa,* babil qui lasse en fin de compte.

जष्, जस् *Jaś* et *jas-ê, jaśâmi, jajasmi,*

Frapper, blesser, tuer un ennemi.

### APPENDICE.

*Japâmi, japê, jajâpa,* parler, dire, réciter à voix basse, murmurer : *ṛćam,* un hymne du Vêda. *Japa,* récitation à voix basse de paroles sacrées ou mystiques. *Japaparâyaṇa,* zélé à pratiquer la récitation à voix basse. *Japayajṇâ,* l'acte religieux qui consiste à réciter des prières à voix basse.

*Jaƀê* et *jamƀê* ; comparez *jṛmƀ.*

*Jaƀayâmi* ou *jamƀayâmi,* dompter, tuer : *vṛkam,* un loup.

*Jamâmi* et *jamayâmi,* manger, prendre sa pâture. *Jamana,* action de manger, aliment, pâture.

*Jarćami,* réprimander, calomnier, battre. Cette racine s'écrit aussi : *jarj, jarǰ* et *jarts.*

*Jalâmi* et *jâlayâmi,* couvrir, lat. galea ; être froid, frileux, lent, apathique, niais ; lat. gelare, lith. szala, fr. il gèle. *Jala,* lat. gelu, irland. gil, froid, eau, donne naissance à une très-grande quantité de mots fort ingénieusement composés.

*Jalpâmi,* parler, dire, rapporter, raconter, louer, adorer. *Jalpa* et *jalpita,* entretien, conversation, babil, caquet, discussion, dispute. *Jalpaka,* babillard.

*Jas, jajasmi, jâsayâmi,* veut dire figurément, mépriser, dédaigner. *Jasamâna,* blessé.

## LXVI.

जस्  *Jas-âmi,* va ; *jasyâmi,* nous protége,
Nous vient en aide et du joug nous allége,
Brise les fers de la captivité,
Pour enchaîner les cœurs à sa bonté.
जागृ  *Jâgṛ* (de *gar*), fait *jâgarmi,* je veille,
Je suis de garde et prévois à merveille.
जि  *Ji, jayâmi, jayê,* vaincre ou mourir,
L'emporter sur, maîtriser, conquérir.
जिन्व्  *Jinw-âmi,* j'aime, et j'accrois l'allégresse
Des dieux émus de ma chaste tendresse.

### APPENDICE.

*Jasâmi, jasyâmi* et *jaṅsâmi, jaṅsayâmi,* relâcher, mettre en liberté, protéger, défendre.

*Yadi jâgarši, cṛṇu* , si tu es éveillée, écoute. *Agnês twam sujâgṛhi*, toi, veille bien au feu sacré. *Daṇḍaš suptêšu jâgarti,* le châtiment veille pour ceux qui dorment. *Kṛččrakâlasya dimân jâgarti,* le sage prévoit les mauvais jours. Gr. ἐγείρω, ἐγρήγορα. *Jâgṛvi*, le veilleur de nuit (le feu sacré, Agni). *Jâgara,* veille, veillée, insomnie , vigilance. Cette racine donne beaucoup de dérivés.

*Jayâmi* , *jayê,* battre, gagner la partie, dominer : *Jayati, jayati râjâ !* victoire , victoire au roi ! *Jijisâmi* (désidératif de *ji*), vouloir vaincre : *parân,* les ennemis ; vouloir conquérir : *mahîm,* la terre ; vouloir séduire : *bâlâm,* une jeune fille. *Jina,* victorieux.

*Jinwâmi* et *jivâmi,* aimer, réjouir, accroître : *Jinwa yajñâṃ, jinwa yajñâpatim* , aime le sacrifice, aime le maître du sacrifice.

## LXVII.

जिष् — *Jiś, jêśâmi,* j'arrose, je répands ;
Sur nous se tient le nuage en suspens.
जीव् — *Jîv-ê,* je vis, âme et corps en substance ;
J'ai ma personne et ma propre existence.
जु — *Ju, javâmi, junômi,* se hâter,
Presser autrui, le pousser, l'exciter.
जुग्, जुङ्ग् — *Jug, juṅg-âmi,* va loin de sa famille ;
जुड् — *Juḍ-âmi,* noue, entrelace, entortille.
जुत् — *Jut, jôtê,* brille, est radieux à voir ;
जुन् — *Jun-âmi,* va ; s'avancer, se mouvoir.

### APPENDICE.

*Jêśâmi,* répandre, arroser, est un mot vêdique.

*Jîvâmi, jîvê,* vivre : *jânîhi yadi jîvati,* informe-toi s'il vit encore. *Jîva,* vif, vivant : *jîvam rudanti,* ils crient vivat ! Lat. vivo, vivus ; gr. βίος. *Jîvada (dâ),* qui donne la vie, médecin ; et *jîvada (dô),* qui ôte la vie, destructeur. *Jîvayâmi,* faire vivre, faire revivre, ressusciter : *hatân,* les morts. *Jîvâtman,* l'esprit de vie, l'âme vitale. *Jîvita,* la vie ; lat. vita ; angl. live ; lith. gywas ; goth. qvivs. Cette racine produit de nombreux dérivés.

*Javâmi, javê, junômi,* hâter, se hâter. *Jur* et *jû,* mouvement, surtout mouvement rapide ; ciel, éther.

*Juṅgâmi,* abandonner, quitter, s'éloigner de, n'est peut-être qu'un augmentatif de *gam.*

*Juḍâmi* (1re classe), lier, nouer. *Juḍâmi* (6e classe), aller, comme *junâmi.*

*Jôtê,* briller ; compar. *jyut.*

## LXVIII.

| | |
|---|---|
| जुर्व् | *Jurv-âmi*, frappe, est sans miséricorde ; |
| जुष् | *Juś–ê*, j'accueille avec grâce et j'accorde. |
| जूर् | *Jûr-yê*, déchoit, tombe, s'anéantit ; |
| जृ | *Jṛ*, *jarâmi*, met plus bas, rend petit. |
| जृभ्, जृम्भ् | *Jṛb́* ou *jṛmb́-ê*, bâille, est bouche béante ; |
| | *Jṛmb́â*, des nerfs exprime la détente. |
| जॄ | *Jṝ*, *jarâmi*, *jṛṇâmi*, s'épuiser, |
| | Devenir vieux, être abattu, s'user. |
| जेह् | *Jêh-ê*, tend à, s'efforce vers, aspire ; |
| जै | *Jæ*, *jâyâmi*, dépérit, devient pire. |

### APPENDICE.

*Jurvâmi*, frapper, tuer ; on écrit aussi *jûrv* ; comparez la racine *turv*.

*Juśê*, quelquefois *jôśâmi*, accueillir, recevoir favorablement : *imaṃ stômaṃ juśaswa nas*, accueille de notre part cette invocation ; accorder : *tan nô dêvâ juśantu*, que les dieux nous accordent cela. On écrit aussi *jûś*.

*Jûryê*, *jûryâmi*, se détruire, tomber en décrépitude ; figurément, devenir irascible et chagrin. Ce verbe signifie aussi vieillir, comme *jarâmi*, *jarê*, de la racine *jṛ*.

*Jarâmi*, de *jṛ*, diminuer, raccourcir, rendre plus bas, mettre au-dessous, par conséquent se mettre au-dessus, l'emporter sur, dépasser.

*Jarb́ê* ou *jṛmb́ê*, s'entr'ouvrir, s'élargir, bâiller ; relâcher, détendre : *d́anus*, un arc.

*Jarâmi*, *jarê*, *jîryâmi*, *jṛṇâmi*, *jarayâmi* : *Jîryati balam*, la force s'épuise ; *sæhṛdâni jîryantê kâlêna*, les amitiés s'usent avec le temps ; activ. abattre, accabler, rendre vieux.

*Jêhê*, aller, tendre à, s'appliquer à, n'est peut-être qu'un augmentatif de *hi* ; le causatif de *jêh* est *jêhayâmi*.

*Jâyâmi*, dépérir, se détruire peu à peu. Comparez *xæ*.

## LXIX.

ज्ञा *Jñâ, jânâmi, jânê,* latin nosco,
Grec γνοέω, mieux encor γιγνώσκω,
Je vois, j'observe et je cherche à connaître;
*Jñâtṛ, jñânin,* un sage et savant maître.
ज्या *Jyâ, jinâmi,* s'en va dépérissant,
S'use, s'écoule et tombe en vieillissant.
ज्युत् *Jyut, jyôtâmi,* brille, étincelle, éclaire;
*Jyôtiraṭa,* c'est l'étoile polaire;
*Jyôtis,* splendeur, éclat, feu sans pareil;
*Jyæ,* Jupiter; *jyôtišmat,* le soleil.

APPENDICE.

*Jânâmî, jânê*; lat. gnarus, gnosco (nosco); gr. γνοέω (νοέω); angl. know; germ. kann, kennen. *Jânîhi Ƀrâtaram yadi jîvati,* informe-toi si mon frère vit encore; *na jânimô yadi jîvati,* nous ignorons s'il est encore vivant. *Jñâna,* la science, son objet et son but, l'intelligence, la pensée. *Jñâpayâmi,* causatif de *jñâ,* faire savoir, apprendre quelque chose à quelqu'un, avec deux accusatifs.

*Jyâ,* comme *jæ,* vieillir; *jyâ,* la mère, la terre, gr. βίος; *jyâni,* vieillesse, vétusté, abandon; rivière, torrent; *jyâyas,* plus vieux, plus respectable, meilleur; superlatif *jyêšṭa.*

*Jyut,* comme *dyut, jyôtâmi, jyôtê,* forme un grand nombre de dérivés qui se rapportent à l'astronomie ou à l'astrologie. Quant à *jyæ,* planète de Jupiter, c'est un mot tiré du grec Ζεύς.

## LXX.

ज्रि — *Jri, ǰrayâmi,* je l'emporte en vitesse;
ज्वर् — *Jwar-a,* chagrin, fièvre, douleur, tristesse.
ज्वल् — *Jwal-âmi,* flambe, est tout brûlant d'ardeur;
*Jwalana,* flamme, éclat, Agni, splendeur.
झष् — *Jaś-ê,* reçoit force coups, sait les rendre;
Frapper, blesser, renverser, couvrir, prendre.
टङ्क् — *Ṭaẏk-ayâmi,* fondre, unir et lier;
टल्, ट्वल् — *Ṭal, ṭwal-âmi,* se troubler, s'effrayer.
टिक्, टीक् — *Ṭik* ou *ṭîk-ê,* va, se meut, se balance;
टौक् — *Ṭœk-ê,* se glisse et s'approche en silence.

APPENDICE.

*Jrayâmi,* aller, courir, surpasser, vaincre.

*Jwarâmi,* être malade, avoir la fièvre; *ǰwarayâmi* (caus.), la donner; *ǰwarâgni,* chaleur de la fièvre.

*Jwalâmi,* brûler, flamber; figur. être enflammé: *rôśât,* de colère; *ǰwala,* brûlant, flamboyant; *ǰwalâ-nana,* qui a le visage enflammé; *ǰwâlâjihwa,* Agni, mot à mot qui pour langue a la flamme; *ǰwâlâmuki,* fontaine ardente, jet de gaz inflammable s'échappant de la terre.

*Jaśâmi, ǰaśê.* Nous ne donnons que cette racine en *ǰa,* la lettre झ n'étant que l'aspirée de ज, qu'elle remplace le plus souvent; de sorte qu'on écrit, par exemple, *ǰal* ou *jal, ǰam* ou *jam, ǰarć* ou *jarć, ǰarj* et *ǰarj* ou *jarj, ǰu* ou *ju, ǰṛ* ou *jṛ,* etc.

*Ña* et *ṭ'a,* 24e et 26e lettres de l'alphabet sanscrit, n'offrent point de racines. La première ne donne comme mot significatif que *ña:* son inarticulé, chant; bœuf; hérétique, apostat; *Çukra,* régent de la planète Vénus. Le second ne présente que *ṭ'a:* globe, cercle, disque du soleil ou de la lune, chiffre; idole; clameur; Çiva.

*Ṭak* ou *ṭaẏka,* tout ce qui se rapporte à la fabrication de la monnaie, à la fonte des métaux, par extension aux noms des instruments tranchants, et figurément aux airs tranchants, arrogants, orgueilleux.

*Ṭalâmi,* parfait *ṭaṭâla* ou *ṭaṭwâla.* Nous ne connaissons pas d'autres racines en *ṭa,* si ce n'est *ṭip, ṭêpayâmi,* lancer.

## LXXI.

ड *Ḍa*, bruit, tambour, effroi, feu sous les eaux ;
डप् *Ḍap*, *ḍâpayê*, mettre en tas, en monceaux.
डम्ब् *Ḍamb-ayâmi*, lance, envoie et dirige ;
डी *Ḍî-yê*, *ḍayê*, l'oiseau vole ou voltige.
ढौक् *Ḍœk-ê*, parfait *ḍuḍôkê*, s'approcher,
Venir au but, voir le terme, y toucher.
त *Ta*, le nectar, le sein, le flanc, la hanche ;
L'arbre fertile et son heureuse branche ;
Le fier désir d'avoir la liberté ;
Par la vertu le vice racheté.

### APPENDICE.

*Ḍa*, *ḍamara*, *ḍamura*, *ḍaḱhâ*, *ḍôla*, son, bruit, tumulte, émeute, cris de guerre, gestes menaçants, tambour, peur, un des noms de Çiva. L'on écrit aussi *ḍa*.

*Ḍâpayâmi*, *ḍâpayê*, de *ḍap*, ou *ḍêpayê*, de *ḍip* (10e cl.), amonceler ; *ḍimb̆ayâmi* et *ḍumb̆ayê* ont la même signification.

*Ḍipyâmi*, *ḍipâmi*, *ḍêpayâmi*, de *ḍip* (4e et 6e cl.), ont le même sens que le verbe *ḍamb̆ayâmi*, je lance, j'envoie.

*Ḍîyê*, *ḍayê*, *ḍîyâmi*, aller, s'en aller, voler, s'envoler ; *ḍîna*, vol, essor de l'oiseau ; *ḍînaḍînaka*, action de voltiger, de s'envoler plusieurs fois de suite.

'*Ḍœkê*, causat *ḍœkayâmi*, faire approcher : *raťam*, un char ; *ḍôḍœkyê*, augment. ; *ḍuḍœkiśê*, désidér. ; *ḍœkana*, présent fait pour gagner les bonnes grâces de quelqu'un.

Outre les sens que nous avons indiqués, *ta* signifie, au masc., un Mlêtche ou barbare ; au neut. il veut dire affranchissement.

## LXXII.

तक् *Tak-âmi*, va, rit, soutient et supporte ;
तङ्क् *Taγk-a*, chagrin, tourment de toute sorte.
तक्ष् *Tax-âmi*, fait, fabrique, en son chantier,
Taille le bois ; *taxan*, un charpentier.
वङ्ग् *Taγg-âmi*, tremble, est près de choir par terre ;
तञ्च् *Tañć*, *tanaćmi*, courbe, fléchit, resserre.
तट् *Taṭ-âmi*, grand, haut, élevé se tient,
*Taṭa*, plateau de la montagne en vient.
तड् *Taḍ-ayâmi*, pousse, bat, frappe et brille ;
De là, *taḍit*, foudre, éclair qui scintille.

APPENDICE.

*Takma*, progéniture, enfants, postérité ; gr. τέκνον ; *takya*, risible, ridicule.

*Taγkâmi*, vivre dans la misère ; *taγka*, chagrin causé par la perte d'un objet aimé, misère, crainte.

*Taxâmi*, *taxṇômi*, aor. 1. *ataxiṣam*, *ataxam* : *Twaṣṭâ ataxad vajram*, Twashtri fabriqua la foudre (l'arme d'Indra) ; *taxaka*, charpentier, fabricateur, surnom de Twashtri (le divin fabricant), directeur d'une troupe dramatique ; *taxaṇa*, l'action de charpenter, de travailler un corps brut quelconque.

*Taγgâmi*, aller, se mouvoir, vaciller, chanceler.

*Tanaćmi* et *tanajmi*, fléchir, courber, contracter, resserrer.

*Taṭâmi*, activem. élever, soulever ; *taṭa* et *taṭâ*, rive, rivage, plaine, plateau de montagne, fesse ; *taṭast'a*, une personne qui se tient sur le bord, entre la terre et l'eau, c'est-à-dire qui n'est ni pour ni contre, ni amie ni ennemie.

*Tâḍayâmi* (l'*a* du radical devient long) veut dire aussi parler. *Taṭayâmi* et *tanḍê* ont les mêmes significations que *tâḍayâmi*, pousser, battre, frapper : *padâ*, du pied. *Tanḍu*, l'un des gardes de Çiva, regardé comme l'inventeur de la mimique et de la danse. *Taḍitwat*, qui porte la foudre, nuage orageux.

## LXXIII.

तन्   *Tan-âmi,* frappe, aide ou vexe, et, bruyant,
A l'étourdie est toujours confiant.
तन्   *Tan-wê,* j'étends, j'étale, je déploie,
Je développe, augmente, ouvre la voie.
तप्   *Tap-ê,* brûler ; *tapa, tapas,* chaleur ;
*Tapyê,* je suis consumé de douleur.
तम्   *Tam-as,* le mal, l'obscurité profonde
Dont l'ignorance enveloppe le monde.
तम्ब्   *Tamb-âmi,* va régulier dans son cours ;
*Tambâ,* la vache aux pas graves et sourds.

### APPENDICE.

*Tanâmi, tânayâmi,* croire, avoir confiance ; frapper, tourmenter ; aider ; rendre un son.

*Tanômi, tanwê : âstaram hastini,* j'étends un caparaçon sur un éléphant ; *yêna sarvam idam tatam,* celui par qui a été déployé cet univers ; *yajñær at'arvâ pat'as tatê,* Atharvan (le feu) a ouvert la voie par des sacrifices. Gr. τείνω, τάνυμαι ; lat. tendo. L'augmentatif est *tantanmi* et *tantanyê. Tata,* partic. pris adject. diffus, répandu, déployé, large ; subst. masc. l'air, le vent ; subst. neut. instrument de musique à cordes. *Tatapatri,* bananier. *Tati,* état d'une chose étendue ou déployée, rangée, ligne, etc. *Tanti,* tisserand. *Tantu,* fil, descendants, lignée ; et beaucoup d'autres mots.

*Tapâmi, tapê,* brûler, torréfier, chauffer : *Sûryas tapatê lôkam,* le soleil échauffe le monde ; être chaud, brûlant ; lat. tepeo. *Tapyê, tapas,* forment un grand nombre de dérivés ayant rapport à l'ascétisme.

*Tâmyâmi,* languir, regretter, dépérir ; lat. tabeo. *Tamâ,* la nuit : *tamô'jñânajam viddi,* sache que l'obscurité procède de l'ignorance.

*Tambâmi* ou *tarbâmi,* aller ; *tambâ* ou *tampâ,* vache ; *tarbata,* l'année.

## LXXIV.

तय् *Tay-ê*, se meut, sort de chez soi, chemine ;

तर्क् *Tark-ayâmi*, considère, examine.

तर्ज् *Tarj-ana*, blâme, incrimination ;

*Tarjâmi*, porte une accusation.

तर्द् *Tard-âmi*, frappe à grands coups, blesse et tue ;

तल् *Tal-âmi*, fonde, établit, institue.

तस् *Tas-yâmi*, lance, enlève, jette encor ;

तंस् *Tańs-ayâmi*, parer, faire un décor.

तिग् *Tig-nômi*, veut, en sa fougue insolente,

Tout assaillir ; *tigma*, saveur brûlante.

### APPENDICE.

*Tayê*, aller, s'élancer, descendre : *raťât*, d'un char ; protéger, sauver.

*Tarkayâmi*, briller, parler ; apprécier, juger, penser, douter ; *tarka*, examen, cause, raison, motif ; *tarkaka*, homme exposant ses motifs, présentant une requête ; *tarkavidyâ*, la logique ; *tarkin*, un logicien.

*Tarjayâmi*, blâmer, reprendre, menacer, faire rougir ; *tarjanî*, l'index ou doigt indicateur.

*Tardâmi* , *tardayâmi* ; comparez *tṛd*, *tṛṇadmi*, *tṛṇdê*, parfait *tatarda*, *tatṛdê*.

*Talâmi*, fonder, établir ; *tala*, sol, terrain, superficie ; de là, beaucoup de dérivés, tels que ; *talina*, qui repose sur le sol ; *talima*, sol préparé pour une construction, etc.

*Tasyâmi*, rejeter, projeter, lancer, périr, soulever, enlever ; angl. toss ; *tasara*, navette du tisserand.

*Tańsâmi* et *tańsayâmi*, orner, parer, décorer.

*Tiknômi* et *tignômi*, provoquer, attaquer ; *tikla*, piquant, âpre, amer ; *tigma*, pénétrant, chaud ; *tigmâńçu*, le soleil (aux rayons brûlants).

## LXXV.

तिज् *Tij-ila*, lune, et *têjas*, la splendeur,
L'éclat, la gloire, une brûlante ardeur.
तिप् *Tip* fait *têpê*, goutte à goutte distille;
तिम् *Tim-yâmi*, rend ou devient immobile.
तिल् *Til-a*, sésame, un petit signe, un point;
*Tilayâmi*, *tilâmi*, je suis oint;
*Tilaka*, marque ou de secte ou de race,
Qui, sur le front, comme ornement, se trace.
तिल्ल् *Till-âmi* (soit *têlâmi*, si l'on veut),
Va, vient, remue, en liberté se meut.

### APPENDICE.

La racine *tij*, d'où le verbe *têjayâmi*, aiguiser, se confond avec *liknômi*, *lignômi*, *têjâmi*. *Têjas* a beaucoup de significations différentes pour représenter, au propre comme au figuré, ce qui brille, ce qui pénètre, ce qui s'échauffe, ce qui est fort, Agni lui-même. *Têjaswin*, doué de vigueur, de puissance, de dignité, etc.

*Têpê*, parfait *titipê*, futur 2 *têpsyê*, distiller, tomber goutte à goutte.

*Timyâmi*, être ou devenir humide, immobile. *Tima*, *timikôśa*, la mer. *Timi*, poisson fabuleux, long de 100 *yôjanas*; *timiÿgila*, poisson plus grand que le *timi*; *timiÿgilagila*, poisson plus grand que le *timiÿgila*. *Timita*, partic. de *tim*, humide, mouillé, fixe, immobile.

De *tila* dérivent une assez grande quantité de mots. *Tilaka*, qui veut dire encore marque ou signe naturel sur la peau, forme aussi beaucoup de composés.

*Til*, faisant *têlâmi*, est un verbe de la 1re classe.

## LXXVI.

तीर्  *Tîr-ayâmi*, je termine une affaire;
तु  *Tu, tavîmi*, croît, grandit et prospère.
तीव्  *Tîv-ara*, mer; *tîvra*, grand, excessif;
D'où *tîvâmi*, devient gros, gras, poussif.
तुज्  *Tuj*, *tôjâmi*, se hâte, est frappé, frappe;
तुप्  *Tup-âmi*, bat; grec, τύπτω; français, tape.
तुञ्ज्  *Tuñj-âmi*, vivre, être puissant et fort,
Rendre d'autrui bon ou mauvais le sort.
तुट्  *Tuṭ-âmi*, gronde, et crie, et se chamaille;
तुड्  *Tuḍ-âmi*, fend, brise et cherche bataille.

### APPENDICE.

*Tîrayâmi*, finir, terminer: *karman*, une affaire. *Tîrita*, partic. employé comme subst. neut., subornation, non exécution d'une sentence.

*Tu, tæmi, tavîmi*, croître; mot vêdique.

*Tîvara* signifie, en outre, chasseur de profession et pêcheur. *Tîvra* veut dire aussi chaud, piquant, pénétrant. *Tîvravêdanâ*, peine extrême, agonie, damnation, supplices de l'enfer. *Tîvram*, adv. beaucoup, excessivement.

*Tôjâmi, tôjayâmi. Vṛtrasya marma tujan vâjrêna*, frappant de la foudre le corps de Vritra. *Tôjâmi biyâ*, je suis frappé de terreur.

*Tupâmi, tôpâmi.*

*Tuñjâmi, tuñjayâmi: tuñjâtê vṛṣṇyam payas*, ils accordent le liquide fécondant. Ce verbe veut dire encore parler, briller.

*Tuṭâmi*, se quereller. *Tuṭuma*, un rat.

*Tuḍâmi, tôḍâmi, tuṇḍê*, briser, fendre, tuer.

## LXXVII.

तुड् *Tuḍḍ-âmi*, prendre à dédain, être altier;
तुण् *Tuṇ-i*, le bois que taille un charpentier.
तुत्थ् *Tutt-ayâmi*, j'étends; *tutta*, collyre;
तुद् *Tud-âmi*, frappe avec force, avec ire.
तुन्द् *Tund-âmi*, tendre au terme, s'efforcer;
तुम्ब् *Tumb-ayâmi*, maltraiter et vexer.
तुर् *Tur-aṇa*, hâte, agilité, prestesse;
*Tutôrmi*, court, s'avance avec vitesse.
तुर्व् *Turv-âmi*, frappe et fait tomber soudain;
तुल् *Tul, tôlâmi*, soulève avec la main.

### APPENDICE.

*Tuḍḍâmi*, dédaigner, négliger.

*Tuṇâmi*, être courbe, se courber; figur. agir d'une manière tortueuse; *tuṇi*, bois de charpente.

*Tutt'ayâmi* et *tutt'âpayâmi*, étendre sur, couvrir; *tutt'a*, masc. le feu; fém. l'indigo; neut. un collyre pour les yeux, sulfate de cuivre servant à cet usage.

*Tudâmi*, *tudê*, battre, frapper : *ayas*, le fer; *açwam*, un cheval; *arim*, un ennemi. Lat. tundo.

*Tunda*, *tundi*, le ventre; *tundî*, *tundikâ*, le nombril.

*Tub* ou *tumbâmi*, *tumbayâmi*, agiter, troubler, tourmenter.

*Tur*, *tutôrmi*, se hâter; *turaga* (*gam*), *turaṅgama*, cheval; *turagin*, cavalier; *turaṇyâmi* (dénominat. de *turaṇa*), se hâter. *Turaga* veut dire aussi l'esprit, mot-à-mot le rapide.

*Tûrvâmi* (*û* long), faire tomber en frappant : *vṛṣṭim*, les eaux du nuage.

*Tôlâmi*, *tôlayâmi*, lever : *d'anus pâṇinâ*, un arc avec la main; soulever : *adrim*, une montagne. Lat. tuli, tollo; gr. τλάω, τελάμων, etc. *Tulayâmi* (dénominat. de *tulâ*), peser dans une balance, apprécier, estimer, juger; gr. τάλαντον, ταλαντάω. *Tulâ*, balance, poids d'or ou d'argent; de là beaucoup de dérivés.

## LXXVIII.

तुष् *Tuśṭa*, content, satisfait, plein de joie ;
तुस् *Tus*, *tôsâmi*, rend un son, le renvoie.
तुह् *Tuh*, *tôhâmi*, maltraiter, tourmenter ;
तूण् *Tûṇ-ayâmi*, resserrer, contracter.
तूल् *Tûl-ayâmi*, pèse dans la balance ;
तृक्ष् *Tṛx-âmi*, va, se meut, vite s'élance.
तृण् *Tṛṇ-ômi*, mange, et *tṛṇa*, le gazon,
D'où bien des mots dérivent à foison.
तृद् *Tṛd*, *tṛṇadmi*, frapper, blesser, détruire ;
Avec dédain et mépris se conduire.

APPENDICE.

*Tuśyâmi*, se calmer, s'apaiser : *tuśya mâ krudas*, calme-toi, ne t'irrite pas ; être satisfait, se contenter de, se réjouir de, être joyeux ; *tuśṭi*, satisfaction, contentement, joie ; *tuśṭa*, partic., satisfait, content, joyeux ; *tuśita*, pris substant. représente la classe des dieux du 4e ordre.

*Tôsâmi*, rendre un son, retentir. Le parfait est *tutôsa*.

*Tôhâmi*, vexer, a pour causat. *tôhayâmi*. *Tuhina*, la gelée. *Tuhinâdri*, l'Himâlaya.

*Tûṇayâmi*, moyen *tûṇayê*, remplir. Nous omettons ici quelques racines en *û* long, parce qu'elles forment double emploi avec d'autres racines en *u* bref.

*Tûlâmi*, *tûlayâmi* ; *tûla*, coton ; d'où plusieurs dérivés.

*Tṛxâmi* a pour causat. *tṛxayâmi*. Comp. la racine *tṛx* avec le gr. τρέχω.

*Tṛṇômi* et *tarṇômi*, manger ; *tṛṇajamba*, herbivore ; *tṛṇadânya*, blé sauvage ; *tṛṇarâja*, palmier ; *tṛṇasârâ*, banane ; *tṛṇaharmya*, hutte de gazon, chaumière ; *tṛṇâgni*, feu de paille ; *tṛṇikarômi*, n'estimer pas plus que l'herbe ; *tṛṇyâ*, quantité d'herbe, etc., etc.

*Tṛṇadmi*, *tṛndê*, tuer, détruire : *balim raxasâm*, le pouvoir des Râxasas. Ce verbe signifie quelquefois : manger, comme *tṛṇômi*.

## LXXIX.

तृप् — *Tṛp, tarpâmi*, je me sens en gaîté ;
Je mange et bois jusqu'à satiété.

तृष् — *Tṛś*, soif, désir, convoitise, appétence ;
*Tṛśnaj*, demande à boire avec instance.

तृह्, तृंह् — *Tṛh, tṛṅh-âmi, tṛṇêhmi*, mettre à mort ;

तॄ — *Tṝ, tarâmi, tirâmi*, faire effort.

तेप् — *Têp-ê*, s'écoule en vacillant, tremblote ;

तेव् — *Têv-ê*, je pleure, et soupire, et sanglote.

त्यज् — *Tyaj-ê*, quitter ; *tyâga*, donation,
Renoncement, renonciation.

APPENDICE.

*Tṛpyâmi, tṛpnômi, tṛpâmi, tarpâmi, tṛpyê*, se réjouir, se rassasier ; activ. rassasier, réjouir ; gr. τέρπω, τρέφω. *Nâgnir tṛpyati kâśṭânâm*, le feu est insatiable de bois. *Tṛpâyê*, dénomin. de *tṛp*, devenir réjouissant, commencer à se rassasier. *Tṛpti*, satisfaction, satiété, joie ; gr. τέρψις. On peut écrire aussi *tṛṕ* et *tṛmp* ou *tṛmṕ*.

*Tṛśyâmi*, avoir soif (au prop. et au fig.), être desséché (en parlant des campagnes) ; gr. τέρσω ; germ. durst ; goth. thars. *Tṛśâha*, eau à boire. *Tṛśita*, altéré ; angl. thirst.

*Tṛhâmi, tṛnêhmi*, 3e pers. *tṛnêḍi*, tuer.

*Tarâmi*, traverser : *nadîm*, un fleuve ; franchir, échapper à, dépasser, vaincre, triompher de, venir à bout de, atteindre, exécuter, réaliser : *pratijñâm*, une promesse.

*Têpê*, dégoutter, distiller, suinter. Comp. *tip*.

*Têvê* veut dire aussi jouer ; d'où *têvana*, jeu, lieu de plaisir, salle de jeu, place pour jouer, jardin. Comp. *div* et *dîv*.

*Tyajâmi, tyajê*, quitter, abandonner : *diçam*, un pays ; *đarmam*, la vertu ; *đêham*, le corps (mourir) ; renoncer : *kâmâm*, aux désirs ; *jîvitam*, à la vie ; renvoyer, répudier : *ƀâryâm*, sa femme ; lancer : *vâṇam*, une flèche ; négliger : *sahajaṃ karma*, sa fonction originelle ; livrer : *kâmađênum*, sa vache d'abondance. *Tyâga*, abandon : *çântis tyâgâd anantaram*, tout près du renoncement est la béatitude.

## LXXX.

त्रउक् *Trayk-ê*, se meut, va, s'agite, voltige ;

त्रद्, त्रन्द् *Trad, trand-âmi*, vers un but se dirige.

त्रप् *Trap-a*, la honte ; avoir honte, *trapê ;*

On dit, en grec, ἐντρέπειν, ἐντροπή.

त्रस् *Tras-âmi*, tremble, a peur, craint, s'épouvante ;

*Trasa*, tremblant, la forêt quand il vente.

त्रुप् *Trup, trôpâmi*, je frappe avec le fer ;

त्रै *Trâyê*, tirer : *narakât*, de l'enfer.

त्रंस् *Trañs-ayâmi*, parle, brille, étincelle ;

त्रुट् *Truṭ-i*, brisure, atome, éclats, parcelle.

### APPENDICE.

*Trayk*, ou *trak, trak, trayg*, et même *triyk, trik. Trayga*, la cité de *Hariç-ćandra.*

*Tradâmi, trandâmi*, s'efforcer, tendre à. Comparez la racine *tuṇd.*

*Tra* ou *trâpayâmi*, causat. de *trap*, faire rougir ; *trapâraṇḍâ*, femme de mauvaise vie. *Trapa* ou *trapâ* signifie, en outre, modestie, célébrité, famille, race ; femme qui est la honte des siens.

*Trasâmi, trasyâmi*, trembler ; gr. τρέω, τρέμω ; lat. tremo ; fr. transe. *Trasa*, tremblant, mobile, forêt agitée par le vent ; *trasara*, navette de tisserand ; *trasarêṇu* (*rênu*, poussière), atome, objet très-petit, temps très-court ; *trasta* et *trasnu*, timide, craintif ; *trâsa*, frisson, tremblement, peur ; *trâsadâyin*, qui fait trembler, effrayant, terrible ; *trâsayâmi*, causat. de *tras*, faire trembler de peur.

*Trup*, frapper, tuer, s'écrit aussi *trup, trump* et *trump.*

*Træ, trâyê*, délivrer, sauver, préserver, semble venir de *tṝ* : *narakât putras trâyatê pitaram*, le fils retire son père de l'enfer.

*Trañsâmi* et *trañsayâmi*, parler, briller.

*Truṭâmi, truṭyâmi*, se briser, se détacher en se brisant ; *truṭi, truṭi*, brisure, destruction, perte, doute, incertitude, atome, petit objet, petite quantité, temps très-court ; *trôṭayâmi*, causat. de *truṭ*, briser, mettre en pièces.

## LXXXI.

त्रौक् *Trœk-ê*, venir, s'approcher, s'avancer ;
त्वत्त् *Twax-âmi*, fendre, en morceaux dépecer.
त्वङ्ग् *Twaŷg-âmi*, tremble et secoue avec force ;
त्वच् *Twać-a*, la peau, l'enveloppe, l'écorce.
त्वर् *Twar-ê*, se hâte, a de l'empressement ;
*Twarâyaṇa*, rapide mouvement.
त्विष् *Twiś, twêśâmi*, répandre la lumière
Sur le palais et sur l'humble chaumière.
त्सर् *Tsar-âmi*, va sinueux en son cours
Et procédant par feintes, par détours.

APPENDICE.

*Trœkayâmi*, causat. de *trœk*, faire aller, faire approcher ; plus-que-parfait, *atutrœkam*.

*Twaxâmi kâśṭam*, je fends du bois. *Twaśṭṛ*, charpentier, fabricant en général, l'artiste divin (Twashtri).

*Twaŷgâmi* et *twañćâmi*, aller, se mouvoir, remuer, trembler, vaciller, activ. ébranler.

*Twaćâmi* et *twaxâmi*, couvrir, changer de peau, faire peau neuve ; *twaćayâmi*, dénom. peler, ôter la peau, muer ; *twaćiśṭa*, qui a beaucoup d'écorce ou une forte peau ; *twagaŷkura*, horripilation ; *twaŷmaya*, d'écorce, de peau.

*Twarâmi, twarê*, se hâter : *ćartur anwêśanê twara*, hâte-toi de chercher ton mari ; *hantum arîn*, de tuer les ennemis. *Twarayâmi*, causat. faire que l'on se hâte, exciter ; *twaraṇa, twarâ, twarî, twarita*, hâte, empressement.

*Twêśâmi, twêśê*, briller, faire briller, illustrer, célébrer : *amâtraṃ twa ďiśaṇâ titwiśê mahi*, un grand hymne a répandu son éclat sur toi qui es immense. *Twiś, twiśâ*, lumière, éclat, beauté, splendeur, parole, discours, désir, coutume, usage. *Twiśâmpati*, le maître des lumières (le soleil) ; *twiśi*, rayon de lumière ; *twêśayâmi*, causat. de *twiś*.

*Tsarâmi*, aller frauduleusement ; *tsaru*, garde ou poignée d'un glaive ; *tsarumârga*, escrime, duel à l'épée.

## LXXXII.

थ　　*'Ta,* comme *da,* montagne, bon augure,
थुर्व्　　*'Turv-âmi,* frappe, et tue ou fait blessure.
दक्ष्　　*Daẋ-ê,* se meut ; il est actif, il croît ;
*Daẋa,* (dexter); *daẋina,* côté droit.
दघ्, दङ्घ्　　*Daġ* ou *daγġ,* s'arme, et de ceux qu'on offense,
Dans les combats veut prendre la défense.
दण्ड　　*Daṇḍa,* bâton, toise ; et l'autorité
Avec son sceptre et sa sévérité.
दन्त　　*Danta,* la dent incisive et brillante ;
*Dantin,* mâchoire ou montagne saillante.

### APPENDICE.

*'Ta,* montagne, maladie, peur ; préservation, bon augure.

*'Turvâmi* ; comparez la racine *turv*.

*Daxê, daxâmi,* se mouvoir, se hâter, être actif et fort, croître, frapper, blesser, tuer. *Daxa,* qui est à droite, qui prend la droite ; gr. δέξιος ; lat. dexter. *Daxya,* adresse, dextérité. Ce mot a beaucoup de dérivés ; notamment *daxiṇa*.

*Dagnômi* et *daγgâmi,* frapper, tuer, protéger, garder, quitter, éviter.

*Daṇḍa,* bâton, tige d'arbre, perche, mesure de superficie et de temps, punition, supériorité de rang, arrogance. Ce mot forme de nombreux composés : un roi (porte-sceptre), un mendiant (porte-bâton), Yama (le punisseur), un magistrat, un juge, un huissier, un gardien, un portier, etc. *Daṇḍayâmi,* causat. bâtonner, punir.

*Danta,* dent, défense d'éléphant ; gr. ὀδόντος ; lat. dens. *Dantaĉada*, *dantavastra, dantavâsas,* lèvre ; *dantamala,* tartre des dents ; *dantamûla*, racine des dents ; *dantaçirâ,* gencive ; *dantâlikâ,* bride de cheval ; *dantya,* dental. C'est un des mots qui, dès l'origine, ont éveillé le mieux l'attention sur la parenté du sanscrit avec le grec et le latin.

## LXXXIII.

दन्व् *Danw-ê*, se meut, aime à se balancer ;
दभ् *Dab-ayâmi*, jeter, frapper, blesser.
दम् *Dam-yâmi*, dompte, à ses lois nous enchaîne,
Est sous son toit la règle souveraine,
Commande, ordonne, et règne absolument
Par le respect ou par le châtiment.
दम्भ् *Damb-a*, mensonge, orgueil et fourberie ;
*Dambra*, petit ; mer qui trompe et varie.
दय् *Day-ê*, je cède à la douce amitié ;
Mon cœur se porte où mène la pitié.

APPENDICE.

*Danwâmi*; *danwê*, gr. δονέω, agiter, disperser ; δόνημα, secousse, balancement ; δόνησις, l'action de troubler, de chasser, de tourmenter.

*Dab* ou *dambâmi*, *dab* ou *dambayâmi*, envoyer, lancer, tuer, laisser périr.

*Dâmyâmi*, gr. δάμνημι, lat. domare, angl. tame. *Dam*, en composition, signifie épouse, maîtresse de maison ; gr. δάμαρ, lat. domina, fr. dame, angl. dam. *Dama*, l'action de dompter, châtiment, pénitence que l'on s'inflige soi-même ; en composition, qui dompte, qui soumet, qui punit ; gr. δαμος, par ex. ἱππόδαμος, lat. damnare. *Damunas*, Agni, le feu (qui dompte tout). *Dampati*, le mari et la femme, le maître et la maîtresse de la maison. *Damya*, jeune bœuf (non dompté).

*Dabnômi*, tromper, faire défaut : *Mâ ta ûtayô'smân kadâcana dâmban*, que vos secours ne nous manquent jamais. Ce verbe signifie aussi blesser, nuire ; *dambôli*, la foudre ; *dambra*, la mer trompeuse.

*Dayê*, aller vers, se porter pour ou contre, aimer, avoir de la pitié ; gr. δαίομαι. *Daya*, compatissant, affectueux, tendre ; subst. f., pitié, miséricorde. *Dayila*, aimé, chéri ; subst. masc., le bien-aimé, l'époux ; fém. la bien-aimée, l'épouse. *Dayâlu*, *dayâvat*, comme *daya*.

## LXXXIV.

दल् *Dal-ati bûs,* ou *hṛd* : dans une crise
Le sol se fend, s'ouvre ; le cœur se brise.
दस् *Das-ma,* le feu ; *dasyami,* dans les airs
Je disparais, en montant je me perds.
दह् *Dah-âmi,* donne en pâture à la flamme,
Et *dahyâmi,* je me consume l'âme.
दंश् *Dańç-a,* le fait de mordre avec la dent,
De déchirer parfois en bavardant ;
D'où l'adjectif *dańçêra,* qui censure
Et fait le mal que cause une morsure.

### APPENDICE.

*Dala,* l'action de fendre, de briser ; fragment, feuille ; *dalanî,* motte de terre ; *dalika,* bois de charpente, planche ; *dalila,* entr'ouvert, épanoui, fendu, brisé ; *dalmi,* la foudre et surnom d'Indra. *Dalati sâ hṛdi,* son cœur se brise ; mot-à-mot, elle se brise dans son cœur. *Dadâla bus,* la terre s'entr'ouvrit.

*Dasyâmi,* lancer, périr, se perdre. *Dasyu,* nom des populations inâryennes rencontrées dans l'Inde par les Aryas vêdiques ; ennemi, voleur, impie. *Dasma,* le feu ; la personne qui fait offrir un sacrifice ; un voleur. *Dasra,* au duel, les Açwins ; au singulier, un âne (monture des Açwins).

*Dahâmi,* livrer au feu, détruire ; *dahyâmi,* s'affliger, se tourmenter, se consumer ; gr. δαίω ; *dahana, dahra,* le feu, Agni, un incendie. Le verbe *dańhayâmi,* racine *dańh,* a le même sens. Au passif, être consumé : *çôkêna,* par la douleur ; être brûlant : *manyunâ,* de colère. Gr. δαίω ; lith. degu ; irland. daghaim.

*Daçâmi, daçê, dańçâmi, dańçayê,* et même *dańsâmi,* mordre, parler ; gr. δάκνω. *Dańçayâmi,* causat. de *dańç,* faire mordre : *Sarpær ênam adańçayat,* il le fit mordre par des serpents. *Dańṣṭra,* grande dent, défense ; *dańṣṭrin,* qui a de grandes dents, un sanglier, un porc, un serpent. *Dańça,* action de mordre, morsure. *Dańçaka,* taon. *Dańçana,* morsure, armure. *Dańçita,* cuirassé. *Dańçêra,* qui mord ; par extens. malfaisant, nuisible.

## LXXXV.

दा *Dâ, dadâmi, dadê,* donner, céder,
Aider, permettre, ordonner, accorder.

दा, दो *Dâ, dô, dâmi, dyâmi,* partage, brise,
Met en morceaux, coupe, taille, divise.

दाश् *Dâç-ê,* je suis votre humble serviteur,
Mais, avant tout, de Dieu l'adorateur.

दिव् *Dinw-âmi,* j'aime à voir régner la joie,
Quand au plaisir mon âme se déploie.

दिम्प् *Dimp-ayâmi,* veut dire accumuler,
Ranger en tas, grossir, amonceler.

### APPENDICE.

*Dadâmi, dadê, dadmi*; gr. δίδωμι; lat. dare, dedi; lith. dûmi; irland. daighim; *dâka*, *dâyin*, celui qui donne; *dâtṛ, dâtwa, dânu,* donateur, gr. δότης, lat. dator; *dâna, dâya,* don, présent, lat. donum; *dânatas,* adv. en don, en présent; *dânapati,* homme libéral; et beaucoup d'autres mots.

*Dâmi,* déchirer, gr. δαΐζω; *dânâmi, dânayâmi,* couper, tailler, mettre en pièces; *dâna,* l'action de déchirer, de lacérer; *dâya,* division, partage, destruction; *dâyitṛ,* celui qui divise, qui partage; *diti,* division, séparation; et beaucoup d'autres mots.

*Dâçâmi, dâçê, dâsâmi,* donner, offrir, honorer, servir, rendre un culte; *kêna tê namasâ dâçêma,* par quel hommage t'honorerons-nous? *Dâça, dâçivas, dâçêya, dâçêra, dâçwa, dâsêra,* chameau, serviteur, adorateur; *dâçayâmi*, comme *dâçâmi*; *dâsa,* Dasyu, esclave; *dâsatwa, dâsya,* esclavage, domesticité; *dâsayâmi,* devenir esclave; *dâsiputra,* fils d'esclave; et beaucoup d'autres mots.

*Dinwâmi,* parfait *didinwa,* réjouir, se réjouir.

*Dimpayâmi* s'écrit aussi *dimbayâmi*; mais, sous cette seconde forme, il signifie lancer plutôt qu'accumuler. Comparez *dap* et *dip*.

## LXXXVI.

दिव् *Divy-âmi*, joue, à tout hasard se livre,
Brille, s'exalte et s'*enlumine*, est ivre.
दिव् *Div*, *dêvayê*, gémir, se lamenter ;
*Dêvayâmi*, presser, solliciter.
दिव्, दिव *Div* et *diva*, l'air, le jour, l'empyrée,
Le paradis, la lumière éthérée.
दिश् *Diç-ê*, produire, indiquer, faire voir,
Montrer la route et marquer le devoir;
*Diç*, région, plage, espace céleste ;
*Dista*, destin, sort heureux ou funeste.

### APPENDICE.

*Divyâmi*, jouer, s'amuser ; faire du commerce ; répercuter la lumière, être brillant, enluminé, ivre ; lancer (dans un jeu où l'on se dispute le prix) : *vâṇân*, des flèches.

*Dêvayâmi*, presser, tourmenter, demander, solliciter; *dêvayê*, se plaindre, gémir.

*Div*, nominat. *dyaus* ; *diva*, bois, bosquet, jour, ciel ; *divan*, *divasa*, le jour, lat. dies, divum ; *divasakara*, le soleil (qui fait le jour) ; *divasamuka*, le point du jour, l'aurore ; *divaspati*, le maître du jour, Indra, lat. Diespiter ; *divâ*, adv. pendant le jour, lat. diu ; *divyâmi*, désirer voir le jour ; *divâniça*, le jour et la nuit ; *divâmadya*, midi.

*Diçâmi*, *diçê*, *dîçyâmi*, montrer, démontrer, prouver, exposer, raconter, indiquer ; gr. δείκνυμι, δίκη, δοκέω ; lat. dico (dans indico) ; *diç*, point cardinal, plage. On dit aussi *diças*, *diçâ*, *dêça* ; *paradêça*, le paradis, l'autre région, comme *paraloka*, l'autre monde. *Dista* (partic. de *diç*), temps, époque, destin (1), sort ; *distanta*, mort, fin de la destinée ; *disti*, sort heureux, bonheur, plaisir ; *distyâ*, adv. heureusement ; interj. quel bonheur !

(1) Peut-être n'y a-t-il pas d'autre étymologie que *dista* pour le mot *destin*, dont l'origine, quoique latine, ne se rattache à aucune racine de la même langue.

## LXXXVII.

दिह् *Dih* fait *dêhmi*, frotter tant bien que mal,
Teindre, salir ; *ćandanæs*, de sandal.
दी *Dî-yê*, périt, disparaît, se dissipe,
Verbe qui prend *dîna* pour participe;
D'où, *dînaka*, plongé dans la douleur,
*Dînamanas*, âme en proie au malheur.
दीक्ष् *Dîx-ê*, vouloir offrir un sacrifice,
Tout disposer afin qu'il s'accomplisse.
दीप् *Dîp-yê*, briller; *dîpa*, lampe, flambeau ;
*Dîpaka*, rend et lumineux et beau.

APPENDICE.

*Dêhmi*, *dêhê* (3e pers. *dêgđi*, *digđê*), oindre, souiller ; lat. tingo.

*Dînavarṇa*, décoloré, d'une mauvaise couleur ; *dînâra*, pièce de monnaie ; lat. denarius. *Dîna*, *dinaka*, malheureux, en détresse ; *dinamanas*, qui a l'âme affligée.

*Dîxê*, faire les cérémonies préparatoires d'un sacrifice ; *dîxayâmi*, *dîxâpayâmi*, initier, faire accomplir une cérémonie préliminaire, enseigner les rites ; *dîxâ*, cérémonie préliminaire ; *dîxânta*, cérémonie supplémentaire destinée à corriger un vice dans une cérémonie principale ; *dîxita*, élève d'un brâhmane, catéchumène ; *dîxitṛ*, maître spirituel, catéchiste. *Râjânam dîxayâmâsus*, ils sacrèrent le roi, mot à mot, ils firent exécuter au roi les actes préparatoires du sacre.

*Dîpyê*, *dîpyâmi*, parfait *didîpê*, être allumé, briller, resplendir, figur. être enflammé ; *dîpayâmi*, allumer, mettre en feu, incendier : *puram*, une ville ; enflammer d'ardeur : *hṛdam*, le cœur ; *dîpti*, *dîptimat*, *dîpra*, brillant, resplendissant, éclat du feu, lumière, splendeur ; *dîptôpala (upala)*, verre ardent, lentille de verre ; et beaucoup d'autres mots. Dans la langue vêdique, on dit *dîdyê*, de *dîdi*, d'où vient le subst. fém. *dîditi*, rayon, lumière. *Xapa usraç ća dîdîhi*, allume-toi le soir et le matin.

## LXXXVIII.

उ *Du, davâmi,* va; *dunômi,* tourmente,
Souffre soi-même, a l'âme trop aimante.
उर्व् *Durv, dûrvâmi,* mettre à mort ou blesser;
उल् *Dul,* soulever, brandir et puis lancer.
उष् *Duś-yê,* pécher, d'un crime être capable.
Se rendre impur, vil, dépravé, coupable.
उःख् *Duhk-ayâmi,* je cause du chagrin;
*Duhka,* le monde et son pénible train.
उह् *Duh-ê, dôhmi, dôhê,* j'extrais, j'arrache;
Mais, tout d'abord, je trais : *gâm,* une vache.

APPENDICE.

*Davâmi,* aller; gr. δύω, δύσις. *Dunômi, dôhâmi* (rac. *duh*), et *dûyâmi, dûyê,* tourmenter, vexer, affliger; s'affliger, souffrir, être tourmenté soi-même: *manmâtêna,* par l'amour; gr. ὀδύνη.

*Durvâmi,* frapper, blesser, tuer; *durvaças,* langage blessant; *durvaç* et *durvâda,* qui parle d'une façon blessante, basse ou ridicule; *durvida,* stupide, sot, d'un mauvais caractère ou d'une mauvaise conduite; *durvinîta,* cheval rétif; *durhṛd* et *durhṛdaya,* qui a le cœur mal disposé, un ennemi.

*Dôlayâmi,* lever, soulever, brandir, jeter: *axân,* les dés; *dôlayê,* être ébranlé, ému, révolté: *Matir dôlayatê satâm kalôklibis,* l'esprit des gens de bien est scandalisé par un langage pervers.

*Duśyâmi, duśyê,* commettre une faute. D'où beaucoup de dérivés. Les préfixes inséparables *dus, dur, duç, duś* et *duh,* signifient: mal, difficulté, méchanceté; gr. δυς.

*Duhkyâmi, duhkayâmi,* est le dénomin. de *duhka,* peine, affliction, le monde; *duhkayê,* éprouver de la douleur; *dussta,* qui est dans une situation difficile, pauvre, misérable; *dussthiti,* condition pénible, état fâcheux; et beaucoup d'autres mots.

*Dôhmi,* traire, extraire, donner son lait, fournir, procurer (en général); *duhitṛ,* la fille, mot à mot, celle qui trait; gr. θυγάτηρ; lith. dukterès, au génitif; goth. dauhtar; ang. daughter; germ. tochter. *Payô gâm adugda,* il a trait le lait de la vache; *duhâm Açwibyâm payas,* tirons le lait (la pluie) des Açwins; *Saraswatî payô duduhê Nâhuśâya,* Saraswatî a donné son lait au fils de Nahusha.

## LXXXIX.

दृ — *Dṛ-yê*, j'honore et suis respectueux ;
दृप् — *Dṛp*, se gaudir, être présomptueux.
दृप् — *Dṛp-âmi*, vexe ; et *darpâmi*, j'éclaire ;
दृश् — *Dṛ-ç*, δέρκομαι, je vois, je considère.
दृह् — *Dṛ̂h*, *darhâmi*, devenir fort et grand ;
दृंह् — *Dṛ̂h*, affermit, fort et solide rend.
दॄ — *Dṝ* (*dṝnâmi*), rompt, divise par fente,
*Dṝ*, *darâmi*, met en fuite, épouvante.
दे — *Dê*, *dayê*, j'aime et cherche à protéger
Quiconque souffre ou se trouve en danger.

### APPENDICE.

*Dṛyê*, avoir égard à, du respect pour, honorer, rendre un culte. *Matayô dasma dadrus*, les sages ont adoré le feu. Ce verbe est ordinairement précédé de *â*.

*Dṛpyâmi*, s'enorgueillir, être orgueilleux ; se réjouir. Comparez *tṛp*.

*Darpâmi* et *darpayâmi*, éclairer, illuminer. *Dṛpâmi*, tourmenter. On dit aussi *dṛbâmi*, *darbâmi*, *darbayâmi*, pour signifier tourmenter, nouer ensemble, et craindre.

*Dṛç* n'a pas de présent ; parf. *dadarça*, *dadṛçê*, voir, apercevoir, distinguer, discerner, regarder, considérer, prévoir. *Dṛç*, *dṛçâ*, *dṛçâna*, *dṛçi*, *dṛṣ́ti*, vue, vision, perception, connaissance, œil. *Dṛṣ́ta*, chose que l'on voit tout à coup, apparition, le monde visible (*adṛṣ́ta*, le monde invisible) ; et beaucoup d'autres mots dérivés ou composés. Gr. δέρκομαι. *Draṣ́tum satyam*, discerner la vérité.

*Darhâmi*, croître, grandir, devenir fort ; gr. δριάω.

*Dṛñhâmi*, affermir, rendre solide ; au moy. *dṛñhê*, être fort, être solide ; au causatif, *dṛñhayâmi*. *Dadṛñha pṛt'ivim*, j'ai rendu la terre solide.

*Dṝṇâmi*, fendre, déchirer, couper ; *dîryê*, *dîryâmi*, être fendu, se fendre, etc. Gr. δέρω ; angl. tear ; ancien germ. zar ; germ. zehre. *Dara*, caverne ; au fig. peur ; gr. δειρά. La racine *dṝ*, forme une très-grande quantité de mots en *dar* et en *dâr*.

*Dṛṇâmi* et *darâmi*, craindre ; activ. effrayer, détourner, écarter par la crainte.

*Dayê*, protéger, avoir pitié, aimer. Le participe de ce verbe est *datta*.

## XC.

देव् *Dêv-ê,* je joue, et presque à la même heure
Je me chagrine, et me désole, et pleure ;
*Dêva,* niais, enfant ; ambition ;
*Dêvanâ,* peine et lamentation.
दै *Dæ, dâyâmi,* je rends pur ; *dætyâ,* sorte
De beaume, ou drogue, ou parfum ; liqueur forte.
द्यु *Dyu, dyæmi,* brille ; et *dyu,* jour, ciel, éther ;
Mot qui répond à *ju* dans Jupiter.
द्रम् *Dram-âmi,* court (comparez *dru*), va vite ;
द्रा *Drâ-mi, drati,* se hâte, prend la fuite.

APPENDICE.

*Dêvê,* jouer. Voir la racine *div,* d'où viennent en foule les composés de *dêva*, dieu, divin ; lat. divus, deus ; gr. θεός ; lith. diewas ; irland. dia.

*Dâyâmi,* purifier ; *dêtêya, dêtya,* un fils de Diti, un Dætya ; *dætyâ,* le parfum *murâ.*

*Dyu,* le jour, le ciel, l'éther, le paradis ; lat. diu. Le verbe *dyôtê,* de *dyut,* a le même sens que *dyæmi. Dyut, dyuti,* rayon lumineux, éclat, splendeur ; *dyutikara,* l'étoile polaire ; *dyupati,* le maître du jour, le soleil, Indra ; *dyumaṇi,* le soleil, joyau du ciel ; *dyôta,* lampe, illumination publique ; *dyôtayâmi,* causat. de *dyut,* éclairer, illuminer ; *dyôśad,* habitant du ciel ; *dyuniça,* un jour et une nuit, un nyctémère ; *dyulôka,* le ciel, l'éther ; *dyôbûmi,* oiseau (qui fréquente le ciel et la terre) ; *dyætra,* lumière, éclat ; et beaucoup d'autres mots.

*Dramâmi* ; gr. ἔδραμον (¹), δρόμος. Ce verbe offre les mêmes significations que *dravâmi,* rac. *dru*, que nous verrons dans la décade suivante. Le causatif est *dramayâmi.*

*Drâmi,* 3ᵉ pers. *drati,* fuir ; gr. δρᾶναι. *Drâk,* adv. vite, en courant. Le partic. de ce verbe est *drâṇa* ; le causatif, *drâpayâmi,* mettre en fuite.

(¹) L'aoriste second, temps verbal qui renferme toujours la racine pure, prouve bien que, puisqu'il fait ἔδραμον, le vrai noyau primitif est *dram.*

## XCI.

ड्राख् *Drâk̇-ê*, suffire, orner, se dessécher ;
ड्राघ् *Drâġ-ê*, pouvoir, contenir, empêcher.
ड्राड् *Drad̤-ê*, la fleur sur sa tige inclinée
Bientôt se brise et dépérit fanée.
ड्राङ्क्ष् *Drâỳx-âmi*, pousse au ciel des cris affreux ;
ड्राह्  *Drâh-ê*, s'éveille, ouvre à peine les yeux.
द्रु *Dru*, *dravâmi*, semblable à l'eau qui coule,
Rapidement s'échappe, s'enfuit, roule.
द्रु *Dru*, *drunômi*, blesse, en est affligé ;
द्रुड् *Drud̤-âmi*, plonge, est noyé, submergé.

### APPENDICE.

***Drâk̇âmi***, plus-que-parf. *adadrâk̇am*, veut dire aussi : empêcher, comme *drâġê*.

***Drâġê***, parf. *dadrâġê*, signifie en outre : se donner du mal, se fatiguer à.

***Drâd̤ê***, se briser, se détruire, périr : *drâd̤alê puṡpam*, la fleur se fane.

***Drâỳxâmi***, pousser des cris affreux (en parlant des oiseaux) ; désirer.

***Drâhê***, s'éveiller, être éveillé ; rejeter, jeter à bas.

***Dravâmi*** veut dire aussi : se fondre, se liquéfier. *Nadyaḣ samudraṃ dravanti*, les fleuves coulent vers la mer. ***Druvanti***, rivière, torrent ; par ex. Druentia, la Durance ; la Drave. ***Dravya***, ce vers quoi l'on peut ou l'on doit courir. ***Dru***, mouvement rapide, fuite ; *dru* (¹), un arbre ; gr. δρῦς, goth. triu. Comparez *dâru*, de *dṝ*, gr. δόρυ. ***Drutam***, adv., rapidement ; et beaucoup d'autres mots. Le causatif de ce verbe est *drâvayâmi* ; le dénominatif, *dravasyâmi*. *Dravâdâra*, récipient, vase pour recevoir un liquide.

***Druṇômi***, *druṇâmi*, et *drûṇâmi*, *drûṇê*, blesser, éprouver de la peine, se repentir.

***Drud̤âmi*** et *drôd̤âmi*, se plonger, être submergé.

(¹) Chez les Gaulois, le mot chêne (ou grand arbre) était darv, derv, quelquefois darf, derf.

## XCII.

द्रुण् *Druṇ-âmi,* marche ou rampe en ligne courbe,
Blesse dans l'ombre, agit de ruse, est fourbe.
द्रुह् *Druh,* vouloir nuire au prochain, le haïr;
द्रेक् *Drêk-ê,* crier, mais pour se réjouir.
द्रै *Dræ, drâmi,* dort, est ami du silence,
De la paresse et de la somnolence.
द्विष् *Dwiś-ê, dwêśmi,* se fâcher, s'irriter,
Haïr quelqu'un, contre lui s'emporter.
दृ *Dwṛ, dwarâmi,* couvre, enferme, possède
Un bien qu'il prend, qu'il acquiert, qu'on lui cède.

APPENDICE.

*Druṇa* ou *drûṇa*, filou, escroc, scorpion, abeille; *druṇâ,* corde d'arc; *druṇi* et *druṇî,* tortue, bassin de bois ovale pour verser de l'eau.

*Druhyâmi, druhyê,* haïr, vouloir nuire, essayer de nuire; lat. trux, atrox; ancien germ. trug. Le parfait de ce verbe est *dudrôha*; futur 1 *drôgḍâsmi* et *drôḍaśmi. Drôha,* mal fait avec intention. *Drôhaćintana*, projet de nuire.

*Drêkê*, pousser des cris de joie, être fier et content; croître et s'augmenter, pouvoir.

*Drâmi*, dormir; lat. dormire; gr. δραθεῖν, δαρθάνω; sax. drôm; germ. traum. Cette racine se construit toujours avec le préfixe inséparable *ni*: *nidrâ*, sommeil, somnolence, paresse; *nidrâmi, nidrâyâmi*, dormir, s'endormir; *nidrâvṛxa*, l'obscurité, mot à mot: l'arbre du sommeil. *Ni-drâmi* représente donc la négation ou privation des actes exprimés par *drâmi, dramâmi, dravâmi,* aller vite, courir.

*Dwiś, dwêśin, dwiśal, dwêśṭṛ,* ennemi, hostile, un ennemi; *dwêśa,* la haine; *dwêśana*, haineux; *dwêśya,* haïssable, odieux; *dwêśôyut*, qui fomente la haine; et beaucoup d'autres mots. *Dwiṭ,* ennemi (à la fin des composés). *Na abinandati na dwêśṭi,* il ne se réjouit ni ne se fâche. Le causatif est *dwêśayâmi*.

*Dwarâmi,* clore, couvrir, fermer, enfermer, prendre possession; *dwâr* et *dwâra,* porte; gr. θύρα; lat. foris, porta; goth. daur; lith. durrys; germ. thür; angl. door; *dwârayantra,* loquet, serrure; *dwârin, dwâsṭ'a,* portier.

## XCIII.

धक्ष् *Ďakk-ayâmi,* fait périr et détruit;

धण् *Ďaṇ, daṇâmi,* rend un son, fait du bruit.

धन् *Ďan, daďanmi,* j'enfante et mets au monde;
*Ďana,* les biens de la terre féconde.

धन्व् *Ďanwas,* un arc; *ďaṇwami,* s'en aller;

धम्, ध्मा *Ďam, ďmâ-mâmi,* passif *ďmâyê,* souffler.

धा *Ďâ,* qui contient, qui maintient, qui possède;
*Ďâtṛ,* de qui la famille procède;
*Daďâmi,* pose; en védique; *ďâmi;*
Latin : dare (parfois); grec : τίθημι.

APPENDICE.

Comparez la racine *nakk* avec *ďakk-ayâmi.*

Comparez la racine *ďwan* avec *ďaṇ-âmi,* qui s'écrit aussi: *ďanâmi.*

*Ďadanmi,* produire, mettre au monde, porter du fruit; *ďana,* biens, richesses, productions de la terre et des troupeaux; *ďanakêli,* Kuvêra; *ďanaćyuta,* déchu de la richesse, devenu pauvre; *ďanamada,* ivre de sa richesse; *ďanavat, ďanika, ďanin, ďanya,* riche; *ďanada,* libéral, bienfaisant; *ďanâyâmi,* désirer la richesse, être avare et cupide; et beaucoup d'autres mots. *Mâtâ yad vîram daďanad ďaniśṭa,* l'homme qu'une mère très-riche a enfanté.

*Ďanwâmi* et *ďavâmi,* aller, se sauver, s'en aller. Le parfait de ce verbe est *daďanwa; ďanwa, ďanu, ďanus,* arc.

*Ďamâmi, ďmâyâmi, daďmâmi,* souffler: *vâyur daďmau,* le vent souffla; souffler dans, enfler: *çaṅkam,* une conque, une trompette; activ. souffler: *agnim,* le feu; par extens. souffler l'incendie, embraser, brûler; au fig. exciter: *rôśam,* la colère; gr. ἄσθμα. *ďmâkâra, ďmâtṛ,* forgeron, fondeur.

*Dâďâmi, daďê,* placer, poser, mettre, donner (dans le sens d'apporter, de présenter, d'offrir): *asmâsu ďâ vâjam,* donne-leur des aliments; *ratnâni nô daďantu,* qu'ils nous donnent des joyaux; *ďâtṛ,* le père; au fém. la mère, la nourrice, la terre; *ďânî,* grenier, dépôt; *ďâna,* demeure, maison; lat. domus; *ďâtu,* élément, substance élémentaire; et beaucoup d'autres mots. Comparez avec *ďâ,* outre le grec et le latin, le lith. dêmi et le goth. dêths.

## XCIV.

धाव् *D̔âv-ê,* je cours; je lave, je nettoie;
धि *D̔i-yâmi,* tient un objet, une proie.
धिक्ष् *D̔ix-ê,* brûler; désirer vivement;
धिन्व् *D̔inw, đinômi,* donner accroissement.
धिष *D̔iś, điđêśmi,* sonner; *điśṇa,* l'enceinte
Où pour Agni retentit l'hymne sainte.
धी *D̔î,* la pensée et son expression,
L'intelligence et l'adoration.
धु, धू *D̔u* (comme *dû*) parfois vexe et harasse,
Agite au moins, — ou bien se débarrasse.

### APPENDICE.

*D̔âvâmi, đâvê, đâvayâmi,* courir : *itaç ća đâvati,* elle court çà et là ; laver : *pâdæ* , ses pieds ; *đâvana* , course ; lotion, action de laver ; lat. lavare. Le causatif *đâvayâmi* fait au plus-que-parfait *adiđavam.*

*D̔iyâmi,* tenir ; partic. pas. *đita,* comme le partic. vêdique de *đâ.*

*D̔ixê* , brûler, enflammer ; figur. brûler pour, désirer vivement ; vivre, avoir la flamme de la vie. Ce mot paraît venir de *dah.* On l'écrit aussi *đuxyê.*

*D̔inômi* , réjouir, accroître, faire grandir. Le parfait est *điđinwa.*

*D̔iđêśmi,* résonner ; *điśaṇa,* guru, maître spirituel, prêtre qui chante l'hymne ; au fém. prière, hymne; au duel, le ciel et la terre ; *điśṇa,* le lieu où l'on chante l'hymne, l'enceinte sacrée d'Agni ; *điśṇya* et *điśṭya,* qui se rapporte au *điśṇa.*

*D̔iyâmpati,* la raison ; *đîyê,* concevoir, méditer, adorer ; *đîti,* pensée pieuse ; *đîndriya,* organe de la pensée ; *đîmat,* sage, savant ; *đîra,* intelligent, recueilli, calme ; et beaucoup d'autres mots.

*D̔ûnômi, đûnwê, đunâmi* , *đunê, đuvâmi, đavâmi, đavê,* ébranler : *vanam,* la forêt ; agiter : *paxâni,* ses ailes ; secouer : *rajas,* la poussière; se débarrasser : *pâpam,* d'un péché ; *đûka,* le vent; *đûni,* agitateur; *đûnin,* une classe des Maruts; *đûma,* fumée; gr. θῦμα ; lat. fumus ; lith. dûmai.

## XCV.

धूप् *Ḋûp*, remplit l'air des vapeurs de l'encens;
*Ḋûma*, fumée et ses flots blanchissants.

धूर् *Ḋûr-yê*, s'avance, attaque, blesse ou tue;
*Ḋûr*, l'avant-train d'un char, d'une charrue.

धूष् *Ḋûś-ayâmi*, mettre en couleur, vernir;

धृ *Ḋr̥*, *ḋarâmi*, tenir et soutenir.

धृष् *Ḋr̥ś-nômi*, j'ose; et *ḋarsâmi*, j'affronte;
*Ḋr̥śnaj*, hardi, sans pudeur et sans honte.

धॄ *Ḋr̥̂-ṇômi*, vieux, caduc est devenu;

धे *Ḋê-ṇâ*, rivière; et vache à lait, *ḋênu*.

APPENDICE.

*Ḋûpâyâmi*, encenser, est le dénomin. de *ḋûpa*, fumigation, encens, vapeur aromatique; d'où, *ḋûpana*, résine; *ḋûpavr̥xa*, pin; gr. θυμιάω, τύφω, τῦφος. Une autre racine *ḋûp* fait *ḋûpayâmi*, parler, briller.

*Ḋûrgala*, qui se tient ou se place sur l'avant-train; *ḋûrvî*, timon.

*Ḋûśayâmi*, embellir, orner, s'écrit aussi *ḋûç* et *ḋûs*; *ḋûsara* et *ḋûśara*, pâle, verdâtre; fabricant d'huile; *ḋûsaratwa*, pâleur, au fig. vieillesse.

*Ḋarâmi*, *ḋarê*, tenir, retenir, soutenir, nourrir, sustenter, faire exister, être vivant, survivre; *ḋr̥ti*, l'action de tenir, d'avoir, de posséder; *ḋr̥timat*, constant, calme, ferme. Une autre racine *ḋr̥*, *ḋarê*, signifie tomber.

*Ḋr̥śṇômi*, *ḋarśâmi*, *ḋarśayâmi*, oser, affronter; gr. θάρσος, θρασύς; lith. drasûs; goth. gadars. *Na twâm ḋr̥śnumas praśṭum*, nous n'osons pas te parler; *ḋr̥ṇuhi*, sois courageux; *ḋr̥śṭâ*, femme impudente, hardie; au masc. audacieux, effronté.

*Ḋr̥̂ṇâmi*, vieillir, être vieux.

*Ḋayâmi*, boire, téter: *mâtaram*, sa mère; tarir, épuiser: *prânam*, le souffle de la vie; *matim*, l'intelligence; gr. θάομαι, θῆλυς, τιθήνη; *ḋêna*, eau potable, fleuve, océan, rivière; *ḋênu*, *ḋênukâ*, *ḋênuśya*, vache à traire; *ḋænuka*, troupeau de vaches à lait.

## XCVI.

धोर् *Ďôr-âmi*, marche avec grâce et vitesse;
Est vif, habile, adroit, plein de prestesse.
ध्यै *Ďyæ, đyâyâmi*, réfléchir, méditer,
Et, contemplant, en extase rester.
ध्रज् *Ďraj-âmi*, va, comme au fort des tempêtes;
ध्रण् *Ďraṇ, draṇâmi*, résonne sur nos têtes.
ध्रस् *Ďras-nâmi*, glane; et, par extension,
De prendre, ôter, jeter, fait l'action.
ध्राघ् *Ďrağ-ê*, pouvoir, suffire, être capable;
ध्रु *Ďru*, sois solide, assuré, ferme et stable.

### APPENDICE.

*Ďôraṇa*, habileté manuelle; véhicule, moyen de transport, en général; figur. *đôraṇi*, la tradition; *đôrita, đôritaka, đœritaka, đœrya*, le trot du cheval.

*Ďyâyâmi*, parfois *đyâmi*, penser; gr. θεάομαι; *đyâna*, méditation, contemplation; *đyânaparamitâ*, la perfection de la contemplation, une des six vertus cardinales; *đyânamâtra*, la pensée seule; *đyâpayâmi*, causat. de *đyæ*. La racine *đyâ* est la même que *đyæ*.

*Ďraj* et *đrañjâmi*, aller vite; *đrâji*, tourbillon de vent, vent fort. On dit aussi *đrêjâmi*, racine *đrij*.

*Ďraṇâmi*, résonner, retentir, faire entendre un bruit.

*Ďras* (et *uđras*) *nâmi*, *đrâsayâmi*, glaner; par exten. enlever de dessus terre, rejeter.

*Ďrâğê*, suffire à quelque chose, à l'exécuter.

*Ďruvâmi* et *đravâmi*; *đruva*, ferme, solide, fixe, permanent, perpétuel; *đruvam*, adv. certainement; *đruva*, l'étoile polaire personnifiée; au fém. femme vertueuse.

## XCVII.

| | |
|---|---|
| ध्रै | *Ḋræ, ḋrâyâmi*, je suis rassasié ; |
| ध्वज् | *Ḋwaj-â*, drapeau fièrement déployé. |
| ध्वण्, ध्वन् | *Ḋwaṇ, ḋwan-âmi*, murmure, au loin résonne, |
| | Le tambour bat et l'abeille bourdonne. |
| ध्वंस् | *Ḋwańs-ê, ḋwasyê*, déchoir, tomber, périr ; |
| ध्वृ | *Ḋwṛ, ḋwarâmi, ḋwaryê*, courber, couvrir. |
| नक्क् | *Nakk-ayâmi*, je tue ou je terrasse ; |
| नक्ष् | *Naẋ-ê*, s'étend, obtient, occupe, embrasse. |
| नख् | *Nak'-âmi*, va, marche ; un ongle, *nak'a ;* |
| नट्, नड् | *Naṭ-âmi*, danse ; un histrion, *naṭa.* |

### APPENDICE.

*Ḋrâyâmi*, être rassasié, satisfait ; partic. pass. *ḋrâṇa.*

*Ḋwaj* et *ḋwâñjâmi*; se mouvoir, être agité, flotter au vent ; *ḋwaja*, drapeau, bannière, étendard, marque, symbole ; orgueil : *ḋwajadruma*, palmier ; *ḋwajapraharaṇa*, le vent ; *ḋwajavat*, *ḋwajin*, porte-drapeau ; *ḋwajinî*, armée.

*Ḋwana, ḋwani, ḋwanâ*, son, bruit, murmure ; style sonore et figuré ; *ḋwanamôdin*, bourdon ; *ḋwanigraha*, l'oreille ; *ḋwaninâlâ*, fifre, trompette, luth ou vinâ; *ḋwaṇila, ḋwanirûpa*, sonore, poétique : *ḋwaṇali paṇavaḣ hatas*, le tambour bat ; *ḋwanali maḋupas*, l'abeille bourdonne. Comp. *swan.*

*Ḋwańsê, ḋwańsâmi*, causat. *ḋwańsayâmi*, faire tomber, trancher : *mûrḋânam*, la tête; interrompre: *vâkyam*, un discours ; *ḋwańsa, ḋwâńsana*, chute, destruction ; *ḋwańsin*, destructeur.

*Ḋwarati tṛṇam vâyus*, le vent fait plier le roseau. Comp. *ḋwṛ* avec *hwṛ.*

*Nakkâmi*, détruire, tuer. *Naktam*, pendant la nuit ; lat. nox, noctu ; gr. νύξ, νυκτός ; lith. naktis.

*Naẋâmi*, *naẋê* (probablement de *nah)*, aller vers, obtenir, occuper, embrasser: *nâkam kṛtsnam*, le ciel tout entier ; *naẋatra*, une étoile, *naẋatranêmi*, l'étoile polaire ; *naẋatrêça*, la lune.

*Nak'* s'écrit aussi *naẏk'-âmi*, aller, se mouvoir. *Nak'a*, primitiv. épine ; par métaphore, ongle, clou ; puis, noix, noyau, tout corps dur ; gr. ὄνυξ ; lat. unguis, ungula, nux, nucale ; allem. nagel.

*Naṭâmi*, se balancer, danser ; *naṭi*, danseuse ; *naṭana*, danse, pantomime. *Naḍayâmi* a le même sens que *naṭâmi*, mais appliqué aux objets seulement, pour représenter l'action de se balancer : *naḍa*, roseau ; *naḍyâ*, réunion de roseaux.

## XCVIII.

नज् *Naj* ou *laj-ê*, le rouge au front me monte.
*Nagna*, tout nu, de sa misère a honte.
नद् *Nad-âmi*, roule, émet un son bruyant ;
*Nadî*, rivière, est sonore en fuyant.
नन्द् *Nand-â*, *nandî*, l'allégresse, la joie,
Le gai bonheur qu'au dehors on déploie.
नम् *Nam-ê*, courber, incliner et pencher ;
नम्ब् *Namb-âmi* (*narb* et *pamb*), aller, marcher.
नभ् *Naƀ-ê*, je manque ; et *naƀyâmi*, je tue ;
*Naƀa*, *naƀas*, l'air, la pluie et la nue.

### APPENDICE.

*Najê*, partic. pass. *nagna*, d'où : *nagna*, *nagnaka*, *nagnâṭa*, nu, mendiant nu, gymnosophiste ; *nagnatwa*, nudité. Lith. nogas ; goth. nagwaths ; germ. nack ; angl. naked.

*Nadâmi*, retentir, bruire, résonner : *dunduƀayô nêdus*, les timbales résonnèrent. *Nada*, fleuve ; *nadî*, rivière ; *nadikânta*, la mer ; *nadikûla*, rivage ; *nadija*, aquatique ; et beaucoup d'autres mots, tous empruntés à l'idée de sonorité.

*Nandâmi*, se réjouir ; *nandayâmi*, réjouir ; *nandana*, le paradis ou jardin d'Indra, le fils, au fém. la fille ; *nandiǵôśa*, cri de joie, acclamation, éloge, proclamation ; et beaucoup d'autres mots.

*Namâmi*, *namê*, incliner et s'incliner ; *namata*, maître, seigneur, danseur, mime ; *namas*, action de s'incliner par respect, salut, adoration ; *namaskarômi*, *namasyâmi*, saluer en s'inclinant, rendre hommage, adorer ; *namasyâ*, révérence ; *namaswin*, vénérable, digne d'hommage ; *namra*, courbe, courbé, incliné. L'augmentatif de ce verbe est *naṃnammi*, *naṃnamyê*.

*Nambâmi*, comme *narb* et *pambâmi*, aller.

*Naƀê*, manquer, être absent ; *naƀnâmi*, *naƀyâmi*, blesser, tuer. De *naƀa*, *naƀas*, nuage, atmosphère, gr. νέφος, νεφέλη ; lat. nebula, nubes ; anc. germ. nibul, dérivent beaucoup de mots.

## XCIX.

नय् *Nay-ê*, défendre, en protecteur agir ;
नर्द् *Nard-ê*, pousser des hurlements, rugir.
नल् *Nal-a*, parfum, qui du sein des fleurs monte ;
नव *Nava*, nouveau ; *navam* fait neuf en compte.
नश् *Naç*, tue ou meurt ; nuit aux infortunés ;
नस् *Nas*, courbe et faux, agit mal ; *nas*, le nez.
नह् *Nah-yâmi*, noue, attache, ajuste, lie ;
नाथ्, नाध् *Nât*, *nâd-âmi*, j'implore et je supplie.
निक्ष् *Nix-âmi*, va de bon cœur déposer
Sur le visage ou les mains un baiser.

### APPENDICE.

*Nâyê*, parfait *nêyê*, défendre, protéger, sauver. Ce verbe signifie aussi aller.

*Nardâmi*, *nardê*, rendre un son, retentir ; *nardila*, partic. mugissement, rugissement, cri de bête.

*Nalâmi*, répandre une odeur ; *nâlayâmi*, briller, parler ; *nalada*, miel, nectar des fleurs ; *nalîna*, lotus ; *nalînî*, lieu plein de lotus, le Gange céleste ; *nalinêçaya*, Vishnu (qui dort sur le lotus). Ce verbe signifie aussi lier, tourmenter.

*Nava* (novem), le nombre neuf; *nava*, nouveau, en vient peut-être; car, chez beaucoup d'anciens, on comptait par huitaine, témoin la *nundina* (nona dies).

*Naçyâmi*, *naçyê*, en sanscrit, périr; vêd. activ. nuire, faire périr ; lat. nocere, necare.

*Nas*, *nasâ*, *nasla*, *nâsa*, *nâsikâ*, nez ; lat. nasus, naris; lith. nosis ; angl. nose ; irl. neas ; *nasya*, nasal ; *nasyôta*, *nastila*, *nastôta*, qui a un anneau, avec une corde, passé dans le nez ; *nâsikâgra*, le bout du nez ; *nâsê*, causat. *nâsayâmi*, rendre un son ; et beaucoup d'autres mots.

*Nahyâmi*, *nahyê*, nouer, lier, attacher sur soi, se revêtir de ses armes ; lat. necto, neo ; gr. νέω, νήθω ; irl. nasgaim. L'augmentatif de ce verbe est *nânahmi*, *nânahyê*.

*Nâtâmi*, *nâdâmi*, *nâdê*, prier, demander ; aussi, être maître, quelquefois être malade, vexer, consumer ; *nâta*, maître, protecteur ; *nâtâval*, qui a un maître, un protecteur, un mari.

*Nixâmi*, parf. *ninixa*, baiser.

## C.

निज् *Nij, nênêjmi,* je lave, je nettoie ;
निद् *Nid, nêdâmi,* de blâmer fait sa joie.
निव् *Ninw-ê,* parent du latin *ningit,* peut
Prendre parfois le sens d'« il neige, il pleut » ;
Mais par ce verbe entendons, d'ordinaire,
J'arrose, humecte, et souvent : je vénère.
निल् *Nil,* c'est au bois être un épais fourré ;
Ailleurs, c'est être obtus (au figuré).
निश् *Niç, nêçâmi,* je médite, je pense ;
Car *niç* (la nuit) m'offre paix et silence.

### APPENDICE.

*Nênêjmi, nênijê, niñjâmi, niñjayâmi,* laver, nettoyer, purifier, nourrir ; gr. νίξω, νίπτω. Le désidératif de ce verbe est *ninixâmi, niniñjisê.*

*Nêdâmi, nêdê, nindâmi, nindê,* blâmer, reprendre, mépriser ; gr. ὄνειδος ; *nindana, nindâ,* blâme ; *nindâsluli,* éloge ironique.

*Ninwâmi* , arroser , honorer ; il neige ; lat. nivis (nix), ningit.

*Nilâmi,* être épais, fourré, inextricable ; figur. avoir l'intelligence dure, ne pas comprendre.

*Nêçâmi,* penser, méditer, réfléchir ; parf. *ninêça* ; *niç, niçâ,* la nuit ; gr. νύξ ; lat. nox ; *niçâkara,* la lune, un coq ; *niçapuśpa* , la gelée blanche (fleur de la nuit) ; *niçit'a,* minuit ; *niçit'ya,* nocturne ; et beaucoup d'autres mots.

## CI.

निष्क् *Niśk-ayê*, pèse, avec soin pèse encor,
Compte, mesure; et *niśkas*, un poids d'or.
निंस् *Niṅs-ê*, *nisê* (*nixâmi*, tout de même),
En embrassant prouver combien l'on aime.
नी *Nî*, *nayâmi*, je mène, je conduis,
J'atteins au but; *çâstrê nayê*, j'instruis.
नील् *Nîl-a*, couleur d'indigo (noire ou bleue);
*Nîlakaṇṭa*, paon, beau geai, hoche-queue.
नीव् *Nîv-âmi*, c'est devenir gras et gros;
नु *Nu-vâmi*, loue; et *navê*, fend les flots.

APPENDICE.

*Niśkayê*, mesurer, peser. *Niśka*, or, poids d'or, ornement; *niśkraya*, prix, valeur, gages, appointements.

*Niṅsê*, *nisê*, *nixâmi* (décade XCIX), baiser. Le parfait de ce verbe est *niniṅsê*.

*Nayâmi*, *nayê*, conduire : *hayam*, un cheval; amener : *nagaram*, à la ville; passer : *dinam*, un jour; *niçâm*, une nuit; découvrir : *tatwam*, la vérité. Au lieu de *nayâmi*, *nayê*, on dit aussi : *nṛṇâmi*, de la racine *nṛ* et *nṝ*, parf. *nanâra*. *Nîta*, partic. de *nî*, qui se conduit bien; *nîti*, conduite, morale, mœurs; *nîtiçâstra*, traité de morale et de politique; *nît'a*, prière, hymne, guide.

*Nîlâmi*, être noir, noirâtre, violet, bleu; teindre en quelqu'une de ces couleurs; *nîlî*, tache bleue, meurtrissure; *nîlaka*, acier bleu; *nîlapadma*, lotus bleu; *nîlâñjana*, sulfate de cuivre, éclair; *nîlikâ*, indigotier; *nîlôtpala*, lotus bleu; et beaucoup d'autres mots.

*Nîvâmi*, être ou devenir gras.

*Nœmi*, *navîmi*, *nuvâmi*, louer, célébrer par des chants; *nu*, *nuti*, louange, éloge, honneur rendu. *Nuvâmi* s'écrit aussi avec l'*û* long, *nûvâmi*. Le désidératif de ce verbe est *nunûśâmi*. *Navê*, aller (en bateau, probablement); *nu*, bateau; lat. navis; franç. nauf, nef, naviguer, etc. Ce mot était connu dans la Perse; Darius, fils d'Hystaspe, se vante d'avoir vaincu les Babyloniens à l'aide de navires (*navâbis*).

## CII.

नुद् *Nud-ê,* je lance, imprime une secousse,
Un mouvement ; j'éloigne, je repousse.
नृ *Nṛ* fait *naras* (ἀνήρ) l'homme, le *vir* ;
नृत् *Nṛt-yâmi,* danse et cherche à nous ravir.
नेद् *Nêd-ayâmi,* j'approche quelque chose ;
नेष् *Nêś-ê,* se meut, à marcher se dispose.
पक्ष् *Pax-ayâmi,* prend part, est de concert,
Se fait l'ami d'une cause et la sert.
पच् *Paċ-âmi,* cuire : *annam,* la nourriture ;
Au figuré : je consume et torture.

### APPENDICE.

*Nudâmi, nudê,* mettre en mouvement ; chasser : *sapatnân,* les ennemis ; *sańçayam,* le doute. L'augmentatif de ce verbe est *nônôdmi, nônudyê ;* le causatif, *nôdayâmi.*

*Nṛti, nṛtta, nṛtya,* la danse ; *nṛtu, nṛtû,* danseur, le soleil (qui se balance dans le ciel). Le parfait du verbe *nṛtyâmi* est *nanarta ;* l'aoriste 1 *anartiśam.*

*Nêdâmi , nêdayâmi ,* approcher , mettre plus près; *nêda* (inusité), compar. *nêdîyas,* plus voisin, plus proche ; superlat. *nêdiśṭa,* très-proche.

*Nêśê,* aller, se mettre en mouvement ; *nêśṭṛ,* guide, conducteur, prêtre officiant ; *nêśṭra,* le vase sacré dont se sert le *nêśṭṛ.* Le parfait de ce verbe est *ninêśê.*

*Paxâmi, paxayâmi,* prendre, prendre parti pour ; *paxa ,* l'action de prendre, de prendre parti ; au fig. assertion, thèse ; aile, plumes d'une flèche, oiseau (lat. passer) ; figur. aile d'armée, armée; et beaucoup d'autres significations ; *paxa, paxaka, paxaċara,* partisan , associé ; *paxapâta,* esprit de parti ; et beaucoup d'autres mots, tels que ; *paxin,* oiseau, flèche ; *paxman,* cils, sourcil, moustache, filaments des fleurs, étamines.

*Paċâmi, paċê,* cuire ; au fig. consumer, tourmenter ; gr. πέσσω, πεπτός ; lat. coquo, coquina, popina. *Pakti,* maturation des fruits ; *paktra, paċi,* le feu destiné à cuire les mets ; *paktrima, pakwa,* cuit, mûr ; figur. d'un âge mûr ; *paċa,* cuisson ; *paċaka,* cuisinier ; et beaucoup d'autres mots. Angl. baker, etc.

## CIII.

पञ्ज् *Pañć-âmi*, rendre intelligible et clair;
पञ्च्, पट् *Pañćan*, fait cinq. *Paṭ*, jaillit, saute en l'air.
पट् *Paṭayâmi*, vêt, couvre, entoure et voile,
D'où vient *paṭa*, morceau d'étoffe, toile.
पठ् *Paṫi*, lecture et récitation ;
पण् *Paṇ-ê*, du jeu fait trop sa passion.
पण्, पन् *Paṇ*, *pan-âyê*, *panâyâmi*, j'honore,
Je vante, loue, approuve et corrobore.
पण्ड् *Paṇḍ–ayâmi*, ressembler, réunir;
*Paṇḍitâyê*, vrai savant devenir.

### APPENDICE.

*Pañćâmi*, *pañćê*, expliquer, éclaircir ; *pañćayâmi*, étaler, déployer.

*Pañćan*, en compos. *pañća*, est le πέντε des Grecs, le *pendj* des Persans (*pendj-âb*, les cinq eaux), le *penque* des Sabins, le *quinque* des Latins, le *pemb* des Celtes, etc.

*Paṭâmi*, *pâṭayâmi*, sauter, jaillir ; au causat. faire voler en éclats ; parler, briller ; *paṭu*, compar. *paṭiyas*, qui jaillit, qui pénètre (en parlant du son, de la lumière, etc.) ; *paṭṭića*, espèce de flèche.

*Paṭakara* , tisserand ; *paṭavâpa* , tente, chaume, toit, parasol ; *paṭṭa*, bande d'étoffe, turban, vêtement en général ; et beaucoup d'autres mots.

*Paṫâmi*, lire, réciter : *tat purâṇê paṫyatê*, on trouve ceci (ceci est lu) dans le Purâna.

*Paṇê*, jouer, mettre au jeu : *vastrasya* , son vêtement ; perdre ou gagner au jeu : *prâṇêna*, sa vie ; acheter, vendre ; lat. veneo, vendo. *Paṇa*, jeu, action de jouer, prix, valeur, objet de commerce ; *paṇagranṫi* , marché, foire ; *paṇitavya* , *paṇya*, vendable ; et beaucoup d'autres mots.

*Paṇayâmi* , *paṇasyami* (dénominat.), louer, approuver, corroborer.

*Paṇḍê*, aller ; *paṇḍayâmi*, amonceler ; *paṇḍâ*, science ; *paṇḍita*, un savant, un pandit ; *paṇḍitamânin* ou *paṇḍitammanya*, un pédant qui se croit savant.

## CIV.

पत् *Pat-âmi,* tombe ou vole, et glisse, et passe ;
Toujours mouvant, toujours il fend l'espace.
पत् *Pat-yê,* je suis maître et seigneur ; c'est moi
Qui du logis suis l'arbitre et la loi.
पथ् *Pat̔-âmi,* va, part et se met en route,
Comme *padyê, padayê* (sans nul doute).
पद् *Pad-âmi,* ferme et solide se tient ;
D'où le nom *pad,* pied (πούς et pes), nous vient.
पम्ब्, पय् *Pamb* et *pay-ê,* comme un fleuve ou la nue,
Va, marche, suit sa pente continue.

### APPENDICE.

***Patâmi,*** *patê,* tomber ; *b̔uvi,* par terre, à terre ; *narakê,* dans l'enfer ; *jalam,* dans l'eau ; déchoir, pécher ; voler : *k̔âm,* dans l'air ; gr. πίπτω, ἵπταμαι, πτερόν, etc. ; lat. peto, impetus, penna, etc. ; *pataga,* oiseau ; *patatra, pattra,* aile ; *patayâmi,* voler dans l'air ; *pati,* chute ; *patti,* mouvement, marche ; *patra,* véhicule, etc. Supposé que *patatra* fût un vieux mot conservé par les Gaulois, il signifierait simplement chute.

***Patyê,*** être maître : *pṛt̔ivim,* de la terre ; *patayâmi,* rendre puissant ; *pati,* maître, mari ; gr. πότις, πόσις ; lat. potis, pater, potens ; lith. patis ; goth. fadi (en composition) ; *patnî,* épouse, maîtresse de la maison ; gr. πότνια, δεσπότης, car *despotis* est littéralement le sanscrit *dasâpatis,* un maître d'esclaves.

***Pat̔a,*** *pat̔al, pat̔in,* route, chemin ; gr. πάτος ; *pat̔ika, pat̔ila,* voyageur.

***Pad*** ; gr. πούς, ποδός ; lat. pes, pedis ; angl. foot ; forme une très-grande quantité de mots.

***Pambâmi,*** aller, se mouvoir ; compar. la racine *gamb.* *Payâmi, payê,* même signification ; compar. *payas,* eau ; *payaswinî,* rivière, *payôda,* nuage ; *payôdi,* la mer, etc.

## CV.

पर्ण् *Parṇ-ayâmi,* devenir verdoyant ;
De *parṇa,* feuille ou feuillage ondoyant.
पर्द् *Pard-ê,* du corps un vent s'échappe et gronde,
Scandalisant l'odorat à la ronde.
पर्प्, पर्ब् *Parp, parb-âmi,* se traîner, s'agiter ;
पर्व्, पुर्व् *Parv* ou bien *purv, purvâmi,* compléter,
Remplir ; de même et *pûr* et *pṛ* ; maint terme
Où de remplir le sens réside en germe ;
Tels que *pûrṇa,* plein, complet ; *piparmi* ;
Latin, plenus ; grec, πλέως, πίμπλημι.

### APPENDICE.

*Parṇakanda*, arbre ; *parṇadhwat*, chute des feuilles ; *parṇaçâlâ, parṇasi, parṇôṭaja,* cabane de feuillage, cabinet de verdure ; *parṇin,* feuillu. Le verbe *parṇayâmi* est le dénominatif de *parṇa,* feuille (en général), feuille de bétel. *Tâmraparṇa* (feuillage cuivré), surnom donné, d'après l'aspect du paysage, à l'île de Ceylan ; ce que les antiques navigateurs hellènes rendirent approximativement par *Taprobane.*

*Pardê,* péter ; gr. πέρδω ; lat. pedo ; lith. pirdis ; angl. fart ; *parda, pardana,* pet.

*Parpa,* sorte de siége à roue pour les impotents ; *parpika,* homme perclus porté sur un *parpa.* Le verbe *parpâmi* s'écrit aussi *parbâmi.*

*Parvâmi*, remplir, *pur* et *pûrvâmi*, *pûrayâmi* ; *parva*, certaines époques du mois lunaire ; *parvata,* montagne ; *parvatajâ,* rivière ; *parvatâçaya,* nuage ; *pûra,* pièce d'eau, bassin, lac ; *pûraṇa,* pluie, chute de la pluie ; *pûrnapâtra*, vase plein ; *pûrta,* comblé, rassasié ; *pûrṇamâ,* la pleine lune ; *piparmi, pṛṇâmi,* remplir : *jalêna*, d'eau ; *niswanæs,* de bruits divers ; rassasier : *havisâ,* de beurre sacré ; répandre, prodiguer : *râyas,* les biens ; protéger, défendre : *Tâ aṅhasas pipṛhi,* préserve-les du mal.

## CVI.

पर्ष् *Parš* ou *varš-ê*, devient moite, s'humecte ;
पर्ष् *Paršê* (vêdique), aime, accueille, respecte.
पल् *Pal-a*, la paille ; et *palâmi*, s'étend ;
*Pallava*, bois ; *palwala*, mare, étang.
पश् *Paç*, *paé-âmi*, noue avec une corde ;
पंश् *Panç-ayâmi*, perd sans miséricorde.
पश् *Paç-yâmi*, voir ; d'où *paçya*, voici, vois !
पा *Pâ*, *pibâmi* (latin, bibo), je bois.
पा *Pâ-mi*, venir en aide à la faiblesse,
Et la sauver de tout ce qui la blesse.

APPENDICE.

*Paršê*, *varšê*, devenir humide ; dans la langue vêdique, aimer, accueillir.

*Palâmi*, *pallâmi* (comme pad), aller ; lat. palari. *Pala*, paille ; lat. palea ; *palaxâra*, sang ; *palaŷkara*, bile ; *palâla*, lit de paille ; *palla*, liane ; *pallava*, bourgeon, branche, pousse ; *pallavayâmi*, orner, fleurir : *vâćam*, son langage ; *pallavin*, un bois, un arbre ; *palli*, village ; *palwala*, marais ; lat. palus ; etc.

*Paçâmi*, *pas* et *pašâmi*, *paçê*, *pâçayâmi*, lier ; gr. πήγνυμι ; lat. pango, fascia, fascis ; *paçu*, bête, animal faisant partie d'un troupeau ; *paçuraju*, corde pour tenir un animal ; *pâçava mânsa*, viande de boucherie ; *pâçita*, lié, attaché, noué ; *pâçin*, chasseur armé d'un nœud coulant, d'un lacet ; Yama, Varuna ; et beaucoup d'autres mots.

*Panç* et *pansayâmi*, détruire, perdre, renverser, anéantir.

*Paçyâmi*, n'a que le présent et l'imparfait ; les autres temps appartiennent à *drç* ; *paçya*, voici ; *paçyat*, clairvoyant ; *paçyatôhara*, homme qui vous vole sous vos yeux, marchand de mauvaise foi.

*Pib* et *pivâmi*, boire ; gr. πίνω, etc. ; lat. bibo, poto, etc ; *pâyâmi*, se dessécher ; *pâyayâmi*, donner à boire, abreuver.

*Pâmi*, causat. *pal* et *pâlayâmi*, conserver, garder, protéger, défendre, sauver ; gr. πάομαι ; *pâla*, protecteur, gardien ; *pâlana*, garde, protection ; et beaucoup d'autres mots, tels que : *pitṛ*, père ; gr. πατήρ ; lat. pater ; zend. patarĕ. ; goth. fadar ; germ. vater ; angl. father ; etc.

## CVII.

पि *Pi-pâya,* grâce à des travaux actifs,
J'ai vu mes champs devenir productifs.
पिञ्ज् *Piñj-ê,* je peins, je joins, j'unis, j'honore ;
*Piñjayâmi,* frappe, est puissant, sonore.
पिच्छ् *Piĉ-ĉayâmi,* fendre ; ou figurément,
Persécuter et causer du tourment.
पिट् *Piṭ, pêṭâmi,* j'entasse, j'amoncelle ;
पिठ् *Piṭ,* frappe, souffre ; ou pleurs ou sang ruisselle.
पिण्ड् *Piṇḍ-a,* monceau, tas, somme, amas, total ;
Vivres donnés ou vendus à l'étal.

APPENDICE.

*Piyâmi,* parf. *pipâya,* augmenter, accroître, rendre fertile, engraisser : *îm,* la terre.

*Pij* et *piñjê,* lat. pingo ; gr. πήγνυμι ; lat. compages, peindre, joindre, unir ; honorer ; *piñjayâmi,* être fort, prendre, donner, frapper, résonner, briller, parler ; *piñja,* force, pouvoir ; au fém. coup, injure.

*Piĉĉayâmi,* diviser, fendre, découper ; au fig. tourmenter. On écrit aussi : *piĉĉ* et *piĉĉ.*

*Pêṭâmi,* amonceler. Compar. *piṇḍê, piṇḍayâmi. Piṭa,* huche de bambou à conserver le grain, maison, cabane ; *piṭaka,* corbeille, huche à grain ; *tripiṭaka,* les Trois Corbeilles (recueil des écritures buddhiques).

*Pêṭâmi,* frapper, tuer, et aussi éprouver de la douleur.

*Piṇḍê, piṇḍayâmi,* rassembler : *axœhiṇîm,* une armée ; amasser ; *piṇḍa,* mets, aliments, moyens de vivre, portique, auvent ; *piṇḍapâta,* aumône (mot-à-mot, jet de boulettes de riz) ; *piṇḍasa, piṇḍâra,* mendiant ; *piṇḍôdakakriyâ,* l'offrande des gâteaux et de l'eau ; *piṇḍôlî,* restes d'un repas, miettes. De *piṇḍa,* sommet, vient peut-être le nom du Pinde.

## CVIII.

पिव्   *Pinw-âmi*, verse et répand quelque chose,
Gonfle, remplit, distribue, offre, arrose.
पिल्   *Pil* (comme *vil*), *pêlayâmi*, lancer;
पिश्   *Piç*, *pinçâmi*, rendre au vif, retracer,
Produire aux yeux, par sculpture ou peinture,
L'être idéal, sa forme et sa nature.
पिष्   *Piś* (au parfait *pipêśa*), *pinaśmi*,
Je pile, broie, écrase l'ennemi.
पिस्   *Pis*, *pêsâmi*, va d'une mine altière;
पिंस्   *Pins-âmi*, parle ou répand la lumière.

APPENDICE.

*Pinwâmi*, *pivâmi* (voir *pâ*), verser, répandre : *ulsam*, la pluie; distribuer : *iśam*, l'offrande ; arroser : *bûmim*, la terre ; remplir : *dênum*, la mamelle d'une vache ; au moy. être plein, gonflé : *payasâ*, de lait.

*Pêlayâmi*, envoyer, lancer, projeter.

*Pinçâmi*, figurer : *ṛbavô gâm apinçata*, ô Ribhus, vous avez modelé une vache ; orner, décorer : *pipêça nâkam sṭṛbis*, il a paré le ciel d'étoiles. Compar. *piñj* ; lat. fingo.

*Pinaśmi*, piler, broyer : *ćandanam*, du sandal, mettre en pièces : *arîn*, les ennemis ; tuer ; lat. pinsere ; *piśṭa*, poudre, farine ; *piśṭaka*, gâteau de farine ; *piśṭapûla*, autre espèce de gâteau de farine ; *piśṭavartti*, petit gâteau d'orge, de riz ou d'un légume pulvérisé ; *piśṭaswraba*, poudre de sandal ; *piśṭala*, poudre de senteur ; *piśṭapa*, monde, division d'un univers ; *pêśaṇa*, moulin, meule, mortier ; *pêśayâmi*, causat. de *piś*, écraser, broyer, tuer, etc. ; et beaucoup d'autres mots.

*Pêsâmi* et *piśyâmi*, s'avancer hardiment, aller au combat. Compar. *pêsayâmi*, causat. de *piś*, broyer, tuer, être fort, dominer, prendre, occuper, etc.

*Pinsâmi* et *pinsayâmi*, briller, et, selon l'habitude sanscrite, parler.

## CIX.

पीड् *Pîḍ-ayâmi*, presser et comprimer ;
Figurément, asservir, enfermer.

पील् *Pîl*, s'arrêter stupéfait, en présence
De quelque objet d'insolite apparence.

पीव् *Pîv-âmi* (voir plus loin *pyæ*), tu seras
(Ou tu le fus, ou tu l'es) gros et gras.

पुट् *Puṭ-ayâmi*, noue, étreint, lie, enlace ;
Et *puṭ-âmi*, s'attache à moi, m'embrasse.

पुट् *Puṭ* (au présent *pôṭayâmi*), broyer,
Etre petit, resserrer et ployer.

### APPENDICE.

*Pîḍana*, compression, oppression, vexation ; *pîḍayantragṛha*, maison de travaux forcés, prison ; *pîḍâ*, torture, affliction.

*Pîlâmi*, empêcher, être arrêté, cesser ; être stupéfait ; *pîlaka*, grande fourmi noire ; *pîlu*, tout objet qui étonne : un éléphant, un reptile, un arbre exotique, etc.

*Pîvâmi*, être ou devenir gras ; *pîvan*, *pîvara*, gros, gras ; gr. πιαρός ; *pîvarastânî*, vache aux grosses mamelles.

*Puṭâmi*, embrasser ; *puṭayâmi*, enlacer.

*Pôṭayâmi*, parler, briller ; broyer, diminuer, être et rendre petit, plier ; *puṭa*, action de resserrer, de plier en double ; cheval qui se roule ; *puṭi*, tout objet formé d'une feuille pliée en forme de cavité ; sorte d'assiette et de plat ; sorte de vêtement ; *puṭaka*, feuille pliée en entonnoir et formant comme un vase ; lotus ; *puṭagrîva*, pot, cruche ; *puṭabhêda*, détour d'une rivière ; instrument de musique ; *puṭâlaja*, parasol ; *puṭôdaka*, noix de coco ; *puṭṭayâmi*, être petit, de petite taille.

## CX.

पुड् *Puḍ-âmi*, lance, émet, lâche sa proie ;
पुण् *Puṇ-âmi* (*pû*), suivre la bonne voie.
पुण्ड् *Puṇḍ-ê*, je suis tout près d'être écrasé ;
*Puṇḍra*, du sucre est le roseau brisé.
पुथ् *Puť-yâmi*, casse, écrase, pulvérise,
Met en morceaux, tue, extermine, brise.
पुन्थ् *Punť* frappe, afflige, est lui-même attristé ;
*Punar* (adverbe), en retour, répété.
पुर् *Pur-as*, devant ; *puradwâra*, portique ;
*Purâ*, jadis ; *purâṇa*, chose antique.

APPENDICE.

***Puḍâmi***, lancer, laisser aller ; voir *muḍ* et *buḍ*, qui, plus réellement que *puḍ*, ont le second de ces deux sens.

*Puṇâmi*, être ou devenir pur ; être ou devenir bon ; vivre honnêtement ; *puṇya*, pur, juste, beau ; action vertueuse ; pureté, mérite moral ; *puṇyaka*, acte purificatoire ou méritoire ; *puṇyaganđa*, qui répand un parfum pur ; *puṇyajana*, homme vertueux ; *puṇyavat*, vertueux, pur ; *puṇyađûmi*, la Terre-Sainte (entre l'Himâlaya et le Vindhya) ; *puṇyâha*, jour sacré, jour de fête.

*Puṇḍâmi*, *puṇḍê* ; voir *muṇḍ* et *muṭ*. De cette racine viennent différents noms de végétaux et d'insectes, tels que : le lotus, la canne à sucre, le ver à soie, etc.

*Puťyâmi* ; lat. (cut) quatio, incutio. Le parfait de ce verbe est *pupôťa*.

*Punťâmi*, frapper, affliger, être affligé. Compar. *yunť*.

*Punar*, adv. de nouveau, de rechef ; en retour, en sens inverse.

*Purâmi*, précéder, marcher devant ; *pur*, *pura*, *purî*, gr. πόλις, πύργος ; germ. burg, ville, étage supérieur d'une maison ; *purâtana*, ancien, primordial ; *puravṛtta*, histoire, légende, récit purânique ; *purôga*, guide, chef ; *purôdađâmi*, mettre devant, préférer ; etc.

## CXI.

पुल् *Pul-âmi*, croît, gagne, est ou devient grand ;
*Pulâyita*, galop qu'un cheval prend.
पुष् *Puś-ṇâmi*, donne aliments, jouissance,
Prospérité, force, éclat et puissance.
पुष्प् *Puśp-a*, la fleur avec son déploîment,
Son doux parfum, son port souple et charmant.
पुस्त् *Pust-a*, le fait ou de peindre ou d'enduire,
Un livre écrit pour plaire ou pour instruire.
पुंस् *Puńs-ayâmi*, fouler aux pieds, broyer ;
पू *Pû-nê*, *pavê*, *punâmi*, nettoyer.

APPENDICE.

*Pulâmi*, *pôlâmi*, *pôlayâmi* ; *pula* grand, vaste ; *pulâka*, rapidité ; *pulla*, fleur épanouie

*Puśṇâmi*, *pôśâmi*, *pôśayâmi*, nourrir ; *puśyâmi*, être dans sa force, jouir de ; *puśâ*, espèce d'arbre ; *puśkara*, lac, étang ; *puśkala*, excellent, distingué, sublime, complet ; *puśṭi*, alimentation, prospérité.

*Puśpyâmi* (qui ne manque pas de rapport avec la racine précédente), fleurir ; figur. *puśpita vâć*, langage fleuri ; *puśpaćâpa*, Ananga (à l'arc fleuri) ; *puśpadrava*, le nectar des fleurs ; *puśpanďaya*, l'abeille ; *puśpapura*, la cité des fleurs (Pâtaliputra) ; *puśpamâsa*, le printemps ; *puśpalâvî*, bouquetière ; *puśpavṛśṭi*, pluie de fleurs ; et beaucoup d'autres mots.

*Pustayâmi*, vénérer, lier ; *pusti*, *pustaka*, *pustakî*, livre, manuscrit, liasse ; *pustakarman*, action d'oindre, d'enduire, de peindre.

*Puńsayâmi*, fouler aux pieds. Compar. *piś*.

*Punâmi*, nettoyer, purifier (au prop. et au fig.) ; pass. *pûyê*, être purifié : *adbis*, par les eaux sacrées ; *pâpânâm*, de ses péchés ; moy. *pavê*, se purifier, être pur ; *pûta*, nettoyé, purifié ; *pûti*, purification, puanteur ; *pûtika*, civette, putois ; *pûtyanda*, punaise ailée ; et beaucoup d'autres mots ; lat. purus, puto, putidus, putus, putor, etc.

## CXII.

पूज् *Pûj-ayâmi*, je respecte, j'honore,
(Mis en contraste avec *yajê*, j'adore).

पूण् *Pûṇ-ayâmi*, trop avaricieux,
J'entasse et suis toujours plus soucieux.

पूय् *Pûy-ê*, pourrit, se décompose, pue ;
Et *pûyana*, matière corrompue.

पृच् *Pṛć, pṛnaćmi*, joindre, unir, attacher,
Mettre en contact, adapter ou toucher.

पृड् *Pṛḍ-âmi* (*pṛ*), réjouir ceux qu'on aime,
Les rendre heureux, par là l'être soi-même.

### APPENDICE.

*Pûjayâmi*, j'honore les hommes; *yajâmi, yajê*, j'honore la Divinité; *pûjana*, l'action d'honorer; *pûjâ*, honneur rendu; *pûjârha*, digne d'être honoré; *pûjila, pûjya*, honorable; le beau-père.

*Pûṇayâmi*, amasser, entasser; comme *pûlâmi, pûlayâmi*.

*Pûyê, pûyayâmi* (causat.), se pourrir, puer; gr. πύθω; lat. puteo, putresco, etc.; *pûya, pûyana*, pus; gr. πῦον, lat. pus, fr. putois, punaise, etc.

*Pṛṇaćmi*, *parćâmi*, *parćayâmi*, *pṛćê*, adapter: *danuśa çaram*, une flèche sur un arc; mêler: *maḋunâ payas*, l'eau et le miel. On écrit aussi *pṛj* et *pṛñj*. *Pṛkla*, richesse, avoir; *pṛkti*, toucher, contact. Compar. *spṛç*.

*Pṛḍâmi*, réjouir et se réjouir, être et rendre heureux; *pṛṇâmi, pṛṇômi*, même signification. *Piparmi* (de *pṛ*), occuper quelqu'un de quelque chose, se conjugue avec les préfixes *vi* et *â*, surtout au moyen: *vyâpriyê*.

## CXIII.

पृथ् *Pṛt* (voyez *prat*), *partayâmi*, j'étends,
Je lance, accrois, propage avec le temps.
पृष् *Pṛś*, *parśâmi*, je donne, humecte, arrose;
पेण् *Pêṇ-âmi*, va, court, écrase une chose.
पेल् *Pêl-âmi*, tremble, oscille, est emporté,
Comme un cheval par le frein tourmenté.
पेव् *Pêv-ê*, servir, révérer, rendre hommage;
पेष् *Pêś-ê*, s'efforce, essaye avec courage.
प्यै *Pyæ*, *pyâyê*, croît en ses dimensions;
प्रछ् *Prač*, *pṛččâmi*, je fais des questions.

### APPENDICE.

Les racines *pṛt* et *prat* forment un grand nombre de mots, tels que : *pṛtavî*, *pṛtivî*, *pṛtwî*, la terre; *pṛtu*, *pṛtula*, large, vaste; gr. πλατύς; *pṛtuçêkara*, montagne, etc., etc.

*Parśâmi*, répandre, verser; *pṛśat*, *pṛśata*, goutte de pluie, goutte en général.

*Pêṇâmi*, aller, envoyer, écraser. On écrit aussi *pæṇâmi* et *læṇâmi*.

*Pêlâmi*, aller, vaciller; *pêlin*, cheval; *pêlava*, mince, léger, subtil, délicat, tendre.

*Pêvê*, honorer, servir. Compar. les racines *mêv* et *sêv*. On écrit aussi *plêvê*. — Nulle langue au monde ne possède autant de mots que le sanscrit pour signifier *hommage*, *vénération*, *honneur rendu*. C'est un signe caractéristique. L'Inde ancienne est une grande « école de respect. »

*Pêśê*, s'efforcer. Compar. les racines *yat*, *yas*, *yês*.

*Pyâyê*, devenir grand, gros, gras. Comp. *pî*. Cette racine s'écrit aussi *pyây*. Le participe est *pyâna* et *pîna*.

*Prač*, *pṛččâmi*, et *pračč*, *praččayâmi*, interroger, questionner, demander, prier quelqu'un d'accorder quelque chose, avec deux accusatifs; *praččanâ*, question, interrogation; *praśṭṛ*, interrogateur. Precari, preces viennent peut-être de là.

## CXIV.

प्रति *Prati,* c'est πρὸς ou le ποτὶ dorique;
प्रथ् *Prat'-ê,* devient chose large, publique.
प्रस् *Pras-ê,* produire, étendre, déployer;
प्राह् *Prâha,* professe, au théâtre, au foyer.
प्री *Prî-ṇâmi,* j'aime et suis dans l'allégresse;
*Prî-ti, prêman,* affection, tendresse.
प्रु *Pru, pravê,* marche, arrive à la maison;
प्रुष् *Pruś-ṭa,* brûlé; *pruświa,* chaude saison.
प्रुष् *Pruś-ṇâmi,* verse, humecte, arrose, épanche;
प्रोथ् *Prôt'-ê,* hennit; *prôt'a,* le flanc, la hanche.

### APPENDICE.

*Prati* rappelle ce passage de Théocrite : ἁ ποτὶ ταὶς παγαίσι μελιόδεται.

*Prat'ê*, s'étendre, s'accroître : *prat'atê tê yaças*, ta gloire se répand ; se développer, se divulguer, être célèbre ; *prat'iti , prat'â* , renom , célébrité ; *prat'iman*, amplitude, extension , grandeur ; *prat'imin* , large , ample, grand ; *prat'ama*, premier ; gr. πρῶτος ; lat. primus.

*Prasê*, procréer, produire. *Prasû*, mère ; *prasûyê*, engendrer ; *prasûti*, production , enfant. *Sâ prasûyatê putram*, elle met au monde un fils.

*Prâh*, professer, principalement les arts du théâtre, la déclamation, la musique, la danse. Le verbe *prahâmi* n'est plus en usage qu'au parfait.

*Prîṇâmi, prîṇê, prayâmi, prayê, priyê,* forment un grand nombre de mots, tels que : *priya*, cher, aimé, le mari, l'amant, au fém. l'épouse, la bien-aimée ; *priyakâma*, affectueux, bienveillant ; *priyatâ*, amour ; *prîṇa*, joyeux, content ; *prîṇayâmi*, réjouir, égayer ; *prêmapâtana*, pleurs de joie ou de tendresse ; etc.

*Pravê*, parf. *pupruvê,* aller vers, aborder, atteindre.

*Prôśâmi*, parf. *puprôśa* , brûler , flamber. Ce mot vêdique est probablement formé de *pra uś*. Au lieu de *prôśâmi*, on dit aussi *plôśâmi, plusyâmi, plusyâmi*.

*Pruśṇâmi*, être ou devenir humide, lâcher , arroser, répandre ; causat. *pruśayâmi*.

*Prôt'âmi, prôt'ê*, hennir , souffler l'air par les naseaux, être assez fort pour, résister à ; *prôt'a*, les naseaux, le flanc, les reins.

## CXV.

प्लक्ष् *Plax-ê* (voir *bax*), et *plaxâmi*, manger;
प्लिह् *Plih* (fait *plêhê*), se remuer, bouger.
प्लु *Plu*, *plavâmi*, l'air ou l'eau me ballotte;
Oiseau, je vole; et nacelle, je flotte;
*Plava*, *pluta*, talus, terrain glissant,
Saut ou plongeon, animal bondissant.
प्सा *Psâ-mi*, je mange; et *psâna*, nourriture,
Vivre, aliment, tout mets, toute pâture.
फक्क् *'Pakk-âmi*, rampe, avance avec lenteur,
Agit en fourbe, en fripon, en menteur.

APPENDICE.

*Plaxâmi*, *plaxê*, dévorer, manger; *plaxa*, sorte d'arbre; *plâxa*, son fruit.

*Plêhê*, se mouvoir; *plihan*, *plihâ*, *plîhan*, la rate, le spleen; gr. σπλήν, σπλάγχνον; lat. lien, lienis; angl. spleen. On dit aussi *plînâmi* et *plinâmi*. *Plihâğna*, Andersonia rohitaka (botan.), qui détruit le spleen.

*Plavâmî*, mieux *plavê*, désidér. *plusṇâmi*, naviguer: *sâgaram*, *gaṅgâyâm*, sur la mer, sur le Gange; flotter, être agité, passer d'un lieu à un autre, sauter: *Kê plavatê vâyus*, le vent bondit dans l'air; franchir (à la nage ou sur un bateau): *arṇavam*, la mer; traverser (en volant): *âkâçam*, le ciel; gr. πλέω πλεύσομαι, πλύνω, φλύω; lat. fluo, pluit, pluma; lith. plûd, nager; *plava*, gr. πλόος, πλοῖον saut, bond, action de plonger, de nager, de flotter, et beaucoup d'autres significations; *plavâkâ*, bateau, radeau; *plavayâmi*, inonder, etc.; *Plusnâmi*, sorte de désidératif de *plavê*, signifie être ou devenir humide, être glissant, lâcher, répandre, emplir.

*Psâ*, subst. fém. l'action de manger; *psâmi*, gr. ὀψῶμαι; germ. speise; *psâna*, gr. ὄψον; lat. obsonium; gr. vulg. τὸ ψωμί, pour τὸ ψωμίον, le pain. On trouve dans le grec moderne, où beaucoup de mots populaires sont antérieurs au grec ancien, plusieurs expressions qui semblent venir de la racine *psâ*, comme le νέρον (eau, Nérée, les Néréïdes) dérive du sanscrit *nâra*.

*'Pakkikâ*, argument, assertion, thèse, exposé logique.

## CXVI.

फण्. *'Paṇ-âmi*, va, serpente, et puis se dresse,
Gonflant les plis de sa gorge traîtresse.
फल्. *'Pal*, s'entr'ouvrir; *p'alya*, fleur; *p'ala*, fruit;
*'Palagrâhin*, un arbre de produit.
फुल्ल्. *'Pull-âmi*, (voir *p'alâmi*), naître, éclore;
फेन्. *'Pên-a*, l'écume autour du flot sonore.
बद्. *Bad-âmi*, ferme et solide se tient,
D'où plus d'un nom de végétal provient.
बन्ध्. *Band-a*, lien, ligature, bandage;
Figurément, obligation, gage.

APPENDICE.

*'Paṇa* et *paṇâ*, développement de la peau du cou du serpent à lunettes ou nâga; *paṇin*, *paṇa* et *paṇâ-kara*, *dara*, *bṛt*, *vat*, le nâga, *paṇitalpaga*, Vishnu, qui a pour lit le serpent Ananta; *paṇiçwara*, Ananta, roi des Nâgas; *paṇipriya*, le vent (cher aux nâgas). Le causatif *paṇayâmi* veut dire envoyer, faire aller.

*'Palâmi*, se fendre, s'entr'ouvrir : *çatada asya palên mûrdâ*, sa tête se briserait en cent morceaux; *hṛdayam mê palati*, mon cœur se brise; porter ses fruits : *adarmas palati*, l'iniquité porte ses fruits; *pala*, fruit, au fig. résultat, récompense, gain, don, pointe d'épée, de flèche, de couteau, soc de charrue; et beaucoup d'autres mots.

*'Pullâmi* (voir *pal*), s'épanouir, fleurir; *pulla*, épanoui, entr'ouvert; gr. φύλλον; lat. folium, flos; germ. blume; *pulli*, épanouissement.

*'Pêna*, écume; slav. pjena. *'Pêna-la*, *pênavat*, écumeux; *pênâgra*, bulles d'écume; *pênayâmi*, écumer.

*Badâmi*, être ferme, demeurer solide. Compar. *bal*.

*Badnâmi*, *badnê*, *bandayâmi*, lier, attacher, fixer, punir, prendre, saisir, frapper, blesser; *bandu*, allié, parent, ami; *bandayâmi*, faire lier, faire attacher; et beaucoup d'autres mots. Goth. bond; lith. banda; germ. binden. *Pâpêna na badyatê*, il n'est pas lié par le péché.

## CXVII.

बर्ह् *Barh-ê*, je prends la parole, et je dis;
J'ai de l'éclat; je brille et resplendis.
बल्ल् *Bal-ê*, je vaux, ma tige est vigoureuse;
बह्रु *Bahu* (de *baṅh*), maint, en foule nombreuse.
बाड् *Bâḍ-ê*, de l'eau, des bains est amateur ;
बाल्ल, बाह्ल *Bâla*, l'enfant; *Bâhu*, bras, serviteur.
बिन्द्, बिस् *Bind-âmi*, fend; *bis-yâmi*, lance, envoie;
बुक्क् *Bukk-ayâmi*, brait, rugit, hurle, aboie.
बुट् *Buṭ*, *bôṭami*, *bôṭayâmi*, frapper;
बुड् *Buḍ-âmi*, couvre, ou bien laisse échapper.

APPENDICE.

*Barhâmi*, *barhayâmi*, *barhê*. On écrit aussi : *vṛh*, *balh* et *varh*.

*Balayâmi*, *balayê*, *balê*, vivre, rentrer son grain et le mettre dans des coffres; *balâmi*, nuire à la prospérité d'autrui; *bala*, force, vigueur; lat. valeo, validus. *Balabadra*, homme robuste; *balavat*, fort, puissant, adv. fortement, beaucoup; *balât*, avec force, par force; *balâtkâra*, acte de violence; et bien d'autres mots.

*Bâḍê* ou *bâdê*, se baigner, sortir de l'eau; gr. βαλανεῖον; lat. balneum; germ. bad; angl. bath.

*Bala*, subst. enfant; adj. enfantin; *balâ*, petite fille.

*Bâh* et *vâh*; *bâha* et *bâhâ*, *bâhu* et *vâhu*, le bras; gr. βραχίων; lat. brachium. *Bâhuka*, *vâhuka*, serviteur, servile; *bâhukunṭa*, aile; *bâhutrana*, brassard; *bâhûbâhavi*, adv. corps à corps; et beaucoup d'autres mots.

*Bindâmi*, ou *bidâmi* et *bidâmi*, *bilâmi*, *bisyâmi*, fendre, partager, quelquefois lancer. Lat. findo, fidi, fissus.

*Bukkâmi*, *bukkayâmi*, pousser des cris de toutes sortes, parler; *bukkâ*, *bukkî*, *bukkâgramânsa*, le cœur; *bukkana*, *bukkâra*, cri, rugissement du lion; *bukka*, bouc, cet animal dont le nom (germ. bock, basse latin. buccus) a fort occupé les étymologistes.

*Bôṭâmi*, frapper, blesser, tuer.

*Buḍâmi*, comme *munḍ*, couvrir; et comme *puḍ*, laisser aller, lâcher.

## CXVIII.

बुध् *Buđ*, s'éveiller, comprendre, voir, connaître;
*Buđđa*, savant; un sage, un saint, un maître.
बुन्ध् *Bunđ-ayâmi*, tenir ferme, lier;
बुल् *Bul* (au présent *bôlayâmi*), noyer.
बुष्, बुस् *Buś*, *bus-yâmi*, répandre avec largesse;
*Busa*, fumier, bouse (en français), richesse.
बुस्त् *Bust-ayâmi*, j'ai respect ou mépris
Pour quelque objet dont je connais le prix.
ब्रू *Brûmi*, *bruvê*, *bravîmi*, je pérore;
भक्ष् *B'ax-ayâmi*, je mange, je dévore.

### APPENDICE.

*Bôđâmi*, *bôđê*, *buđyê*, *bunđâmi*, *buđâmi*, *bundâmi*, *bundê*, *budâmi*, *budê*, *bôdâmi*, *bôdê*, vêdiq. *buđnâmi*, partic. *buđđa*; remarquer, observer, percevoir, apprendre, découvrir, connaître, savoir, penser, réfléchir, d'où le *Buđđa*, l'intelligence par excellence, le λόγος de Dieu. *Buđđi*, intelligence, raison, réflexion, science; *buđđaguru*, un buddha enseignant, un guru buddhiste; et beaucoup d'autres mots. Gr. πυθ (ἐπυθόμην); zend, budh; lit. bundu. *Bôđa naḥ slômaṃ*, fais attention à notre hymne.

*Buđnâmi* et *bunđayâmi*, attacher, garrotter. Compar. *banđ*.

*Bôlayâmi*, plonger, submerger.

*Buś* et *busyâmi*, distribuer, répandre : *jalam*, de l'eau. *Buś* et *busa*, eau, paille, bouse de vache sèche, lait caillé, richesse. Comparez *vyuś*.

*Bustayâmi*, apprécier; honorer; dédaigner, mépriser.

*Brûmi*, *bruvê*, *bravîmi*, parler, dire; gr, φράζω. Ce verbe n'est usité qu'au présent et à l'imparfait.

*'Baxâmi*, *ƃaxê*, *ƃaxayâmi*, manger, dévorer; gr. ἔφαγον. *'Baxa*, qui mange (en composition); *ƃaxaka*, mangeur, vorace; *ƃaxakâra*, pâtissier; *ƃaxaṇa*, action de manger; *ƃaxita*, aliment; *ƃaxya*, mangeable, comestible, aliment préparé; *ƃaxyakâra*, boulanger. *'Baxâmi* est une sorte de désidératif de *ƃaj*, *ƃuj*.

## CXIX.

भज्  *B'aj*, fait les parts ; *ƃajana*, droit sacré ;
*B'aga*, divin ; *ƃagavat*, vénéré.
भञ्ज्  *B'añj*, *ƃanajmi*, brise d'une main forte ;
*B'añjayâmi*, brille, éclate, s'emporte.
भट्  *B'aṭ-âmi*, loue, embauche, engage, prend
A son service un être qui se vend.
भण्  *B'aṇ-âmi*, nomme, appelle une personne ;
D'où *ƃaṇita*, ce qu'on dit, ce qui sonne.
बण्ट्  *B'aṇṭ-ayâmi*, cherche à nous abuser ;
भण्ड्  *B'aṇḍ-a*, railleur, de nous veut s'amuser.

APPENDICE.

*'Bajâmi*, *ƃajê*, diviser, partager, donner : *ƃagam ƃaxi nas*, donne-nous une part de bonheur ; honorer, respecter : *dêvân*, les dieux ; *kulam*, la famille ; obtenir en partage : *prajâm*, des enfants ; posséder : *swatantratâm*, l'indépendance ; *ƃajamâna*, qui échoit en partage, destiné à ; *ƃajana*, adoration, honneur rendu. *'Baga*, en perdant seulement son esprit rude, est devenu dans la langue perse un substantif signifiant *Dieu*. Nous lisons, dans une des inscriptions de Xercès : *Auramazdâ hya mathista bagânâm*, c'est-à-dire Ὁρομασδης ὁ μέγιστος τῶν θεῶν.

*'Banajmi*, briser : *ďanur maďyê*, un arc par le milieu ; lat. frango ; gr. ῥήγνυμι. *'Bañjayâmi*, causat. faire briser. *'Baŷgi*, fracture ; *ƃaŷgin*, *ƃaŷgura*, fragile ; *ƃakti*, division, partage.

*'Baṭâmi*, embaucher, engager, louer, nourrir. Comme plus haut *ƃañjayâmi*, et plus bas *ƃaṇâmi*, le verbe *ƃaṭayâmi* veut dire aussi parler, briller. *'Baṭa*, soldat, mercenaire, homme non-âryen ou de caste vile, esprit ou démon malfaisant.

*'Banâmi*, nommer, appeler, rendre un son ; *ƃaṇita*, qui résonne, qui parle, chose dite, prononcée, nommée ; *ƃaṇiti*, parole, ce que l'on dit.

*'Baṇṭayâmi*, tromper.

*'Bandê*, récriminer, faire des reproches, railler, plaisanter ; *ƃaṇḍa*, railleur, bouffon, mime ; *ƃaṇḍana*, reproche, querelle, guerre, malice, méchanceté.

## CXX.

भद्    *B'aḍ, ɓaṇḍ, ɓand-ê;* j'augure, je présage;
D'où *ɓaṇḍila*, porteur d'un bon message.
भर्भ्, भर्व्    *B'arɓ, ɓarv-âmi*, se bat, se repaît, mord;
भल्    *B'al-ê* (βάλλω), frapper, donner la mort.
भष्    *B'aś-âmi*, crie, ou (plus mot-à-mot) jappe;
भस्    *B'as, baɓasmi*, de ses rayons nous frappe.
भा    *B'â-mi*, paraît, plaît à l'œil enchanté;
*B'â*, (voyez *ɓâs*), lumière, éclat, beauté.
भाष्    *B'âś-ê*, converse ou raconte une histoire,
Parle, décrit, fait un réquisitoire.

### APPENDICE.

*'Baḍ* ou *ɓaṇḍayâmi, ɓandê*, présager, augurer, être ou rendre heureux; *ɓaṇḍila, ɓadâka*, heureux, de bon augure; messager, courrier; *ɓaḍanta*, brillant, respectable, vénérable; *ɓadra*, heureux, prospère, vertueux, pur, excellent; *ɓâdraṃ tê*, salut à toi, porte-toi bien, sois heureux. Le mot *ɓadra* est d'un grand usage et forme beaucoup de composés. *'Bandê*, être heureux, bon, supérieur aux autres; *ɓandayâmi*, causat. rendre heureux; *ɓandila*, prospérité, bonheur; et beaucoup d'autres mots.

*'Barɓ* et *ɓarvâmi*, vêd. combattre; manger.

*'Bal* ou *ɓallê, balê, ɓâlayê*, gr. βάλλω, tuer; raconter, décrire.

*'Baśâmi*, aboyer, crier, criailler; *ɓaśa, ɓaśaka*, chien; *ɓaśi*, chienne; *ɓaśaṇa*, aboiement.

*Baɓasmi*, brûler, briller; effrayer, menacer; manger, dévorer; *ɓasad*, le soleil, le temps; *ɓasita*, cendre; *ɓasûćaka* (*ɓa*, étoile), astronome, astrologue; et beaucoup d'autres mots. *'Bas* (vêd.) est pour *ɓras*; voyez *ɓâs*.

*'Bâmi, bâyê*, briller (au prop. et au fig.), apparaître, paraître, être en vue; gr. φάω, φαίνω; *ɓâ, ɓâla*, lumière, éclat, beauté; *ɓâkôsa*, le soleil.

*'Bâśâmi, ɓâśê*, dire, interpeller; *ɓâśana*, manière de parler, *ɓâśâ*, langage, style, dialecte vulgaire, plaidoyer, réquisitoire; *ɓâśin*, qui parle, qui raconte; *ɓâśya*, commentaire; *ɓâśyakâra*, glossateur; et beaucoup d'autres mots. *'Bâśanti parasparam*, ils conversent ensemble.

## CXXI.

भास् *B'âs-âmi*, brille, apparaît ; *ƀâs*, rayon ;
भिक्ष् *B'ix-ê*, mendie, est couvert d'un haillon.
भिद् *B'id*, *ƀinadmi*, *ƀindê*, je fends, je brise ;
(Latin findo), je déchire et divise.
भी *B'î-ti*, *ƀîta*, *ƀî*, crainte, effroi, terreur ;
*B'îma*, *ƀîšma*, terrible, plein d'horreur.
भुज् *B'uj-a*, la main ; de l'éléphant la trompe ;
*B'ujâmi*, courbe un corps sans qu'il se rompe.
भुज् *B'uj* (à la fin des composés), mangeur ;
*B'uji*, le feu, dévorant et rongeur.

APPENDICE.

*'Bâsâmi*, *ƀâsê*, briller ; *ƀâs*, *ƀâsas*, lumière, rayon, désir ; gr. φῶς ; *ƀâsanta*, brillant, lumineux, beau, le soleil, la lune, une étoile ; *ƀâsayâmi*, causat. éclairer, illuminer, faire briller, montrer ; etc.

*'Bixê*, mendier, demander ; *ƀixa*, etc., mendicité ; *ƀixaka*, etc., mendiant ; *ƀixuṇî*, religieuse mendiante ; *ƀixusaṅga*, assemblée de religieux ; *ƀixusaṅgâtî*, haillon que portent les moines mendiants ; *ƀixyâmi*, mendier.

*'Bid*, etc., brisure, fente, fêlure, portion, morceau, fragment ; *ƀidaka*, *ƀidi*, etc., la foudre ; *ƀinna*, brisé, fendu, percé. *'Binadmi*, je perce : *çarêna*, d'une flèche ; je désunis : *mitrân*, des amis ; je transgresse : *samayam*, un ordre.

*'Biƀêmi*, je crains ; gr. φόβος ; *ƀîru*, timide, peureux ; *ƀîšayê*, effrayer épouvanter ; *ƀîšaṇa*, effrayant, épouvantable, etc.

*'Bujâmi*, courber, fléchir ; *ƀugna*, courbé, fléchi ; *ƀuja*, adj. courbe ; subst. le bras, la main, la trompe de l'éléphant ; lat. pugnus ; *ƀujaga*, serpent (qui va par courbes).

*'Buj*, vêd. pour *ƀruj*, *ƀunajmi*, *ƀuñjê*, manger, percevoir le fruit de, jouir de : *kâmân*, l'objet de ses désirs ; *râjyam*, la royauté ; *mâhîm*, la terre ; lat. fructus, fruor (1), fruges ; *ƀujyu*, nourriture ; *ƀuñjâna*, possesseur, usufruitier ; et beaucoup d'autres mots ayant le sens ou de serpent, ou de destructeur de serpents, etc.

(1) Le *fungi*, *fungor* latin a le sens du sanscrit *'buj*. *S'acquitter* n'est que postérieur ; *consumer*, *dévorer*, etc., était la signification antique. Ainsi, le *droit romain* distingue les choses *en fongibles* et *non fongibles*. Les *non fongibles*, c'est par exemple une maison, un champ ; et celles-là, on peut les *commodare* (prêter). Les *fongibles*, sont celles dont on ne peut user sans les consommer, telles que du *blé*, du *vin*, de *l'argent* ; or, de telles choses, on ne saurait les *commodare*, on ne peut que les *mutuas dare* (les donner à charge de revanche). Toute la jurisprudence romaine *distingue* entre ces deux sortes de *prêts*, que nous autres modernes nous confondons. Le *fungi* latin est donc le *'buj* sanscrit, qui veut dire *consommer*.

## CXXII.

भू *B'û*, φύ des Grecs; latin, fuit ; c'est naître,
Germer, pousser, devenir, le verbe être [1].
भूष् *B'ûṡ-ayâmi, ƀûṡâmi*, décorer ;
*B'ûṡ-ê*, de même, embellir et parer.
भृ *B'ṛ*, *barâmi* (fero), j'aide et je porte ;
D'où *ƀratṛ*, frère, aux siens prêtant main forte.
भृज् *B'ṛj*, d'où *ƀarjê*, fait frire ou fait rôtir,
भृश् *B'ṛç-yâmi*, court, tombe et doit en pâtir.
भॄ *B'ṝ-ṇâmi*, blâme, et censure, et gourmande,
Reproche un tort, fait une réprimande.

[1] C'est une erreur de croire que φύ n'existe pas seul en grec. L'aoriste second, qui renferme toujours la racine pure des verbes à la troisième personne, est ἔφυν, ἔφυς, ἔφυ, Soit φύ (sanscrit *ƀu*), si l'on supprime l'augment, comme cela se rencontre dans le style homérique.

APPENDICE.

*'Bû*, la terre ; *ƀûta*, ce qui est ; un fils, un être vivant, un fait, un élément ; *ƀûti*, l'existence ; *ƀûmî*, un lieu, une place ; *ƀâva*, l'essence, la substance ; *ƀâvayâmi*, faire exister, produire, conserver ; gr. φύω, βῶμος, φυσὶς, φυτὸν, φυτεύω ; lat. fui, futurus, fore ; angl. be ; allem. bin et bist ; pers. bud. Cette racine engendre un nombre considérable de dérivés.

*'Bûṡaṇa, ƀûṡâ*, ornement, décor.

*'Barâmi, ƀarê, biƀarmi*, porter : *ďanus*, un arc ; soutenir, supporter : *lôkatrayam*, les trois mondes ; sustenter, nourrir : *ďaridrân*, les pauvres ; avoir, posséder : *çriyam*, le bonheur ; remplir : *jaṭaram*, son ventre ; gr. φέρω ; lat. fero, porto ; *ƀṛt*, à la fin des composés, veut dire qui porte, qui soutient, qui nourrit ; *ƀṛti*, action de soutenir, de nourrir, gages, salaires, rentes.

*'Barjê*, parf. *baƀṛjê*, partic. *ƀṛkta* ; *ƀrjana*, poêle à frire.

*'Bṛçyâmi*, tomber ; *bṛça*, excessif ; *ƀṛçam*, adv. excessivement ; *ƀṛçatâ*, excès, véhémence ; *ƀṛçâyê*, dénominat. se multiplier.

*'Bṝnâmi* veut dire, en outre, soutenir, porter, comme *ƀṛ* ; frire, comme *ƀṛj* ; courber, comme *ƀuj*.

## CXXIII.

भ्रज्ज् *B'rajj-ayâmi, ƀṛjjê*; latin, frigo ;

Français, fricot (de frire) ; en grec, φρύγω.

भ्रण् *B'raṇ*, comme *draṇ* et *swaṇ-âmi*, résonne ;

भ्रम् *B'ram-âmi*, rôde, est errant, tourbillonne.

भ्रंश् *B'raṅç* et *ƀraṅs-ê, ƀraçyê*, tomber, déchoir ;

भ्राज् *B'râj-ê*, splendide et brillant se fait voir.

भ्री *B'rî-ṇâmi*, craint, s'irrite, s'exaspère ;

भ्रू, भ्रूण् *B'rû*, le sourcil ; *ƀrûṇ*, se figure, espère.

भ्रेज् *B'rêj-ayâmi*, je suis resplendissant ;

भ्रेष् *B'rêś-âmi*, bronche et va s'affaiblissant.

APPENDICE.

*'Bṛjjâmi, ƀṛjjê, ƀrajjayâmi*, partic. *ƀṛṣṭa*, faire cuire. Compar. *ƀṛj, ƀarjê*, partic. *ƀṛkta*.

*'Branâmi*; comp. *draṇ* et *swaṇâmi*.

*'Bramâmi, ƀramyâmi, ƀrâmyâmi*, errer, aller çà et là ; au fig. divaguer ; parcourir au hasard : *dêçam*, un pays ; commettre une erreur ; *ƀrama*, action d'errer, mouvement en rond, tourbillon ; *ƀrami*, rotation, tour de tourneur, roue de potier ; *ƀramin*, qui va çà et là, qui erre, qui tourne, etc.

*'Braṅçê, ƀraçyâmi, ƀraçyê, ƀraṅsê*, tomber, déchoir : *râjyât*, de la royauté ; *ƀraṅça*, chute, privation, perte, dommage ; *ƀraṅçayâmi*, faire tomber, priver de.

*'Brâjâmi, ƀrâjê*, briller, resplendir : *agnir iva, ravir iva*, comme le feu, comme le soleil ; gr. φλέγω ; lat. fulgeo, flagro ; français, braise. On écrit aussi *ƀrâçê, ƀrâçyê*.

*'Brîṇâmi* et *ƀriṇâmi*.

*'Brû*, angl. brow, gr. ὀφρύς (pour φρύς), franç., front et froncer. On sait que le grec ajoute souvent un *o* initial surabondant : ὄνομα pour νόμα, ὀδόντος pour δόντος, ὀδύνη pour δύνη, etc.

*'Brûṇayê*, se figurer, soupçonner, s'imaginer, souhaiter.

*'Brêjayâmi, ƀrêjê*, briller.

*'Brêśâmi, ƀrêśê*, vaciller, broncher ; *ƀrêśa, ƀrêśana*, action d'aller, mouvement ; le fait de vaciller, de chanceler ; au fig. écart moral, chute, faiblesse.

## CXXIV.

म *Ma*, tout ce qui, soit incertain, soit ferme,
Rapide ou lent, marche droit vers son terme :
Le jour, la nuit, la lune, la saison,
Le bien, le mal, l'eau, la mort, le poison.
मक्क् *Makk-ê*, se meut selon sa fantaisie ;
मक्ष् *Makś-âmi*, cache avec hypocrisie.
मक्ष् *Maẋ-â*, bientôt (mox, latin). *Maγk*, parer ;
मङ्क् D'où *maγkura*, miroir pour s'admirer.
मच् *Mać*, est méchant, vaniteux. *Majj*, se noie ;
मञ्च् *Mañć-ê*, s'élève, est dressé ; suit sa voie.

### APPENDICE.

*Ma* représente aussi Brahmâ, Vishnu, Çiva, Yama, Laxmî.

*Makkê*, ou *maśkê*, *maskê*, *maḱâmi*, *maγkê maγḱê*, *maγḱâmi*, *maγgâmi*, *maγǵâmi*, *mañćê*, tout cela, c'est aller. Et rien ne prouve que telle ne soit pas, tout simplement, l'origine du verbe MARCHER, dont on se tourmente tant pour chercher l'étymologie.

*Maxa*, hypocrisie qui cache ses défauts ; *maxikâ*, *maxîkâ*, mouche ; lat. musca.

*Maγkê*, *maγǵâmi*, *maγǵê*, orner, parer ; *maγkṛ*, qui pare ou baigne une personne.

*Maćê*, *mañćê*, être vain, orgueilleux, méchant ; tromper, broyer.

*Majjâmi*, *majjê*, être submergé, s'abîmer, se noyer : *amƀasi*, dans l'eau ; être plongé : *ćôkasâgarê*, dans une mer de douleur ; perdre courage : Lat. mergo. *Majjayâmi*, causat. submerger, plonger, noyer, enfoncer. *Majjana*, plongeon, bain, ablution ; *majjan* et *majjâ*, la moelle.

*Mañćê*, s'élever, se dresser, tenir ; *mañća*, *mañćaka*, lit, estrade, échafaud, plate-forme ; *mañćamaṇḍapa*, sorte d'estrade ou de pavillon dressé pour certaines cérémonies. Un autre *mañć* (*mañćâmi*) signifie aller droit devant soi.

## CXXV.

| | |
|---|---|
| मञ्ज् | *Mañj-ayâmi*, bruyamment essuyer, |
| | Purifier, orner ou nettoyer. |
| मठ् | *Maṭ-a*, couvent, temple, chapelle, asile, |
| | Dont maint brâhmane a fait son domicile. |
| मण् | *Maṇ*, retentit ; l'air en est ébranlé ; |
| मण् | *Maṇ-i*, bijou, perle ; d'où « monile. » |
| मण्ठ् | *Maṇṭ-ê*, j'ai l'âme aux regrets condamnée ; |
| मण्ड् | *Maṇḍ-a* (mundus), parure, tête ornée. |
| मत्स् | *Mats-a*, poisson, fend les flots écumants ; |
| मथ् | *Mat'*, trouble, agite, ou cause des tourments. |

APPENDICE.

*Mañjara*, bourgeon, bouton, pédoncule, pétiole, perle ; gr. μάργαρον ; lat. margarita ; *mañjira*, ornement pour les pieds ; *mañjila*, village habité par des blanchisseurs ; *mañju*, *mañjula*, beau, agréable ; et beaucoup d'autres mots. Voir *mârjayâmi*.

*Maṭ'âmi*, habiter ; *maṭ'a*, sanctuaire, collége ou couvent de brâhmanes.

*Maṇami*, résonner, signifie aussi briller.

*Maṇi*, pierre précieuse, bijou, perle ; *maṇikâra*, bijoutier ; *maṇigaṇa*, rangée de perles ; *maṇidwîpa*, l'aigrette du serpent Ananta ; *maṇid'anus*, l'arc-en-ciel ; *maṇipûra*, corset de femme richement orné ; *maṇimat*, paré de bijoux, le soleil ; *maṇinâlâ*, collier ; et beaucoup d'autres mots. De *maṇi*, le grec μάννος, et le latin monile.

*Maṇṭ'ê*, je regrette.

*Maṇḍâmi*, être orné, paré ; moy. se parer ; act. vêtir, décorer ; *maṇḍayâmi*, orner, parer, réjouir, égayer ; *maṇḍa*, *maṇḍana*, *maṇḍayanta*, ornement, parure. Lat. mundus (le coffret des parures). Cette racine forme un très-grand nombre de dérivés et de composés.

*Mat'* (*mant'* ou *mânt'*) *âmi*, agiter ; *samudram*, la mer ; *hṛdayam*, le cœur ; *mat'ana*, agitation ; *mat'ila*, lait de beurre ; *mat'in*, bâton de baratte.

## CXXVI.

मद् *Mad-a*, l'ivresse, ou la force égarée ;
मधु *Madu*, μέθυ, doux, de saveur sucrée.
मन् *Man-yê*, penser ; d'où *manas*, la raison,
L'esprit; *Manu*, l'homme, en a pris son nom.
मभ्र्, मय् *Mabr-âmi*, va ; (*mayâ*), trotte ou galope ;
*Maya*, chameau, cheval, mule, antilope.
मल् *Mal* et *mallê*, ma main possède et tient ;
*Mala*, sordide et souillé (*mal* en vient).
मश् *Maç*, fait du bruit ; parfois s'irrite et gronde ;
मष् *Maŝ-âmi*, frappe et massacre à la ronde.

### APPENDICE.

*Mâdyâmi*, *madâmi*, *mandâmi*, *mandê*, être ivre, s'enivrer, dormir, être languissant, apathique ; *mamadmi*, enivrer; *madayâmi*, réjouir, se réjouir, s'enivrer ; *madana*, liqueur enivrante, le printemps, Kâma ; *madyapa*, buveur de vin ; *madra*, joie, le pays de Madra ; *madrâyâmi*, se réjouir ; *manda*, endormi, lent, tardif, paresseux, fou ; *mandayâmi*, enivrer, égayer ; angl. mad, fou enragé ; ital. matto, délirant ; grec μέθυ, le mustum ou vin doux. De Mada vient peut-être le nom de l'antique Médée (la furieuse).

*Manyê*, *manyâmi*, *manâmi*, lat. memini ; *manana*, l'action de penser ; *manas*, gr. μένος, lat. mens, l'intelligence ; *manu*, l'homme (l'être pensant) ; *mantu*, la pensée ; *mantṛ*, un penseur ; et beaucoup de mots composés.

*Mabrâmi*, *marbâmi*, *marvâmi*. *Maya*, chameau ou mulet.

*Mala*, adject. sale, sordide, avare ; subst. boue, ordure, rouille ; lat. malus, malum ; et peut-être macula. Le nom français Amélie pourrait se traduire en sanscrit *amalâ*, sans tache. *Malina*, fangeux, noir, souillé par le péché ; gr. μέλας, μέλανος, etc.

*Maçaka*, moucheron, moustique ; *maçahari*, moustiquaire ; *maçuna*, chien.

*Maŝâmi*, frapper, blesser, tuer.

## CXXVII.

मस्   *Mas*; mesurer, ou bien (autre valeur),
      Changer d'aspect, de forme et de couleur.
मस्क्, मस्त्   *Mask-ê*, marcher. *Masta*, c'est crâne ou tête ;
मह्   *Mah-ê* (mactat), immole au dieu qu'il fête.
मंह्   *Mańh-ê*, donner ; parler, briller, grandir ;
मा   *Mâ*, le μὴ grec ; *Mâ* (mimê), retentir.
मा   *Mâ*, mesurer, faire un juste partage ;
      D'où *mâtṛ*, MÈRE, arbitre aimable et sage.
माङ्क्ष्   *Mâγ̇x* (comme *kaγ̇x*), désirer, regretter ;
मान्थ्, मन्थ्   *Mânt'* (*mant'* aussi), tous les sens d'agiter.

### APPENDICE.

*Mas*, comme *mâ*, mesurer ; d'où, *masti*, mesurage, pesage ; et plusieurs autres mots.

Dans le sens neutre, *masyâmi* veut dire : changer soi-même, dépérir, vieillir.

*Masi*, encre ; *masiđâna*, encrier ; *masurî*, petite vérole.

*Maskarin*, la lune ; brâhmane mendiant qui marche à l'aide d'une canne de bambou.

*Masta*, tête : mot d'une origine incertaine.

*Mahâmi*, lat. mactare ; *maha*, sacrifice ; *mahaka*, homme éminent ; *mahat*, grand ; gr. μέγας, lat. magnus, lith. macnus. *Mahana*, honorable ; et beaucoup d'autres mots dérivés ou composés.

*Mańhê* se confond avec *mahâmi*, dans le sens de croître, augmenter.

*Mâ* est le grec μὴ, négatif et prohibitif.

*Mimâmi, mimê : vidyun mimâti*, la foudre retentit.

*Mâmi, mimê, mâyê*, mesurer, délimiter, distribuer, assigner, disposer, façonner, produire ; *mâtṛ*, la mère ; gr. μητὴρ, lat. mater (celle qui distribue les parts dans la maison) ; lith. motĕ, germ. mutter, ang. mother, etc. ; *mâtra*, mesure, matière ; gr. μέτρον ; lat. materies ; *mâpayâmi*, faire mesurer ; *mâpana*, une balance, etc.

On voit que *mâγ̇xâmi* et *mânt'âmi* ont la même signification que *kâγ̇xâmi* et *mant'âmi*.

## CXXVIII.

माह्      *Mâh-ê,* (voir *mah*), célèbre des mystères ;
          Ou, comme *mâ*, toise, arpente des terres.
मि्       *Mi-nwê,* je lance, ou renverse et détruis ;
मिछ्      *Mič̈ (pič̈)-âmi,* je tourmente, je nuis.
मिथ्      *Mit̆, mêt̆âmi,* blesse et veut tuer même ;
          Sait et comprend. *Mid,* est propice, il aime.
मिन्व्    *Minw-âmi,* verse et répand sur l'autel ;
मिल्      *Mil-ê,* se joint, s'unit à tel ou tel.
मिष्      *Miç, mêçâmi,* gronde et fait que tout tremble ;
मिश्र्    *Miçr-ayâmi,* mêle, confond ensemble.

### APPENDICE.

*Mâhâmi, mâhê,* honorer, mesurer. Compar. *mah* et *mâ.*

*Minómi, minwê,* jeter, lancer, renverser, détruire.

*Mič̈âmi,* comparez *pič̈ayâmi,* diviser, fendre, tourmenter.

*Mêt̆âmi, mêt̆ê,* rac. *mit̆* ou *mid̆* et *mêt̆*. Ce verbe signifie aussi connaître, savoir.

*Médyâmi, médayâmi, médê,* être ou devenir gras, luisant, onctueux ; être propice ; aimer. Dans ce dernier sens, on dit aussi *mindayâmi.* Partic. *minna,* aimé.

*Minwâmi,* ou *ninwâmi*, *mivâmi,* arroser, honorer.

*Milâmi, milê,* aller à la rencontre, s'assembler, faire alliance ou société.

*Méçâmi,* retentir, s'irriter. Compar. *maç.*

*Miçrayâmi,* lat. *misceo,* gr. μίσγω, est le dénominat. de *miçra,* mêlé, mixte, subst. mélange. Misceo et μίσγω ont perdu leur *r*, mais cette consonne était radicale. Adoucie en *l*, elle s'est conservée dans les langues néo-latines : italien, *mescolare* ; espagnol, *mezelar* ; français, *mesler, mêler.*

## CXXIX.

| | |
|---|---|
| मिश् | *Miś*, d'où *miṣṭa* (participe passé), |
| | Doux, mais surtout répandu, renversé. |
| मिष् | *Miś-a*, l'envie et l'abjecte imposture; |
| मिस् | *Mis-yâmi*, passe et plus loin s'aventure. |
| मिह् | *Mih*, voyez *minw* (*miha*, pluie), uriner; |
| मी | *Mî-nâmi*, perdre, à jamais ruiner. |
| मीम्, मील् | *Mîm* est bruyant; *mîl*, ferme sa paupière |
| | *Muḱa*, visage, ou bouche, ou voix première. |
| मुच् | *Muć*, *muñćâmi*, délier, dégager; |
| मुछ् | *Muč*, comme *puč* et *yuč*, c'est négliger. |

### APPENDICE.

*Mêśâmi*, répandre : *udakam*, de l'eau ; *miṣṭânna*, chose suave, confiture, mets sucré, assaisonnement doux.

*Miśâmi*, résister, rivaliser, disputer; ouvrir ou fermer les yeux ; *miśa*, envie, tromperie, fraude.

*Misyâmi*, *mayâmi*, *mâyayâmi*, vêd. *mîmâmi*, aller, passer, traverser; au fig. comprendre.

*Mêhâmi*, arroser, uriner. Voir *minw*, lequel répond au lat. mingo et meio, au gr. ὀμιχέω. *Mihiká*, gelée, gelée blanche, gr. ὀμίχλη ; *mihira*, nuage, vent, le soleil, la lune ; *milhuś*, forme vêdique de *miḍwas* (*mih*), pluvieux,

*Minâmi*, détruire : *rûpam jarimâ mînâtî*, la vieillesse détruit la beauté; *mîma*, mer ; *mîvara*, méchant.

*Mimâmi*, *mîmayâmi*, aller, résonner.

*Mîlâmi*, fermer les yeux, cligner, se fermer; causat. *mîlayâmi*; *mîlita*, entr'ouvert (en parlant des fleurs); *mîlana*, clignement, clin.

*Muḱa* (comme l'os des Latins) signifie à la fois bouche et visage; quelquefois aussi le son de la voix. Il marque en outre la priorité, la principauté, l'initiative ; *muḱa*, c'est l'entrée en matière, aussi bien que l'entrée d'une maison. Est-ce de *muḱa* que vient le français moquer et faire la moue, mots sur lesquels on a beaucoup disputé ?

*Muñćâmi*, *muñćê*, *muncê*, délier, délivrer : *narakât*, de l'enfer : répandre : *varśam*, la pluie ; lancer : *vajram*, la foudre ; omettre : *darmyâm kriyâm*, un acte obligatoire ; ôter : *prâṇân*, la vie ; émettre : *ćabdam*, un son. *Mućira*, généreux, libéral.

*Muććâmi*, être négligent, paresseux.

## CXXX.

मुज् *Muj, môjâmi*, mugir dans la campagne ;
मुञ्च् *Muñć-âmi*, va, suit quelqu'un, l'accompagne.
मुट् *Muṭ-âmi*, broie et veut anéantir ;
मुड् *Muḍ-âmi*, jette, émet, laisse partir.
मुण् *Muṇ-âmi*, donne assurance et promesse ;
मुण्ट् *Muṇṭ-ê*, de fuir, de s'esquiver s'empresse.
मुण्ड् *Muṇḍ-a*, barbier, tête rasée à fond ;
Car *muṇḍâmi* nettoie, ébranche et tond.
मुद् *Mud* et *mudâ* (voir *mada*), l'ivre joie,
La gaîté folle où l'excès se déploie.

### APPENDICE.

*Môjâmi*, retentir, et par onomatopée, *mugir* ; lat. mugire. Ce verbe veut dire, en outre, purifier, essuyer, comme *mṛj*. Au lieu de *môjâmi*, on écrit aussi *muñjâmi, muñjayâmi*.

*Muñćâmi* s'écrit aussi *mrôćâmi* et *mrôñćâmi*, de *mruć* ou *mruñć*.

*Muṭâmi, muṇṭâmi, môṭâmi, môṭayâmi*, broyer, écraser ; figur. mépriser ; au moy. synonyme, *muṇḍê*, être écrasé, ravalé, méprisé.

*Muḍâmi*, émettre, laisser, renvoyer.

*Muṇâmi*, parf. *mumôṇa*, promettre.

*Muṇṭê*, fuir.

*Muṇḍâmi*, raser, tondre ; au moy. être nettoyé ; lat. mundare, mundus ; franç. monde, immonde ; orge mondé. *Muṇḍa*, chauve, tête chauve ou rasée, tête, front, barbier; tondeur, tronc d'arbre ébranché ; *muṇḍana*, action de raser, tonsure ; *muṇḍayâmi*, dénom. raser la tête ; *muṇḍin* et *muṇḍaka*, comme *muṇḍa*, barbier.

*Môdê, môdâmi, mudyê*, se réjouir. *Mudânlika*, joyeux ; *mudira*, libertin, nuage (qui donne la joie) ; *mudî*, clair de lune. Entre cette racine et son analogue *mad*, il y a nuance ; car *mad* se prend toujours en mauvaise part, tandis que *mud* comporte quelquefois (dans les Vêdas au moins) l'idée d'une gaîté gracieuse et qui peut plaire.

## CXXXI.

मुद् *Mud* (au présent *môdayâmi*) mêler ;
मुर् *Mur-a*, clôture ; et *murâmi*, voiler.
मुर्छ् *Murč-âmi*, tombe en faiblesse, en syncope ;
Ou devient fort, grandit, se développe.
मुर्व् *Murv-âmi*, noue, attache fortement ;
मुष् *Muś*, s'enrichit à notre détriment.
मुस् *Mus-yâmi*, fend, sa main détruit et casse ;
मुस्त् *Must-ayâmi*, j'amoncelle, j'entasse.
मुह् *Muh-yê*, troublé, j'erre en quelque façon ;
मूक् *Mûk-a* (mutus), muet comme un poisson.

APPENDICE.

*Môdayâmi*, mêler : *saktûṇ ģṛtêna* du riz et du beurre fondu.

*Murâmi*, murer, entourer, envelopper, revêtir, voiler, couvrir ; *mura*, mur, entourage, clôture, lat. murus; germ. mauer. Au fémin. sorte de parfum, gr. μύρον.

*Mur*, défaillance, syncope ; *murččâmi*, défaillir, avoir l'âme troublée, être stupéfait, être ou devenir grand et fort, atteindre en se développant : *diganlân*, les bouts de l'horizon. On écrit aussi *mûrč* , d'où *mûrčana* , *mûrča*, syncope, défaillance, stupeur.

*Mûrvâmi*, lier, nouer, attacher ; partic. pas. *mûrṇa*.

*Muś* (à la fin des comp.), qui vole, qui dérobe, qui ravit, qui dépouille ; *muśṇâmi*, voler, dérober, etc. : *Amuśṇîtam pâniṇi ģâs*, vous avez ôté ses vaches à Pâni. *Muśka*, voleur ; *muśkaçunya*, eunuque ; *muśṭa*, vol, larcin ; et beaucoup d'autres mots , ayant tous le sens de dépouiller quelqu'un de quelque chose. On écrit aussi : *mûśâmi* et *môśâmi*.

*Musyâmi*, fendre ; *musala*, *musra*, pilon, mortier, massue ; *musalya*, qui doit être broyé.

*Mustayâmi*, amonceler.

*Muhyâmi*, *muhyê*, n'est pas maître de sa raison, etc.; *muhira*, amour, désir, Kâma, homme insensé, aveuglé ; *mûḍa*, partic. de *muh*, troublé, aveuglé, sot, idiot, paresseux ; *mûḍagrâha*, qui a l'imagination égarée ; et plusieurs autres mots.

*Mûka* signifie muet, et veut dire aussi poisson.

## CXXXII.

मूल् *Mûl,* tient au sol, s'y plante avec durée.
*Mûla,* racine (ou vraie ou figurée).
मूष् *Mûś,* comme *muś,* vole, est fier d'avoir pris;
*Mûśâ,* c'est *mus,* le rat ou la souris.
मृ *Mṛ,* c'est mourir, destin qu'on n'aime guère;
मृग् *Mṛg-ayê,* cherche, au gibier fait la guerre.
मृज् *Mṝj, mârjâmi,* caresser, essuyer,
Soigneusement effacer, nettoyer.
मृड् *Mṛd-âmi,* naît sous un heureux auspice;
De soi content, aux autres est propice.

### APPENDICE.

*Mûlâmi*, *mûlê*, être solidement debout, être enraciné; *mûlayâmi*, s'enraciner, croître, planter; *mûla*, racine, et au figuré, commencement, principe; *mûlaka*, rave, radis, sorte d'igname; *mûlaja*, plante qui naît d'une simple racine; *mûlika*, radical, élémentaire, primordial; *mûlin*, un arbre; et beaucoup d'autres mots.

*Muś*, dérober, voler, filouter.

*Mûśa* (fémin. *â*), rat, souris, gr. μῦς; lat. mus; *mûśakârâli*, chat.

*Mriyê*, *marâmi*, mourir, lat. morior; *mṛta*, *mṛti*, *mṛtyu*, la mort, lat. mors; *mṛtaka*, cadavre; *amṛta*, l'ambroisie (nourriture d'immortalité); et beaucoup d'autres mots, dérivés ou composés, avec ou sans affixes.

*Mṛgyâmi*, *mṛgayê*, chercher; *mṛga*, recherche, investigation, chasse; d'où par suite, animal, gibier; *mṛgajivana*, chasseur; *mṛgadañçaka*, chien de chasse; etc.

*Mârjâmi*, *mârjmi*, lat. mulgeo, gr. ἀμέλγω, ὀμόργνυμι, caresser: *pâṇinâ*, avec la main; essuyer: *açrûṇi*, les larmes; effaçer: *kilviśam*, un péché; nettoyer: *kaḍgam*, un sabre.

*Mṛḍâmi*, *mṛḍnâmi*, réjouir et se réjouir, être content et être favorable, rétablir, restaurer, corriger.

## CXXXIII.

मृद् *Mṛd*, c'est parfois effleurer et raser,
Ou plus encor : froisser, — même écraser.
मृध् *Mṛđ, marđâmi*, j'humecte, arrose, mouille ;
Ou je trahis, tue, et de sang me souille.
मृल्, मृळ् *Mṛl* ou bien *mṛḷ*, se voit dans le Véda,
Pour *mṛḍâmi*, secourt, vient en aide à.
मृश् *Mṛç-âmi*, touche, avec la main caresse ;
मृण् *Mṛṇ-âmi*, fait de tuer la prouesse.
मृष् *Mṛś*, ou tolère, oublie, est indulgent ;
Ou bien arrose et va tout immergeant.

### APPENDICE.

*Mṛd* et *mṛt*, *mṛda*, *mṛdinî*, la terre, le sol, l'argile ; et beaucoup d'autres mots.

*Marđâmi*, *marđê*, humecter, être humide ; — tuer.

*Mṛđa*, bataille ; trahir : *mâ nê marđis*, ne nous trahis (abandonne) pas.

*Mṛḷâmi* : *Nô mṛḷa*, sois-nous propice ; *nô. Marutô mṛḷantu*, que les Maruts nous favorisent.

*Mṛçâmi*, lat. mulcere, veut dire aussi percevoir, concevoir, considérer, méditer.

La racine du verbe *mṛṇâmi*, tuer, parf. *mamâra*, est *mṛ*, *mṛṇ*, et *mṝ*.

*Mṛśyâmi*, *mṛśyê*, *marśâmi*, *marśê*, *marśayâmi*, supporter, tolérer : *'Bîśmavaćô na mṛśyâmi*, je ne puis supporter les paroles de Bhishma. *Marśâmi* veut dire aussi répandre, verser ; arroser, couvrir d'un liquide.

## CXXXIV.

मे *Mê,* — fait *mayê* (passé, *mamî*), — je change;
मेट्, मेड् *Mêṭ, mêḍ-âmi,* mène une vie étrange.
मेथ् *Mêt,* si ce n'est comprendre, c'est heurter;
*Mêt-ê* (moyen), se rencontrer, lutter.
मेध् *Mêd-âmi,* sait, perçoit, surtout médite;
मेप् *Mêp-âmi,* sert, va, se meut, marche vite.
मोक्ष् *Môx-ayâmi,* je mets en liberté,
Je lance un trait dans les airs emporté.
म्ना *Mnâ, manâmi,* graver dans sa mémoire,
Réciter, lire ou conter une histoire.

### APPENDICE.

*Mê, mayê,* parf. *mamê,* fut. *mâtâhê*; changer, échanger.

*Mêṭâmi* (voir *mod*), *mêḍâmi, mrêṭâmi, mrêḍâmi, mlêṭâmi, mlêḍâmi,* être insensé, délirer.

*Mit'âmi, mêt'âmi, mêdâmi, mêdâmi:* rencontrer; moy., se rencontrer, lutter. *Na mêt'êtê naktôsasâ,* la nuit et l'aurore ne se heurtent pas. Angl. met?

*Mêdâmi,* méditer, savoir, lat. meditor, gr. μήδομαι, μανθάνω, dont le radic. est μαθ (témoin ἔμαθον). *Mêdas* (en composit. *mêda*), gr. μῆδος, intelligence, sagacité; *mêdayâmi* (dénomin.), concevoir promptement; *mêdâvin, mêdira,* intelligent, sagace, un pandit; et plusieurs autres mots.

*Mêpâmi, mêpê* (comp. *vêp* et *sêv*), *mêbê, mêvê,* aller, servir.

*Môxâmi, môxayâmi* (sorte de désidér. de *muć*), délier, lâcher, lancer: *iśum,* une flèche; sauver: *çâpât,* d'une malédiction; *môxa, môća, môćana,* délivrance, la délivrance finale; espèce de plante; *môxôpâya,* dévot qui ne pense qu'à la délivrance finale (exemption des liens du corps et des misères de la vie); *môćaka,* libérateur; et plusieurs autres mots.

*Manâmi, manê* (forme abrégée de *man,* suff. *â*): ***Kasya** manâmahê dêvasya nâma,* de quel dieu redirons-nous le nom? Gr. μνάομαι, μνημοσύνη, lat. memini, franç. mentionner.

## CXXXV.

म्यक्ष् *Myax̆-âmi*, va, s'efforce de marcher ;
म्रक्ष् *Mrax̆-ayâmi*, mettre en tas, se fâcher.
म्रद् *Mrad-ê*, je mords, je terrasse ou je broie
L'homme ou l'objet placé devant ma voie.
म्लेच्छ् *Mlêc̆-c̆á*, barbare, homme qui ne sait pas
Ou parle mal la langue des Aryas.
म्लै *Mlæ, mlayâmi* (quelle qu'en soit la cause :
La passion, l'âge, ou toute autre chose),
N'a plus d'éclat, se fane, se flétrit,
Tombe en MARASME, est pâle et s'amaigrit.

### APPENDICE.

*Myać* ou *myaxâmi* est un mot vêdique.

*Mraxâmi*, *mraxayâmi*, *mlaxâmi* (comp. *mlêč*), amasser, amonceler, se fâcher, oindre, fendre. C'est aussi (comme *mlêččâmi*) se servir d'une langue barbare ; *mraxa*, hypocrisie, fourberie ; *mraxana*, l'action de frotter le corps avec des parfums, huile.

*Mradê*, *mradayâmi*, lat. mordeo, mordre, broyer, écraser.

*Mlêčča*, un Barbare, langage barbare ; *mlêččajâti*, homme de nation barbare, appartenant à quelque tribu, soit de Coromandel (***Drâvidas***), soit de l'Archipel grec (*Yavanas*), de l'Arachosie, de la Scythie, de Balk, des Perses (***Pahlavas***), de la Chine (*Ćinas*), des montagnes de l'Himâlaya, etc. etc. ***Mlêččayâmi***, se servir d'une langue barbare, faire des barbarismes, parler incorrectement ou confusément.

*Mlayâmi*, se faner, se flétrir, devenir pâle et maigre. Gr. μαραίνω, μαρασμος. Lat. maresco, marcidus, macer ; etc.

## CXXXVI.

यज् *Yaj*, je vénère, et *yajña*, sacrifice ;
(*Yajñadatta*, présent d'un Ciel propice).
यत् *Yat-ê*, s'efforce, au but veut parvenir ;
यम् *Yam*, *yać-ćâmi*, comprimer, contenir.
या *Yâ-mi*, je pars (j'arriverai sans doute) ;
*Yayu*, cheval, et *yatrâ*, chemin, route.
याच् *Yâć-ayâmi*, *yâćê*, solliciter,
Ou bien offrir en priant d'accepter.
यु *Yu-yâmi*, vient, quand le danger s'apprête,
En préserver, en sauver notre tête.

### APPENDICE.

*Yajâmi*, *yajê*, sacrifier, gr. ἅζομαι, ἁγίζω, ἅγιος ; *yaj* (à la fin des composés), qui sacrifie ; *yajata*, prêtre officiant ; *yaxayê*, adorer ; *yajus*, prière, hymne ; *yajña*, sacré, pur, gr. ἁγνός ; *yaṣṭṛ*, sacrificateur, ou celui qui défraie un sacrifice ; *yâja*, offrande sacrée ; et beaucoup d'autres mots. *Yajñâ-datta*, «donné par un sacrifice», nom d'un enfant obtenu du Ciel par la vertu des sacrifices.

*Yatê*, *yatâmi*, chercher à, tendre vers, gr. ζητέω, peut-être ὄθομαι ; *yatna*, effort ; *yatnatas*, avec zèle, avec énergie ou persévérance ; *yatnavat*, qui s'efforce, zélé. On écrit aussi *yasâmi* (*yas* pour *yat*).

*Yaććâmi*, *yâććê*, contenir, diriger, comprimer, maintenir, conserver ; *yati*, ascète, pénitent, action de dompter, de réfréner ; *yantṛ*, celui qui contient, cocher, cornac ; *yama*, répression, coercition, le dieu *Lama* ; et bien d'autres mots.

*Yâmi*, partir ; *yâyi*, nuée ; *yâta*, allé, parti ; *yâtu*, voyageur ; *yâna*, marche, assaut ; *yânapâtra*, vaisseau, navire, barque ; *yâpayâmi*, faire partir ; *yâman*, véhicule ; et beaucoup d'autres mots.

*Yâćâmi*, *yâćê*, demander, offrir ; *yâćaka*, qui demande, qui sollicite, qui mendie ; *yâćanâ*, *yâćñâ*, demande, sollicitation.

*Yuyômi*, *yâvayâmi*, *yâvayê*, écarter, détourner : *çarum*, une flèche. Repousser et mépriser (un suppliant).

## CXXXVII.

युङ्ग् *Yuṅg-âmi*, part, nous quitte, va bien loin;
युछ् *Yuč-čâmi*, vivre indolent et sans soin.
युज् *Yuj-yâmi*, joint, unit, attache, attelle,
Fabrique un joug, prépare un nœud fidèle;
*Yujyê, yôjê, yôjâmi, yunajmi*,
Comme, en latin, jungo; grec, ζεύγνυμι.
युध् *Yuđ-yê*, combat, veut triompher, assaille;
*Yuđ*, un guerrier; *yuđma*, conflit, bataille.
युत् *Yut, yôtâmi* (voir *jut*), *yôtê*, briller;
युप् *Yup-yâmi*, cherche à troubler, à brouiller.

### APPENDICE.

*Yuṅgâmi*, parf. *yuyuṅga*, quitter, abandonner.

*Yuččâmi*, être négligent, paresseux.

Y*ôjâmi*, joindre. On dit aussi *yæmi, yunâmi, yunê*, de *yu*. *Yukta*, joint, uni, homme pieux; lat. junctus, juxta, peut-être justus; gr. ζευκτός; *yukti*, jointure, union; gr. ζεῦξις; *yuga*, joug, attelage, mesure, gr. ζυγός, lat jugum; *yugma*, jonction, lien, couple, paire, gr. ζεῦγμα; *yuj* (à la fin des compos.), uni, joint, pair; *yôga*, l'union par excellence, l'union mystique de l'âme avec Dieu; *yuyxâmi* (désid.), vouloir s'unir à Dieu par le *yôga*; et beaucoup d'autres mots, dérivés ou composés.

*Yuđyê, yuđyâmi*, combattre, vaincre; *yudđajit*, victorieux; *yudđađarma*, la loi de la guerre; *yudđaraṅga*, le dieu de la guerre (*Kârttikêya*); *yudđasâra*, cheval de guerre; *yuđma*, guerre, bataille, arc, flèche, gr. υσμίνη; *yuyutsê* (désidér.), provoquer au combat; *yuyutsayâmi* (causat du désidér.), exciter au combat, rendre désireux de combattre, etc.

*Yôtâmi, yôtê*, briller. Compar. *jut* et *jyut*.

*Yupyâmi*, troubler, déranger, violer: *đarmâs*, les lois; se cacher.

## CXXXVIII.

युवन्, यूष् — *Yuvan*, jeune homme, et *yûś*, je frappe et blesse;
येष् — *Yêś-ê*, s'efforce et tâche sans faiblesse.
यौट्, यौड् — *Yœṭ*, *yœḍ-âmi*, joindre, coller, unir ;
रक् — *Rak-ayâmi*, goûter, prendre, obtenir.
रक्ष् — *Ra-xê*, je garde ; et *raxaṇa*, tutelle ;
*Raxivarga*, surveillant, sentinelle.
रख् — *Rak'-âmi*, va vers l'objet de ses vœux.
रग् — *Rag-âmi*, doute, hésite, est soupçonneux.
रच् — *Rać-ayâmi*, range, ordonne, dispose,
Et met en place avec soin chaque chose.

APPENDICE.

*Yuvan* (rapporté par quelques-uns, mais sans preuves suffisantes, à la racine *div*), a tous les sens du juvenis latin ou du djouvân persan : fort, vigoureux, etc. ; son féminin est *yûni* ou *yuvati*. Lithuan. yaunas, angl. young, germ. jung, ital. giovane, esp. joven.

*Yûśâmi*, frapper, blesser, tuer. Compar. *jûś*.

*Yêśê*, s'efforcer. Comp. *yal*, *yas* et *pêś*.

*Yœṭ* ou *yœḍâmi*, joindre, coller : *kâśṭum*, un morceau de bois.

*Râkayâmi*, ou *râgayâmi* et *râǵayâmi* ; *lâkayâmi* et *lâǵayâmi* ont le même sens.

*Raxâmi*, *raxê*, protéger, défendre, conserver, sauver, garder, gouverner ; *raxa*, protection, garde, conservation ; *raxaka*, gardien ; *Raxas* ou *Râxasa*, nom de certains esprits au service de Kuvêra ; *raxitṛ*, défenseur, protecteur, tuteur, administrateur ; et beaucoup d'autres mots.

*Rak'âmi*, *raṅk'âmi*, *raṅgâmi*, *raṅǵê*, aller, courir ; *raṅǵas*, hâte, rapidité ; *raṅga*, tout lieu où s'exécutent des mouvements : arènes, amphithéâtre, salle de danse, champ de bataille, etc.

*Ragâmi*, soupçonner.

*Raćayâmi*, arranger, préparer, faire, exécuter ; *raćana*, qui arrange, qui prépare, etc. ; *raćanâ*, arrangement, disposition : de la chevelure, des fleurs d'un bouquet, des soldats dans un corps d'armée, des mots dans une phrase, des vers dans une strophe, etc.

## CXXXIX.

रञ्ज् *Rañj-ê*, je peins ou teins ; parfois aussi,
Suivant mes goûts, j'ai plu, j'ai réussi.
रट्, रठ् *Raṭ, raṭ̃-âmi*, hurle, en parlant s'exclame ;
*Raṭita*, bruit que fait l'ardente flamme.
रण् *Raṇ*, c'est crier, faire entendre un son fort,
Ou bien, courir, comme un RENNE du Nord.
रथ् *Rat̃-a*, le char ; *rat̃ya* (neutre), la roue.
रद् *Rad*, ouvre et fend ; (vêda) pourvoit et doue.
रध् *Rad̃-yâmi*, tombe, est vaincu, doit périr ;
Ou l'opposé : je frappe et fais mourir.

### APPENDICE.

*Rañjâmi, rajyâmi*, gr. ῥεγεύς, ῥέγμα. Ce verbe veut dire aussi plaire, être gracieux, avoir du penchant pour ; en outre (dans les Vêdas), diriger, gouverner. A la 10e classe, *rañjayâmi* veut aussi dire : honorer. La racine *rañj* ou *raj* produit un très-grand nombre de mots : *rakta*, teint, coloré, rouge ; *rakti*, attachement, affection ; *raṅga*, couleur, teinture : *raṅgin*, qui teint, qui colore ; *raja*, poussière, pollen des fleurs ; *rajaka*, blanchisseur, teinturier ; *rajana*, l'action de teindre ou de peindre ; *rajani*, cochenille, indigo ; *rañjaka*, coloriste, peintre ; *rañjana*, sandal rouge, garance ; etc., etc.

*Raṭâmi, raṭ̃âmi, raṭayâmi*, parler, vociférer, hurler, mugir. On écrit aussi *rasâmi*.

*Raṭita*, le bruit crépitant d'un incendie.

*Raṇâmi, raṇayâmi, raṇwâmi*, veulent dire aussi aller ; *raṇtu*, route, rivière ; *raṇa*, son, bruit, archet de luth ; *raṇaturya*, tambour ; *raṇamatta*, éléphant ; *raṇaraṇa*, bruit répété, sanglots, moustique, cousin (culex). De ce verbe vient peut-être le renne (germ. Renn-Thier), cet unique marcheur ou coureur des Lapons et des Samoyèdes.

*Radaĉada*, la lèvre ; *radana*, la dent ; *radin*, un éléphant.

*Rat̃a*, le char, le véhicule ; *rat̃ya*, la roue. Lat. rota ; germ. rod ; celt. ret. ou rit. (*Petor-rita* était chez les Gaulois la voiture à quatre roues.)

*Rad̃yâmi*, dans le Vêda, signifie faire cuire ; d'où *rad̃ra*, cuisson. *Randayâmi*, causat. de *rad̃*, frapper, accabler : *ςôkæs*, de chagrins ; *rand̃ana*, action de frapper, d'accabler, de subjuguer ; *rand̃anyâmi* (dénomin.), réduire sous sa puissance.

## CXL.

रप्  *Rap-âmi*, parle ; et dans le Véda, chante ;
रफ्  *Rapʻ-âmi*, va, d'une allure méchante.
रभ्  *Raḃ-as*, transport, rage, ressentiment ;
रम्  *Ram-a*, qui plaît, agréable, charmant.
रम्भ्  *Ramḃ-ê* (ῥόμϐος), au loin résonne et gronde ;
रय्  *Ray*, court ; *raya*, torrent, fait fuir son onde.
रस्  *Ras-ayâmi*, goûter ; *rasa*, saveur,
Suc végétal, extrait, jus ou liqueur.
रह्  *Rah-ayâmi*, va vivre en solitaire ;
*Rahas*, secret, confidence, mystère.

### APPENDICE.

*Rapâmi*, parler, dire, véd. louer, célébrer dans un hymne. On écrit aussi *rasâmi*. Le rôle des rhapsodes vient-il de là ? Peut-être tient-il plutôt à la racine ῥάπτω.

*Rapâmi*, *rampâmi*, *rambâmi*, *rarpâmi*, ramper, faire périr. Comp. *srp*.

*Raḃê*, prendre en main (inusité au simple) ; *raḃas*, *raḃasa*, mouvement violent, promptitude, regret amer ; *ramḃayâmi* (causat.), agir au hasard, par un mouvement impétueux ; lat. rabies.

*Ramâmi*, *ramê*, se réjouir, être heureux, se complaire, jouer, réjouir. *Ramaṇa*, mari, amant, au fém. épouse, maîtresse ; *ramya*, gracieux ; *ramra*, beauté ; *ramramyê* (augment.), se réjouir fort ; et beaucoup d'autres mots.

*Ramḃê*, *ramḃê*, rendre un son, retentir ; *ramḃa*, *ramḃila*, mugissement, beuglement. Gr. ῥόμϐος, toupie bruyante.

*Rayê*, aller ; *raya*, mouvement, marche, rapidité, courant, torrent ; *rayiṣṭa*, très-rapide.

*Rasayâmi*, goûter, aimer ; *rasa*, le goût (au simple et au figuré), le goût littéraire, le sentiment ; *rasa* signifie aussi le raisin, et l'on pourrait s'imaginer que ce dernier terme en dérive, mais il provient de racemus (grappe), mot d'où vient aussi régime (de dattier) ; *rasana*, le sens du goût ; *rasanâ* et *raçanâ*, la langue, organe du goût ; *rasavat*, savoureux, au fig. de bon goût ; *rasâla*, canne à sucre ; et beaucoup d'autres mots ayant des significations diverses.

*Rahâmi*, *rahayâmi*, abandonner, quitter ; *raha*, abandon, solitude ; *rahasya*, secret, caché, mystérieux ; *rahâḷa*, secrétaire, conseiller, ministre ; *rahayê* (dénomin.), devenir secret, caché ; *rahita* (part. pas.), abandonné, isolé ; et beaucoup d'autres mots.

## CXLI.

| | |
|---|---|
| रंह् | *Ranh*, brille et parle, ou court, veut se hâter ; *Ranhayâmi* (causatif), exciter. |
| रा | *Râ-mi*, ma main à donner se tient prête ; |
| राख् | *Râk-âmi*, j'orne, ou j'empêche et j'arrête. |
| राघ् | *Râġ*, se sent fort et compte en plein sur soi ; |
| राज् | *Râj-ê*, briller, régner ; *râjan*, le roi. |
| रत्रि, राध् | *Râtri*, la nuit. *Râdnomi*, fait sans trêve Quelque labeur, l'accomplit et l'achève. |
| राश्, रास् | *Râç* ou *râs-ê*, retentir, résonner ; |
| रास् | *Râs* (comme *dâs*), — mot vêdique — donner. |

### APPENDICE.

*Ranhayâmi*, faire marcher vite : *Adrim Marutô ranhayanti*, les Maruts poussent le nuage. *Ranhas*, comme *raḃas*, mouvement rapide, promptitude. Ce verbe veut dire aussi briller, parler.

*Râmi, rê*, donner, comme *dâ* ; *râti*, don, présent. *Râswa nô ḃôjanam*, donne-nous des aliments.

*Râkâmi*, écarter, empêcher, veut dire aussi se dessécher, suffire, orner.

*Râġê*, se bien porter, avoir la force de, suffire à.

*Râjâmi, râjê*, briller, régner ; *râj, râja, râjan*, roi, riche ; *râjya*, royauté ; lat. rego, rex, regina, regnum ; esp. rico ; germ. reich. *Râjaka*, brillant, splendide, royal, souverain ; *râjaval*, possédé ou gouverné par un bon roi ; *râjayê*, faire le roi, agir à la façon d'un roi ; etc.

*Râtri*, la nuit. *Râtryâgama*, le crépuscule (la venue de la nuit) ; *râtriċaru, râtrimaṭa, râtryata*, rôdeur de nuit, c'est-à-dire ou voleur ou fantôme. Ces mots désignent aussi la patrouille nocturne. *Adḋarâtri*, au milieu de la nuit.

*Râdnômi* veut dire aussi rendre propice ; mis au passif, il signifie être achevé, accompli, favorable ; au reste, *râdyâmi* a déjà les sens du passif. Au causatif, *râdayâmi*, rendre propice, acceptable, digne ; au partic. *râdḋa*, achevé, parfait ; *râdḋânta*, fait accompli, vérité démontrée ; *râdana*, accomplissement, propitiation, satisfaction.

*Râçi*, amas, monceau, assemblage ; *râsa*, son, bruit, tumulte, tapage, agitation de fêtes.

*Râsâmi*, donner quelque chose à quelqu'un, avec deux accusat. pour régimes.

## CXLII.

रि *Ri-yâmi*, va, se meut, fait qu'on avance;
*Ri*, mouvement, chute ou glissade, ou danse.
रिच् *Rić, rêćâmi* (linquo), laisser, quitter;
*Rić, rinaćmi*, vider, extraire, ôter.
रिज् *Rij* (*on l'entend*), rissole, ou frit, ou grille;
रिफ् *Rip'*, s'il combat, en récits surtout brille.
रिश्, रिष् *Riç*, ou bien *riś*, — *riçâmi, rêsâmi*,
Frapper, blesser, tuer un ennemi.
रिह् *Rih-âmi*, loue, adresse une prière;
री *Rî-yê*, couler; *rîti*, marche, frontière.

### APPENDICE.

*Riyâmi, riyê, rikâmi, riỳkâmi, riỳgâmi, riṇwâmî*, aller; *ri*, danse, chute; *riỳka*, marche, pas du cheval; *riỳgaṇa*, glissade. Au figuré, ces mots ont le sens de perte, dommage, erreur, désappointement, déception, dérèglement.

*Rić* par *rêćâmi, rêćayâmi*, c'est le latin linquo, le grec λείϐω, quitter, laisser; mais par *riṇaćmi, riñćê*, c'est ôter, enlever, vider.

*Rij* (onomatopée), *rêjê*, faire frire, faire rôtir, griller.

*Ripâmi* et *rimpâmi*, donner; mais plus souvent combattre, blesser, tuer, ou bien mépriser, raconter, se vanter.

*Riś*, blesser, frapper, détruire; part. pas. *riśṭa*, frappé, blessé, perdu, malheureux. *Riśṭiyâmi* (dénomin.), être blessé; *riśṭi*, une épée; *riśwa*, qui blesse, malfaisant, pernicieux. *Riç* a le même sens que *riś*.

*Rihâmi*, louer, célébrer, prier, demander, vêd. donner.

*Rîyê*, partic. *rîṇa*, couler, découler; *rîti*, mouvement, marche, écoulement, limite, frontière; au fig. usage, tendance naturelle, instinct.

## CXLIII.

री *Rî-ṇâmi* (voir ci-dessous *ru*), mugit,
Va s'irritant, donne la mort, rugit.
रीव् *Rîv-âmi*, prend, met, ajuste à sa taille ;
रु *Ru*, parfois peur ; plus souvent, cri, bataille.
रुच् *Ruć* (*lux* latin), beauté, splendeur, atour,
Eclair, rayon, lustre éclatant du jour.
रुज् *Ruj*, mal, douleur qui tient l'âme abattue ;
D'où *rujâmi*, brise, renverse, tue.
रुट् *Ruṭ* (fait *rôṭê*), riposter, résister ;
*Rôṭayâmi*, se fâcher, s'irriter.

### APPENDICE.

*Riṇâmi*, aller, mugir, rugir, tuer.

*Rîvâmi*, *rîvê*, prendre, mettre sur soi.

*Ru* ou *ruta* (qui signifie encore peur, alarmes), forme les verbes *rœmi*, *ravîmi*, rendre un son, crier, hurler, gémir, murmurer, bourdonner, réciter une prière, chanter un hymne ; *ravê*, frapper, s'irriter, aller contre.

*Ruć* forme *rôćê*, briller ; *rućaka*, *rućira*, *rućiśya*, *rućya*, brillant, beau, agréable ; *rući*, lueur, lumière ; *ruç*, homme riche, libéral, magnifique ; *rukma*, or. Lat. luceo, lux ; gr. λευκός, λύχνος, etc. Dans l'ancien perse *ruć* ou *rauć* signifie jour (même comme durée).

*Rujâmi vanaspatim*, j'abats un grand arbre ; *rujâ*, brisure, destruction, maladie ; *rujâkara*, le mal d'amour.

*Rôṭê* (*ruṭ*), comme *rôḷê* (*ruḷ*), signifie résister, riposter; éprouver de la douleur ; *rôṭayâmi*, briller, parler, s'irriter, se fâcher.

## CXLIV.

रुट् *Ruṭ, rôṭâmi,* je frappe, abats, renverse ;
Je trouble, agite, épouvante, disperse.
रुण्ट् *Ruṇṭ-âmi,* va, boiteux mais insolent ;
Vole, dérobe, est paresseux et lent.
रुद् *Rud,* pleurs, chagrin, tristesse maladive,
Affliction, bruit et cri, voix plaintive.
रुध् *Rud̄, ruṇad̄mi,* veut gêner, empêcher,
Ceindre, obstruer, enfermer et cacher.
रुधिर *Rud̄ira,* rouge (on le sent, rien qu'à lire) ;
रुष् *Ruś,* furieux, je frappe avec délire.

### APPENDICE.

*Rôṭâmi,* troubler, terrasser, tuer. *Rupyâmi (rup)* signifie aussi troubler, agiter.

*Ruṇṭâmi, ruṇḍâmi, ruṇḍikâ,* messagère, entremetteuse.

*Rôdimi,* couler, pleurer, verser des larmes ; *rudat'a,* chien, élève, étudiant ; *rudita,* partic. gémissements ; *Rudra* (le pleureur), le chef des Maruts ; *rudrab̄u* , cimetière ; *rudrî* , sorte de luth plaintif ; et beaucoup d'autres mots , dont quelques-uns désignent Agni (*rudrô'gnis,* Agni le gémissant), Çiva, Durgâ sa femme (*rudrapatnî, rudrâpriyâ, rudrâṇî*), les Açwins, Kâma (*rudrâri*), Bénarès (*rudrâvâsa,* demeure de Çiva).

*Ruṇad̄mi, ruṇd̄ê,* obstruer : *nadim,* une rivière ; assiéger : *puram,* une ville ; dérober aux yeux : *gṛhê,* dans une maison. *Rudd̄a,* partic. empêché, obstrué, défendu.

*Ruś* (*ruśyâmi, rôśâmi, rôśayâmi*), frapper, blesser, tuer, être furieux, se mettre en colère ; *ruś* et *ruśâ,* colère, fureur ; gr. λυσσάω, λύσσα. La racine *ruç* (*rôçâmi,* parf. *rurôça*) a le même sens que *ruś*. *Rud̄ira,* rouge ; grec, ἐρυθρὸς ; lat. ruber (autrefois rufer, d'où rufus), etc. Par où *rud̄ira* vient-il de la racine *rud̄* ? On ne sait, et force nous est de le traiter comme un radical.

## CXLV.

रुह् *Ruh*, j'apparais comme un germe planté ;
*Ruxa*, rugueux ; *rûpa*, forme et beauté.
रूष् *Rûś*, orne et pare, ou bien tremble et frissonne ;
रेक् *Rêk-ê*, je crains, je doute, je soupçonne.
रेज् *Rêjj-ê* (*ƃiyâ*), je frémis (de terreur) ;
*Rêjayâmi*, j'ébranle avec fureur.
रेट् *Rêṭ-ê*, parler ; *rênu*, poussière ou sable ;
रेप् *Rêp-a*, cruel, sauvage, et méprisable.
रेष् *Rêś-ê*, puis *ræ*, hennir en liberté ;
रै *Ræ*, (*res* latin), chose ou propriété.

### APPENDICE.

*Ruha*, qui croît, qui grandit (en composit.) ; *ruhwan*, *rûxa* (*ruh*, *sa*), un arbre ; adjectiv. rugueux, âpre, hérissé, rude, acerbe ; lat. ruga, raucus ; germ. rauh ; angl. rough. *Rûḍi*, (du partic. *rûḍa*), croissance ; *rûpa*, (forme causat. de *ruh*), figure, forme, puis beauté, comme en latin, où formosus veut dire beau. *Rûpayâmi*, (dénom.), former, figurer ; *rûpavat*, *rûpin*, qui a une forme, une figure, beau, bien fait ; etc. A la fin des composés, *rûpa* répond assez à la désinence française aire : ex. *sûryarupa*, solaire (mot à mot *soliformis*).

*Rûśâmi*, orner, parer ; *rûśayâmi*, trembler.

*Rêka*, doute, soupçon, crainte.

*Rêjê*, briller, trembler ; *rêjayâmi*, faire trembler, ébranler : *Marutô rêjayanti rôdasî*, les Maruts font trembler le ciel et la terre.

*Rêṭâmi*, *rêṭê*, *rêṭayâmi*, parler, demander.

*Rêpê*, *rêbê*, *rêƃâmî*, *rêvê*, aller, sauter, bondir, flotter, être ballotté, rendre un son, crier, louer, célébrer ; *rêƃa*, chantre sacré ; *rêƃaṇa*, beuglement ; *rêvaṭa*, tourbillon de vent, poussière, chien, jongleur.

*Rêśê*, rendre un son inarticulé, hurler, hennir ; *rêśaṇa*, hurlement, hennissement.

*Râyâmi*, aboyer, hurler ; *ræ*, cri, aboiement, hurlement.

*Ræ* est absolument le *res* latin, c'est-à-dire primitivement richesse, biens, valeurs, et plus tard chose, Res publica, le domaine public, l'intérêt public.

## CXLVI.

| | |
|---|---|
| रोड्, रौड् | *Rôḍ*, un peu fou, méprise tout sans cause; |
| रोहित् | *Rôhita*, rouge, et maintes autres choses. |
| लक्ष् | *Lax-ayâmi*, regarder, indiquer, |
| | Noter d'un signe, observer, remarquer. |
| लग् | *Lag-âmi*, tient, adhère, et ne s'arrache |
| | Qu'avec grand'peine à l'objet qui l'attache. |
| लघु, लङ्ग् | *Lağu*, léger; *laŷgami*, va boitant. |
| लङ्घ् | *Laŷğ* (aspiré), court, franchit en sautant. |
| लज् | *Laj-âmi*, blâme, ou d'autrui veut se rire; |
| लज् | *Laj* (comme *bṛj*), rôtit, grille ou fait frire. |

APPENDICE.

*Rôḍâmi*, *rœḍâmi*, *rœḷâmi*, qui signifie mépriser, estimer peu, veut dire aussi être insensé, fou.

*Rôhit*, ou *rôhita*, rouge, et, par suite, soleil, sang, guerre, tout ce qui comporte de la rougeur. *Rôhiṇâ*, une femme qui rougit (soit de colère, soit de honte), ou une femme fardée (de rouge).

*Laxayâmi*, *laxayê*; *laxa*, *laxaṇa*, *laxmaṇa*, *laxman*, marque, signe, note; *laxmî*, beauté, splendeur, prospérité, la déesse Laxmî; *laxya*, notable; etc. On écrit aussi *laććâmi*. Passif, *laxyê*, être observé, vu, signalé. *Tan na laxyatê*, cela ne se voit pas (c'est-à-dire, n'a jamais lieu).

*Lagna*, partic. de *lag*, attaché, adhérent; au fig. attentif. *Lagnaka*, caution, obligation de commerce.

*Lağu* (qui, malgré son esprit rude, équivaut, en étymologie, à ce que serait *lagu*), léger (dans tous les sens du mot); par conséquent, supportable, impondérable; leste, etc. Grec, ἐλαχύς et ὀλίγος, latin, levis, lithuan. longwas, angl. light, etc.

*Laŷga*, action d'aller, de boiter; rapprochement, union; libertin.

*Laŷğâmi*, *laŷğê*, *laŷğayâmi* (avec l'esprit rude) est le contraire du verbe à esprit doux. Au lieu de signifier boiter, il veut dire sauter lestement, franchir : ex. *girim*, une montagne, *çælân*, des rochers; dépasser, surpasser, parcourir : *pant́ânam*, une route; briller, parler. *Laŷğana*, saut, bond; au fig. dédain, mépris.

*Lajâmi*, calomnier, blâmer, menacer, railler.

*Lajâmi*, griller, faire frire.

## CXLVII.

| | |
|---|---|
| लज् | *Laj-âmi*, blâme, — *ayâmi*, vient, paraît ; |
| लज्ज् | *Lajj-ê*, rougit, est pudibond, discret. |
| लट् | *Laṭ-âmi*, hurle, et crie, et vocifère, |
| | N'est qu'un enfant, ou bien tel se veut faire. |
| लड् | *Laḍ-ayâmi*, c'est montrer, c'est tirer, |
| | Darder la langue et la faire vibrer. |
| लण्ड् | *Laṇḍê*, j'élève, — ou je prends la parole : — |
| लप् | *Lap*, ou pérore, ou parfois se désole. |
| लभ् | *Lab* (ἔλαβον), je prends, j'acquiers, j'obtiens |
| | Tout ce que l'homme estime être des biens. |

APPENDICE.

*Lajâmi*, blâmer; *lajayâmi*, paraître, apparaître.

*Laj* ou *lajjê*, causat. *lajjayâmi*, rougir ; *lajakârikâ*, la sensitive ou mimosa pudica; *lajjâ*, honte, pudeur; *lajjâlu*, qui rougit; *lajjâvat*, *lajjâçila*, modeste, pudique, honteux ; *lajjyâ*, modestie, pudeur.

*Laṭâmi*, hurler, vociférer, parler comme un enfant, être un enfant ; *laṭa*, ignorant, qui parle comme un enfant ; *laṭaka*, homme de peu de valeur ; *laṭṭa*, un misérable ; un homme vil ; *latwa*, homme appartenant à une tribu de sauvages ; au fém. femme sans pudeur.

*Laḍayâmi*, agiter sa langue comme font les nourrices aux petits enfants, lat. lallo, angl. loll. *Laḍayâmi*, veut dire aussi montrer, dans le sens de faire savoir. *Laḍaha*, beau, agréable.

*Laṇḍâmi*, *laṇḍê*, *laṇḍayâmi*, parler.

*Lapâmi*, parler, lat. loquor ; se lamenter ; *lapana*, la bouche ; *lapita*, parole, langage, voix, plainte. Lat. loquor, loquela.

*Labâmi*, *labê*, gr. λαμβάνω. Ce verbe veut dire aussi concevoir (devenir enceinte) ; au passif, se rencontrer, exister ; *labasa*, possession, richesse ; *labya*, qu'on peut ou qu'on doit acquérir ou rencontrer ; *labâmi jñânam*, j'obtiens la science ; *çântim*, la béatitude ; *lôkân çubân*, le paradis.

## CXLVIII.

लम्ब् *Lamb-ê*, tomber, choir, être en décadence;
लय् *Lay-ê*, je marche en mesure, je danse.
लल् *Lal-âmi*, joue, est gai, prend du plaisir;
*Lâlayê*, forme un souhait, un désir.
ला *Lâ-mi*, donner; parfois saisir, étreindre;
लाज् *Lâj-âmi*, blâme, il gronde, il se fait craindre.
लाट् *Lâṭ-yâmi*, vivre; et *lâṭa*, râpé, vieux;
लाभ् *Lâb̔*, envoyer, exciter de son mieux.
लिख् *Lik̔-âmi*, grave, écrit, dessine ou trace,
Gratte, refait, défait, ajoute, efface.

### APPENDICE.

*Lambâmi, lambê*, tomber: *pṛṣṭ̔a-tas*, sur le dos; baisser, se coucher: *lambatê ravimaṇḍalam*, le disque du soleil est à son déclin. Lat. labi, lapsus sum. *Lambana*, chute. *Lamba*, ligne verticale; *lambita*, suspendu, pendant.

*Layê*, aller; même signification que *ray*, *vay*, *larv* et *lî*. *Layapulrî*, danseuse; *layâlamba*, danseur.

*Lalâmî, lalê, lâlayê, lalayâmi*, se confondent pour le sens avec *laḍâmi*, *laḍayâmi*, *lâḍayê*, tirer la langue; *lalana*, action de tirer la langue, amusement, jeu; *lalita*, charmant, agréable, amusant, mouvement de la langue, jeu, beauté, charme; et beaucoup d'autres mots. On écrit aussi *laṣâmi, laśâmi, laśê, laśyâmi, laśyê*, *lâśayâmi, lasâmi*, lat. lascivus. Le grec λαλαγή (dulce ridentem Lalagen amabo) était-il étranger à ceci?

*Lâmi* (parf. *lalæ*), saisir, prendre; donner. Comparez *dâ*.

*Lâjâmi*, menacer, effrayer, blâmer, calomnier; faire rôtir, frire. *Lâja*, grain mouillé, frit ou rôti.

*Lâṭa*, défaut, tare, vieille étoffe, vêtement usé, ne dérive pas de *lâṭyâmi*; ce mot appartient à la racine *laṭ*, de la décade précédente.

*Lâb̔ayâmi*, envoyer, exciter.

*Lik̔a*, action d'écrire; ce qui est écrit, écriture; *lik̔ita*, un écrit, un manuscrit. On dit aussi *liṅgayâmi*; d'où *liṅga*, trace, marque, emblème, signe.

## CXLIX.

लिङ्ख्, लिङ्ग् *Liŋk, liŋg-âmi*, se meut, avance, va;
*Liŋga*, nature, emblème de Çiva.

लिप् *Lip-a, lipi, limpa*, l'action d'oindre;

लिश् *Liç-yê*, je suis ou je deviendrai moindre.

लिह् *Lih-ê, lêhmi, lihâmi*; grec, λείχω;
Lécher (jadis *licher*) ; latin, lingo.

ली *Lî, layâmi*, dissout et liquéfie ;
*Lî* (mais *liyê*), s'attache pour la vie.

लील् *Lil-â*, plaisir, passe-temps, jeu coquet ;
*Lîlôdyâna*, joli jardin, bosquet.

### APPENDICE.

*Liŋkâmi, liŋgâmi, likâmi, liŋga-yâmi; liŋga*, la nature ou *prakṛti* dans le système *sâŋkya*. Le *lingam*.

*Limpâmi, limpê*, oindre, enduire, frotter d'un corps gras, salir, souiller, au propre et au figuré ; gr. λιπάζω, ἀλείφω, λίπα, λίπος, etc. *Lipikara*, scribe, écrivain ; *lipikâ*, écriture, écrit. *Liptaka*, flèche empoisonnée ; *limpaṭa*, débauché, homme qui favorise la débauche.

*Liçyê*, comme *liṭyâmi*, être ou devenir petit, amoindri, diminué, mutilé, angl. less ; *liṅâmi*, aller, se mouvoir.

*Lihê* fait au partic. *liḍa*, au désidérat. *lilixâmi*, goth. laigô ; angl. lich. Nos aïeux disaient se « relicher les doigts. »

*Lâyâmi*, partic. *lîna*, fut. 2. *lâśyâmi* ; *lî*, dissolution, destruction.

*Lînâmi*, attacher à soi, obtenir ; *lîyê*, s'attacher à, adhérer, se fixer à ou dans ; *likkâ, lixâ*, ou *likkâ, lixâ*, lente, petit pou (qui s'attache).

*Lîlâ* (mot dont l'origine est obscure), amusement, jeu, passe-temps, volupté, coquetteries d'une femme. De là le composé *lilôdyâna*, sorte de jardin d'Armide.

## CL.

लुञ्च् *Luñč âmi,* j'ôte, et de force j'enlève ;
लुञ्ज् *Luñj*, être fort, frapper avec le glaive.
लुट् *Luṭ, lôṭâmi,* s'agiter et rouler;
लुण्ठ् *Luṇṭ-ayâmi,* c'est dérober, voler.
लुड् *Luḍ-âmi*, couvre, étreint, s'attache, embrasse ;
Et *lôḍâmi,* trouble, agite ou harasse.
लुन्थ् *Lunt-âmi,* prouve aux combats sa valeur ;
Cause ou ressent lui-même une douleur.
लुप् *Lup, lumpâmi,* briser, rompre, détruire ;
लुभ् *Lub*, — au parfait, *lulôba,* — je désire.

### APPENDICE.

*Luñčâmi*, arracher : *kêçân*, les cheveux.

*Luñjayâmi*, ou *lañjayâmi*, être fort, frapper, prendre ; parler, briller.

*Lôṭâmi, luṭyâmî, luṭâmi,* rouler, s'agiter en roulant : *pṛṭivîlalê,* par terre ; *luṭana, luṇṭâ,* action de se rouler par terre ; *luṭila*, âne ou cheval qui se roule par terre.

*Luṇṭâmi*, *luṇṭayâmî*, *lôṭayâmi*, dérober, voler ; *luṇṭâka*, voleur.

*Luḍâmi*, *lôḍâmi*, *lôlâmi* (*lul*), agiter, ébranler : *vanam*, la forêt ; *manas*, le cœur ; s'attacher à, tenir à, couvrir, embrasser. On écrit aussi *lupyâmi*, *lubâmi*, *lumbâmi*, *lumbayâmi*.

*Luntâmi*, frapper, tuer, causer de la douleur, en éprouver.

*Lumpâmi*, *lûmpê*, briser, ruiner, perdre, retrancher, supprimer, violer, enfreindre : *darmô na lupyatê*, la loi n'est pas violée ; *lupta*, partic. En lat. rumpere, ruptus. Substantiv. butin, proie, prise.

*Lubyâmi*, *lôhâmi* (*luh*), désirer ; lat. lubet, libet ; *lubda*, désireux, avide ; *lubdaka*, chasseur, libertin, homme qui poursuit « ses lubies. »

## CLI.

लू *Lû-nâmi*, coupe, abat, taille, détruit ;

लूप् *Lûp-ayâmi*, tue et vole sans bruit.

लूष् *Lûś-âmi*, j'orne, ou bien dérobe et pille ;

लेख् *Lêk'-âyâmi*, je folâtre et sautille.

लेप् *Lêp-ê*, je vais où le veut mon devoir ;

लोक् *Lôk*, regarder ; *lôka*, ce qu'on peut voir.

लोट् *Lôṭ*, c'est agir en cervelle insensée ;

लोष्ट् *Lôśṭ-a*, monceau, glèbe, terre entassée.

ल्पी, ल्वी *Lpî*, *lwî-nâmi*, se dirige en avant ;

वक्क् *Vakk-ê*, se meut ; *va*, le souffle, le vent.

### APPENDICE.

*Lunâmi, lunê*, couper, retrancher, abattre : *nâsâm*, le nez ; *paxân*, les ailes ; *vṛxam*, un arbre ; *vanam*, une forêt. *Lûnaka, lûnî*, coupure, blessure, coupe ; et plusieurs autres mots.

*Lûpayâmi, lûśayâmi, lôśâmi*, voler, dérober, blesser, tuer.

*Lûśâmi*, orner, parer, décorer, embellir.

*Lêk'âyâmi, lêk'yâmi*, folâtrer, chanceler.

*Lêpê*, aller, se rendre vers, honorer.

*Lôkê, lôkayâmi*, voir ; angl. look ; *lôka*, vue, vision ; puis le monde, l'univers, parce qu'il est l'ensemble des choses visibles ; puis les lieux, les hommes, l'humanité, enfin les mondains ; lat locus. *Lôkaxaya*, la fin du monde ; *lôkapâla*, roi, souverain ; *lôkôttara*, supérieur au monde. On écrit aussi *lôćê, lôćayâmi* ; d'où *lôćaka*, prunelle de l'œil ; *lôćana*, l'œil ; au causat. *lôćayâmi*, veut dire je fais voir, je brille, j'éclaire, je parle.

*Lôṭâmi*, être insensé. On écrit aussi *lôḍâmi, lœḍâmi*.

*Lôśṭê*, être en mottes, en gros morceaux ; mettre en tas. *Lôśṭa, lôśṭu*, motte de terre.

*Lpî, lyî, lwî-nâmi*, aller.

*Vakkê*, aller, se mouvoir ; *va*, vent, souffle, force, mouvement.

## CLII.

वक्ष् *Vax-âmi*, croît, devient adulte, augmente ;
वख् *Vak'* (*vaỳk'* aussi), se promène et serpente.
वच् *Vać-mi* (jadis *vavaćmi*), c'est parler,
Réciter, dire, invoquer, appeler.
वज् *Vaj*, vagari ; *vajra*, foudre et tonnerre ;
वञ्च् *Vañć-ana*, fraude au prochain débonnaire ;
Œuvre de mal, magie, illusion,
Mensonge, erreur, hallucination.
वट् *Vaṭ-âmi*, noue, enlace, entoure, habille ;
Fait le partage, ou bien parle et babille.

### APPENDICE.

*Vaxâmi*, partic. *uxila*, gr. *αὔξω*, lat. augeo, zend. ucs, lith. augu. *Vaxâmi* veut dire aussi se mettre en colère ; *vaxaṇa*, *vaxas*, poitrine, irland. uchd ; *vaxas*, pour *uxan*, bœuf ; *vaxôja*, *vaxôruha*, sein, mamelle.

*Vak'* et *vaỳk'âmi*, *vak'âmi*, *vaỳk'ê*, *vaỳgâmi*, vaguer, aller çà et là, aller en ligne courbe, boiter ; *vaỳka*, détour d'une rivière, eau qui serpente ; *vaỳkya*, courbe, sinueux ; *vaỳgê*, se mettre en route, et comme *vaxâmi*, s'irriter. On dit aussi *vajâmi*, *vâjayâmi* ; lat. vacillo, vagari ; lith. wingit.

*Vaćmi*, lat. vocare ; *vaća*, perroquet ; *vaćaknu*, parleur, babillard, loquace ; *vaćana*, parole, langage, discours ; *vaćas*, la parole sacrée, l'hymne ; et beaucoup d'autres mots.

*Vañćâmi*, aller, parcourir, traverser ; au causat. *vañćayâmi*, éviter, échapper à, moy. circonvenir, tromper ; *vañćaka*, *vañćuka*, trompeur, malhonnête, filou.

*Vaṭâmi*, *vaṭayâmi*, entourer, lier, entourer (vêtir ?) ; *vaṭa*, corde, lien ; *vaṭûkaraṇa*, investiture du cordon sacré ; et plusieurs autres mots. On écrit aussi *vaṇṭâmi*, *vaṇṭayâmi* ; d'où *vaṇṭa*, *vaṇṭaka*, part, portion. On dit également *vaṇḍâmi*, *vaṇḍayâmi*, *vaṇḍê*. Quant à *vaṭayâmi* (mais non *vaṇṭâmi*), il veut dire, soit distribuer, faire des parts, soit parler, dire.

## CLIII.

वट् *Vaṭ̔-ara*, sot, lourd, stupide, mauvais;
वण्ट् *Vaṇṭ̔-ê*, sans guide, à mon seul gré je vais.
वण्ड्, वद् *Vaṇḍ*, partager. *Vad-ê*, parle, s'exprime ;
वध्, वन् *Vad̔-a*, coup, meurtre, une blessure, un crime.
*Vad̔u*, femelle, et *van-âmi*, sonner;
Mais *vanômi*, c'est vénérer, donner.
वन्द् *Vand-ê*, salue en inclinant la tête,
Et de louer, de vanter, se fait fête.
वप् *Vap-ê*, (passif *upyê*), je vais semant;
वम् *Vam*, rejeter; *vama*, vomissement.

### APPENDICE.

*Vaṭâmi*, être gros et gras, assez fort pour; *vaṭ̔ara*, épais, méchant, niais; une cruche, un pot-à-l'eau.

*Vaṇṭ̔ê*, aller seul, sans compagnie; *vaṇṭ̔a*, homme non marié; *vaṇṭ̔ara*, nuage.

*Vaṇḍ*, *vaṇḍê*, etc., partager, distribuer.

*Vadâmi*, *vadê*, *vadayâmi*, *vadayê*, parf. *uvâda*, parler, dire, commander, crier, appeler, lith. wadinu, j'appelle; *vada* (en compos.), qui parle, qui interprète; lat. vates. *Vadana*, bouche, larynx, gosier; *vadanti*, un on-dit, une rumeur; *vadânya*, éloquent; *vadâvada*, qui parle bien ou beaucoup; etc.

*Vad̔* (sans prés. ni imparf.), pousser, frapper, tuer; *vad̔æśin*, avide de carnage, désireux de tuer; *vad̔ya*, qui doit être tué; *vad̔yata*, condition d'un homme qui doit être tué.

*Vad̔u*, femme, bru, etc.; en général, femelle.

*Vanâmi*, retentir, résonner; *vanômi*, offrir, et, par conséquence, honorer, servir; lat. veneror. Il signifie aussi tuer. On ne sait pas quelle est la liaison de cette racine avec *vana*, bois, forêt; d'où beaucoup de mots.

*Vandâmi*, *vandê*, lat. vendo, vanter; *vandat̔a*, prôneur, panégyriste; *vandana*, salutation respectueuse; *vandanîya*, digne de respect et de louanges; *vandin*, flatteur; et beaucoup d'autres termes.

*Vapâmi*, *vapê*, semer; *vapa*, semailles; *vaptṛ*, semeur, père; *vapra*, terre végétale, champ; et plusieurs autres mots; gr. ὑφαίνω. *Vapus*, le corps (semence d'immortalité?).

*Vamâmi*, vomir; lat. vomo, gr. ἐμέω, lith. wemju.

## CLIV.

| | |
|---|---|
| वभ्र् | *Vab̆r-âmi,* court, circule par le monde; |
| वय् | *Vay-ê,* va, jette une sève féconde. |
| वर्च् | *Varć-ê,* briller; *varćas,* éclat, splendeur; |
| वर्ण् | *Varṇ-ayâmi,* dépeindre avec ardeur. |
| वर्वर | *Varvara,* nègre, hôte, étranger, BARBARE ; |
| वर्ह् | *Varh-ê,* primer ceux que l'on nous compare. |
| वल् | *Val-ê,* je cours, je me sens emporté; |
| वल्क् | *Valk-ayâmi,* je veux être écouté. |
| वल्ग् | *Valg-âmi,* l'onde et saute et bondit fière; |
| वल्भ्, वल्म् | *Valb̆-ê,* manger; *valmika,* fourmilière. |

APPENDICE.

*Vab̆râmi,* ou *bab̆râmi,* errer çà et là.

*Vayas,* âge, surtout la jeunesse; *vayast'a, vayasya,* camarade, au fém. compagne; *vayôđas,* jeune.

*Varćaswin,* brillant; *varćayê,* devenir brillant.

*Varṇayâmi,* colorer, peindre, décrire; raconter, louer, illustrer; causat. de *varṇa,* couleur, dont la rac. est *vṛ,* couvrir.

*Varvara* (grec βάρβαρος), homme à cheveux crépus (comme les nègres), de caste vile; étranger, BARBARE.

*Varhê,* être bon, distingué, éminent, veut dire en outre couvrir; et *varhayâmi* signifie frapper, blesser, parler, briller. On écrit aussi *valhê.*

*Valê,* aller, se diriger vers, être attiré, s'attacher à : *hṛdayaṃ tasmin valatê,* le cœur est entraîné vers lui; qquefois, se couvrir, se vêtir, d'où *valka, valkala, valkuta,* écailles de poisson, écorce d'arbre, vêtement des anachorètes.

*Valkâmi, valkayâmi,* parler.

*Valgâmi,* aller par bonds : *samudrô valgati,* la mer moutonne; *valgita,* saut, bond, galop; *valgu,* bouc (animal sauteur). *Valgu* et *valguka,* beau; *valgâ,* la bride.

*Valb̆ê,* manger; *valb̆ana,* aliment.

*Valmika* ou *valmiki,* fourmilière. Cf. grec μυρμήξ et lat. formica.

## CLV.

वल्ले *Vallê*, je couvre, ou bien je meus (βάλλω);
वश् *Vaç-mi*, je veux; nul ne me dit *nolo*.
वष् *Vâś-âmi*, frappe, immole en sacrifice;
*Vaśaṭ! vaśaṭ!* dit le prêtre, à l'office.
वष्क्, वस्क् *Vaśk* ou *vask-ê*, va, vient, peut se mouvoir;
*Vaśkayâmi*, jette un regard, sait voir.
वस् *Vas-âmi*, j'ai mon toit, mon domicile;
*Vasê*, je suis à me vêtir habile;
*Vasyâmi*, fixe et solide je rends;
*Vâsayâmi*, j'aime, et parfois je fends.

### APPENDICE.

*Vallê*, couvrir, signifie aussi mouvoir; et dans cette seconde acception il se rapporte au grec βάλλω.

*Vaçâ*, vache, femelle; *vaçitwa*, empire sur autrui; *vaçin*, qui a la volonté, le pouvoir, l'empire; *vaçikarômi*, soumettre, dominer; *vaçya*, soumis, obéissant; *vaçiakâ*, femme soumise; *vaçyâtman*, qui est maître de lui-même. Lat. vacca?

*Vaśâmi*, frapper, blesser, tuer; *vaśaṭkâra*, l'action de crier *vaśaṭ*; *vaśaṭkṛta*, ce sur quoi le prêtre a crié *vaśaṭ!* au moment de l'offertoire.

*Vaśkaya* ou *vaskaya*, veau d'un an; *vaśkayaṇi*, vache qui vêle tous les ans; *vaska*, mouvement, continuation, persévérance.

*Vasâmi purê*, je demeure dans la ville; *vasê vastram* ou *vastrê*, je revêts un habit ou je me revêts d'un habit, lat. vestire, gr. ἐσθής, goth. vasja; *vasati*, *vasana*, *vasi*, *vasu*, *vastu* (gr. ἄστυ), habitation, maison, résidence, vêtement, ornement, bien, richesse, ville; *vasanta*, le printemps; slav. vesna, lat. ver, gr. ἔαρ; et beaucoup d'autres mots, avec des significations diverses.

## CLVI.

वस्त् *Vast-ayê*, heurte, endommage, bouscule;
वह् *Vah-ê*, je porte; et *vaha*, véhicule.
वंह् *Vaṅh-ê*, pousser, monter, croître, grandir;
*Vaṅhayâmi*, bien parler, resplendir.
वा *Vâ-mi*, souffler; *vâyâmi*, je me fane;
वाञ्छ् *Vâṅx-âmi*, forme un vœu saint ou profane.
वाड्, वाध् *Vâḍ-ê*, se baigne, et *vaḍa*, coup, fardeau;
*Vâr*, l'onde pure, et *vâri*, le pot d'eau.
वाश् *Vâç-ê*, vagir; *vâçi*, le feu, la flamme;
*Vâçita*, cri, d'oiseau, d'enfant, de femme.

APPENDICE.

*Vastayê*, dévaster; lat. vastare. *Vasta*, choc, heurt; bouc.

*Vahâmi*, *vahê*, porter: *pṛṣṭêna*, sur son dos; *raťêna*, sur un char; *açwêna*, à cheval; *plavêna*, en bateau; apporter, amener, transporter, emmener; épouser (comme en lat. ducere): *Kanyam*, une jeune fille; aller, marcher, avancer: *Vahaty anila*, le vent souffle. Lat. veho; gr. ὀχέω; lith. vezu. *Vaha*, tout ce qui peut porter: épaules, dos, char, bateau, vent, flot, route; lat. via; germ. wogen; angl. wave; fr. vague. De là, force dérivés et composés.

*Vaṅhê*, *vaṅhayâmi*; comparez *baṅh*, *vṛ* et *raṅh*.

*Na vâti pavanas*, le vent ne souffle pas. Gr. ἄω, ἄημι, ἀήρ; lat. aer. *Vâyâmi*, être exposé au vent, se dessécher, se faner; figur. devenir languissant. Gr. αὔω, αὔρα; lat. aura.

*Vâṅxâmi*, désirer, angl. wish. Comparez *kâṅx*. On dit aussi *vâñčâmi*, *vâñčê*. *Vâñčâ*, désir; *vâṇčin*, désireux, au fém. femme passionnée.

*Vâḍê*, comparez *bâḍê*. *Vâḍavêya*, taureau; compar. *baḍavâ*.

*Vâďê*, *bâďê*, tourmenter, frapper; *vâďâ*, *bâďâ*, peine, misère; lith. bêda.

*Vâri*, le pot-à-l'eau (de *vâr*, eau). Varouna, le dieu des eaux célestes, Οὐρανός. *Vâr* correspond à l'antique racine latine *ur*; d'où urceus, pot-à-l'eau: urinam effundere, verser de l'eau; urinator, plongeur.

*Vâçê*, *vaçyê*, vagir, crier, hurler. Comparez *vâç*.

## CLVII.

वाह् *Vâh-ê*, s'efforce et s'applique ardemment ;
वि *Vi*, ce préfixe indique éloignement,
Privation, perte ; — état d'une chose
Qui se divise ou se métamorphose.
विच् *Vić* (*viñć* aussi), mettre à part, retrancher ;
विछ् *Vićć-ayâmi*, tendre vers, s'approcher.
विज् *Vij-ê*, j'ai peur, je tremble, je frissonne ;
विट् *Viṭ*, *vêṭâmi*, retentit et résonne.
विड् *Viḍ*, *vêḍâmi*, vocifère en jurant ;
विण्ट् *Viṇṭ-ayâmi*, déchoit, s'en va mourant.

APPENDICE.

*Vâhê*, causat. *vâhayâmi*, employer, se servir : *daṇḍam*, d'un bâton. Voir *bâh* et *vah*.

*Vikarômi*, défaire ; *vigaććâmi*, s'en aller, mourir ; *viguṇa*, privé de qualités. Le préfixe *vi* se place devant une foule de mots pour marquer éloignement, différence, modification, division, rupture, transformation. C'est le *ve* initial latin : *vecors*, sans cœur ; *vesanus*, privé de bon sens ; *vejovis*, un faux Jupiter.

*Vinaćmi*, *viñćê*, séparer : *jivitêna yôdân bahûn vivéća*, il ôta beaucoup de guerriers du nombre des vivants. On écrit aussi *vêvêjmi*, *vêvijê*, de *vij* au lieu de *vić*.

*Viććayâmi*, signifie en outre briller, et, par suite (comme toujours), parler.

*Vinajmi*, *vijê*, parf. *vivêja*, partic. *vigna*, trembler.

*Vêṭâmi*, résonner. Comparez *biṭ*. *Viṭapa*, rameau, branche, bourgeon.

*Vêḍâmi*, jurer, vociférer, proférer des imprécations. Comparez *biṭ* et *viṭ*.

*Viṇṭayâmi*, déchoir, dépérir, périr.

## CLVIII.

विथ् *Vit, vêtê*, prie, implore l'assistance,
Est suppliant, demande avec instance.
विद् *Vid* (grec οἶδα), — d'où les Vêdas ; — je vois,
Je sais, je sens, j'apprécie et je crois.
विल् *Vil-a*, caverne, antre, cavité sombre ;
*Vilâmi*, cache et couvre de son ombre.
विश् *Viç-ê*, partir, commencer ; *viçwa*, tout ;
विष् *Viś-a*, poison ; *vêśâmi* l'offre au goût ;
Mais *vêvêśmi*, j'accomplis, j'exécute,
Je me rends à, je viens vers, j'entre en lutte.

### APPENDICE.

*Vêt'ê*, parf. *vivit'ê*. Comparez *vid* et *vêt'*.

*Yad vitt'a tad brûta*, dites ce que vous savez ; *êtad iććâmi vêditum*, je désire savoir cela. *Vid* (à la fin des comp.), qui sait; *vidat, vidat'a*, sage, savant, pandit ; *vidâ*, connaissance, le Vêda (la science par excellence). Lat. video ; gr. εἴδω, οἶδα ; goth. vait ; lith. veizdmi ; *vindâmi*, trouver, rencontrer, obtenir ; *vêdayâmi*, habiter.

*Vilâmi*, couvrir, voiler ; *vêlayâmi*, jeter.

*Viçâmi, viçê*, entrer, aller vers : *jwalanam pradîptam pataṅgâ viçanti*, les insectes volent vers la lampe allumée ; procéder : *dixâm*, à un sacrifice ; *viç* (nominat. *viṭ*), entrée.

*Viçwa*, tout. D'où *viçwakarman*, l'Auteur (suprême) de toutes choses ; et une foule d'autres composés.

*Vêśâmi*, verser, répandre ; *viś*, l'action de répandre, excréments, ordure ; *viśa*, poison, venin, eau, liquide ; lat. virus. Cette racine forme un très-grand nombre de mots.

De *viś* dérive encore le verbe *viśnâmi*, séparer, désunir, rompre.

## CLIX.

विष्क् — *Viśk-ayâmi,* je vois, j'ouvre les yeux;
वी — *Vî, vêmi,* va : *dêvân,* avec les dieux.
वीज् — *Vîj-ê,* pousser; *vîjayâmi,* j'excite;
वीर्, वुङ्ग् — *Vîr-a,* héros; *vuṅg-âmi,* laisse et quitte.
वुण्ट् — *Vuṇṭ-ayâmi,* tomber; *vṛṇê,* choisir;
वृक् — *Vṛk-a,* chacal, loup, chien; *varkê,* saisir.
वृक्ष् — *Vṛx-ê* (voir *vṛ*), je couvre de mon ombre;
Ce mot produit d'autres mots en grand nombre.
वृज् — *Vṛj, varjâmi,* perdre, exclure, écarter,
Faire abandon d'une chose, éviter.

### APPENDICE.

*Viśkayâmi,* verbe peu usité.

*Vêmi,* aller, obtenir, accueillir, désirer, manger, porter, mener, jeter, concevoir, enfanter; *vî,* mouvement, progression; *vîka,* l'air, le vent, un oiseau; et beaucoup de composés.

*Vîjê,* pousser, croître; *vîjayâmi,* faire aller, agiter, éventer; *vîja,* semence, origine, cause, la vérité considérée comme principe des êtres; *vîja rûha,* le grain, le blé; et beaucoup d'autres mots.

*Vîra,* héros; *vîrâ,* héroïne; *vîrayâmi,* se montrer fort et valeureux. Grec ἥρως; lat. vir; *vîryâ,* vigueur, énergie. Lat. vis, vires?

*Vuṅgâmi*; voir. *buṅg.*

*Vuṇṭayâmi,* tomber, périr, dépérir; voir *viṇṭ.*

*Vṛ* ou *vṝ* et *vṛć, varâmi, varê, vṛnômi, vṛṇwê, vṛṇâmi, vṛṇê, vṛćyâmi,* choisir, vouloir, désirer, couvrir, cacher, interdire.

*Vṛk, varkê,* prendre, saisir.

*Vṛxa, vṛxaka,* arbre; *vṛxaćara,* singe; *vṛxabid,* hache; *vṛxamarkaṭikâ,* écureuil, *vṛxavâṭikâ,* jardin, bosquet; *vṛxâlaya,* oiseau; *vṛxâvâśa,* ascète; et beaucoup d'autres mots.

*Vṛj* ou *vṛć, varjâmi, vṛṇajmi, vṛṇaćmi; varjayâmi dôśam,* j'évite une faute.

## CLX.

वृत्　*Vṛt, vartê,* vit, se trouve, se comporte,
Est et se meut de telle ou telle sorte.
वृध्　*Vṛđ-di,* croissance ; une sorte d'augment ;
*Vardê,* grandit, prend de l'accroissement.
वृष्　*Vṛś, varśâmi,* verser, pleuvoir, répandre ;
Et *varśayê,* domine, est fort, engendre.
वृह्, वृंह्　*Vṛh, vṛṅh-âmi,* c'est grandement agir,
Croître, élever ; briller, parler ; mugir.
वे　*Vê, vayâmi, vayê,* je couds, je tresse,
Je fais des nœuds, je tisse avec adresse.

### APPENDICE.

*Vṛtti,* état, condition, manière de vivre, profession, métier ; *vartê,* de *vṛt,* forme une foule de mots ; il répond au latin vertere, versari, et surtout à l'allemand werden.

*Vṛdđa,* adulte, savant, sage, vieillard ; *vṛdđakrama,* rang dû à l'âge ; *vṛdđasaṅġa,* assemblée de vieillards ; *vṛđasâna,* un homme ; et beaucoup d'autres mots. La *vṛdđi* (qui n'est pas un augment verbal proprement dit), est l'accroissement de la voyelle au second degré (le premier degré étant le *guṇa*).

*Varśâmi, varśê, varśayê,* pleuvoir, arroser, répandre comme une pluie : *çôṇitam*, du sang ; *puśpâni*, des fleurs. Gr. *βρέχω* ; vieux franç. il verse (il pleut *à verse*) ; frapper, blesser, tourmenter, affaiblir, avoir la vertu génératrice ; *vṛśa,* un mâle, un taureau, un athlète ; gr. *ἄρσην* ; *vṛśan,* Indra (qui fait pleuvoir) ; *vṛśṭi,* la pluie ; et beaucoup d'autres mots.

*Vṛhâmi, varhâmi, vṛṅhâmi, vṛṅhayâmi* ; *vṛhat,* grand ; *vṛhatî,* discours, hymne, stance vêdique.

*Vêṇi,* tissage, chignon. *Vayâmi, vayê,* lat. vieo, angl. weave, germ. weben, emprunte des personnes et des temps à la racine *ûy* : exemple, 3e pers. plur. *vavus, ûvus, ûyus* ; p. moy. *vavê, ûvê, ûyê* ; opt. *ûyâsam* ; ps. *ûyê* ; p. p. *uta.* Comparez *vyê.*

## CLXI.

वेण् *Vêṇ-ê*, je veux penser, aimer, louer ;
Je prends (*viṇâm*, un luth, pour en jouer).
वेथ् *Vêt́-ê*, demande, implore, sollicite ;
वेप् *Vêp-as*, frisson que la frayeur excite.
वेल्ल् *Vêl-âmi*, va, s'avance, suit son cours,
En s'ébattant et vacillant toujours.
वेष्ट् *Vêśṭ-ê*, vêtir ; *vêśṭâmi*, j'environne ;
*Vêśṭaka*, mur, turban royal, couronne.
वेस्• *Vês-âmi*, j'aime, attends, désire un bien ;
वेह् *Vêh-ê*, s'efforce, et bien souvent pour rien.

### APPENDICE.

*Vêṇâmi*, *vêṇê*, *vêṇayâmi*, aller, s'élever, percevoir, connaître, adorer, désirer, favoriser ; *vêṇa*, homme de la caste des musiciens ; *vêṇu*, roseau, flûte ; *vêṇuďma*, *vêṇuvâda*, *væṇavika*, *væṇika*, *væṇuka*, joueur de flûte. On écrit aussi (par l'*n* sans point) *vên* : *vêna*, bien-aimé.

*Vêt́ê*, comparez la racine *vit́*, qui a le même sens.

*Vêpâmi*, *vêpê*, trembler : *vêpatê mahî*, la terre tremble ; *ďiyâ vêpatê*, il tremble de peur. *Vêpat́u*, *vêpana*, *vêpas*, tremblement ; *vêpayâmi*, ébranler, faire trembler.

*Vêlâ*, limite, borne, rive, le temps ; *vêlayâmi*, calculer le temps, l'annoncer. On écrit aussi *vêhl* et *vêll* : *vêlla*, mouvement, vacillement, ébats : *vêllana*, action de se mouvoir, de s'ébattre ; *vêlli*, plante volubile.

*Vêśṭayâmi*, entourer : *puram balæs*, une ville de troupes ; *væśṭra*, un univers ; vêtir, investir ; *vêśṭaka*, qui enveloppe, mur, clôture, turban ; *vêśṭana*, action d'envelopper, diadème, tiare, etc. Lat. vestio?

*Vêsâmi*, se porter vers, aimer, désirer.

*Vêhê*, s'appliquer, s'efforcer ; *vêhatî*, vache qui avorte ; *vêhâyê*, avorter. Compar. niti, nitor, parf. nixus sum, enixa est, les idées d'effort et d'enfantement menant de l'une à l'autre.

## CLXII.

व्यच् *Vyać* (voyez *vić*), s'étend et se prolonge ;
Au figuré, circonvient par mensonge.
व्यथ् *Vyat́-ê,* troublé, se faner, dépérir ;
D'où *vyat́â,* peine, émoi qui fait souffrir.
व्यध् *Vyad̆, vid̆yâmi,* perce, et d'une main sûre,
Par foudre ou fer, inflige une blessure.
व्ये *Vyê, vyayâmi,* j'enveloppe et revêts ;
व्रज् *Vraj,* d'un pas vif ou d'un pas lent, je vais.
व्रण् *Vraṇ,* retentit, ou bien meurtrit et navre,
Car des *vraṇâs* font d'un homme un cadavre.

### APPENDICE.

*Vićâmi,* embrasser par son étendue : *viviak pṛt́ivîm,* il s'est étendu par toute la terre ; figurément, circonvenir, tromper.

*Vyat́aka*, émouvant, affligeant, douloureux ; *vyat́a*, émotion, peine, crainte ; *vyat́ayâmi*, émouvoir, tourmenter, affliger, effrayer.

*Vyad̆a*, action de percer, de blesser, trou, blessure ; *vyad̆ya*, une cible. *Véd̆dum vâṇêna*, blesser d'une flèche ; *vidyutâ,* d'un coup de foudre.

*Vyayâmi*, *vyayê*. Comparez *vêṣṭâmi, vêṣṭê*.

*Vrajâmi*, *vrajê*, aller, s'avancer : *vraja mâćiraṃ*, va sans retard ; *taṃ vraja*, va le trouver ; *jarâṃ vrajê*, je deviens vieux ; *vinâçam vrajati*, il court à sa perte ; *vraja*, chemin, route ; *vrajyâ*, marche, mouvement en avant, attaque, assaut ; *vrâji*, coup de vent.

Le verbe *vraṇ*, quand il forme *vraṇyâmi*, signifie résonner, retentir. (Comparez *b̆raṇ* et *swan*) ; mais, quand il se conjugue en *vraṇayâmi*, il a un sens tout différent, il veut dire blesser. Un *vraṇa* (terme qui se retrouve dans le slave runa, dans le lith. rônu et dans le latin vulnus), c'est une blessure. *Vaṇakṛt*, qui vulnerat.

## CLXIII.

व्रश्च् *Vraçć-âmi* ([1]), fend (*tarûn,* des arbrisseaux);
Je hache, scie, ou découpe en morceaux.
व्री *Vrî, vri-ṇâmi,* fait choix, a préférence;
व्रीड् *Vrîḍ-a,* pudeur, modeste révérence.
व्रीड् *Vrîḍ-yâmi,* c'est mouvoir, brandir, lancer;
व्रीस् *Vrîs-ayâmi,* tuer, au moins blesser.
व्रुड् *Vruḍ,* veut couvrir, il amoncelle, entasse,
Parfois il tombe au fond de l'eau qui passe.
व्ली *Vlî, vli-nasi,* tu protéges les tiens,
Tu les choisis, les défends, les soutiens.

([1]) Devant la subséquence des deux caractères *ç* et *ć*, l'œil s'étonne, tout comme l'oreille s'effarouche devant le besoin de les prononcer. Et cependant il y a là plutôt inaccoutumance que difficulté réelle. En fait, il est aussi peu impossible d'ajouter au groupe *st* l'articulation représentée par *sh* en anglais (par *sch* en allemand, par *ch* en français) que toute autre consonne. — *Stchâ* n'exige pas plus d'effort d'émission que *stlâ* ou *strâ*; et tout se réduit au dérangement des habitudes.

### APPENDICE.

*Vraçćâmi* (*vras-tchâmi*), mot d'une prononciation assez étrange pour nous. Il a pour dérivé *vraçćana* (*vrastchâna*), petite scie ou ciseau; l'action de couper, de blesser.

*Vriṇâmi* et *vriṇâmi,* choisir; au pass. et classe 4, *vrîyê,* être choisi.

*Vrîḍyâmi,* rougir, avoir honte; *vrîḍita,* qui rougit, pudibond; *vrîḍa* ou *vrîḍâ* et *vrîḍana,* pudeur, modestie, respect, timidité.

*Vrîḍyâmi vâṇam*, je lance une flèche; *vrîḍana,* mouvement, abaissement: *hanwôs,* des mâchoires.

*Vrîsâmi, vrîsayâmi,* frapper, blesser, tuer. On écrit aussi *vrûsâmi.*

*Vruḍâmi*, couvrir, accumuler; être submergé, aller au fond.

*Vlînâmi, vlinâmi,* aller, choisir, tenir, soutenir; causatif, *vlêpayâmi.* Comparez les racines *vri* et *vṛ.*

## CLXIV.

शक् *Çak-nômi*, peut; *çakita*, qui peut être;
*Çakta*, vigueur; *çakra*, tout-puissant, maître.

शङ्क् *Çaγk-ê*, redoute, est toujours soupçonneux;
*ÇaγK'a*, la conque, aux bruits sourds, caverneux.

शच् *Çać-ê*, parler, s'exprimer en bons termes;

शञ्च् *Çańć-ê*, je marche à pas lents et peu fermes.

शट् *Çaṭ*, se briser, perdre au moins sa santé;

शठ् *Çaṭ-a*, coquin; *çaṭaṭâ*, fausseté.

शण् *Çaṇ-a*, le chanvre et sa corde ou ficelle;

शण्ड् *Çaṇḍ-ê*, j'amasse, accumule, amoncelle.

### APPENDICE.

*Çaknômi, çakyâmi, çakyê*, pouvoir: *na çaxyanti jîvitum*, ils ne pourront vivre; *çakti*, puissance, énergie active; *çakya*, possible; et beaucoup de composés.

*Çaγka, çaγku*, soupçon, crainte; *çaγkita, çaγkin*, qui soupçonne, qui se doute, qui craint; *çaγkura*, dont il faut se défier, qui est à craindre.

*ÇaγK'a*, conque; gr. κόγχη, lat. concha.

*Çaći*, éloquence, élocution facile.

*Çańćê*, aller, se mouvoir.

*Çaṭâmi*, s'en aller en morceaux, se dissoudre; activ. mettre en morceaux; être malade, triste, affligé.

*Çaṭ'âmi, çaṭ'ayâmi, çaṭ'ayê*, blesser, tuer; tromper; avoir la démarche et le costume d'un fainéant; louer, flatter; parler bien ou mal; être vrai ou faux; *çaṭ'a*, faux, trompeur, coquin, fainéant, sot, idiot.

*Çaṇâmi*, donner; *çaṇa*, chanvre, flèche; gr. κάνναβις, lat. cannabis; franç., jadis chennevise ou chennevine, d'où la chanvne, la chancvre (plus tard le chanvre). Proprement, c'est *çaṇasûtra* qui signifie la ficelle du chanvre et le fil qu'il produit.

*Çaṇḍê*, comme *çaṭâmi*, être malade; amasser; *çaṇḍa*, taureau en liberté; eunuque.

## CLXV.

शद्    Çad (cadere), tombe et choit tristement;

शप्    Çap-âmi, jure; il maudit par serment.

शम्    Çam, se calmer, voir en paix par l'étude,
Créer partout repos et quiétude.

शर्ब्    Çarb-ê, çarvê, sombre et terrible va
Donnant la mort; Çarva, le dieu Çiva.

शल्    Çal-âmi, court; çala, le dard rapide;

शल्भ्    Çalb̃-ê, je vante en flatteur intrépide.

शव्    Çav-âmi, j'ôte, enlève et fais partir;
Çava, corps mort, qu'on est prompt à sortir.

### APPENDICE.

Çad, au parf. çaçâda, tomber, périr, lat. cadere; çadri, nuage, éléphant, éclair; çadru, qui va, qui tombe; au causat. qui détruit, qui dévaste,

Çapâmi, çapyâmi, çapê, çapyê, jurer: danuśâ çapê, je jure par cet arc; çapa, çapat'a, çapana, serment, (sacramentum), adjuration, et par suite malédiction (ex secratio).

Çamyâmi, s'apaiser, devenir immobile, se calmer, cesser, être en paix, exempt de trouble; actif, mettre au repos, rendre immobile, tuer. En outre, regarder, voir, et même faire voir: çamya mâ çućas, calme-toi, ne gémis pas; çamaka, qui calme; çamana, action de calmer, de se calmer, quiétude produite par la méditation.

Çarbâmi, çarbê, çarvâmi, aller, tuer; çarva, Çiva; çarvara, sombre; substant. l'un des deux chiens nés de Saramâ, gr. Κέρϐερος; çarvarî, la nuit; çarvâṇî, Durgâ, épouse de Çarva.

Çalê, moyen de çalâmi, s'étendre sur, couvrir; çalayê, comme çat'ayê et çalb̃ê, louer, flatter, vanter; çala, çalâkâ, çalya, dard, pique, javelot, flèche, aiguillon du porc-épic.

Çalb̃ê (çubayê aussi), louer, flatter, vanter; se vanter.

Çavâmi, aller, ôter: çavati çittam Kâmas, l'amour fait perdre la raison; çava, cadavre; çavayâna, corbillard; çavara, Çiva (enleveur); çavasâna, cimetière. Ce dernier mot a aussi, mais dans les Vêdas seulement, le sens de voyageur.

## CLXVI.

शश् *Çaç-âmi,* court, comme en proie à la fièvre,
Saute et bondit; *çaça, çaçaka,* lièvre.
शष्, शस् *Caś,* ou bien *ças,* frapper, blesser, tuer,
Dans la mêlée en armes se ruer.
शंस् *Çańs* indiquer; *çańsaḥ,* hymne ou louange,
Récit, discours, vœu *que chaque jour change.*
शाख् *Çâk'-a,* légume, et *çâk'* occupe un lieu;
शाड् *Çâḍ-ê,* louer, célébrer quelque dieu.
शार्दूल शास् *Çardûla,* tigre, et *çâs-mi,* je commande;
*Çâsê* (moyen), j'implore, je demande.

### APPENDICE.

*Çaça* (et *çaçaka*), lièvre; russe, zaer; allem., par le changement de la sifflante en aspirée, hase; franç., une hase.

*Çaçaďara, çaçaŷka, çaçin*, signifient la lune, astre (dont les taches paraissent, aux brahmes, ressembler à celles d'un lièvre).

*Çasana,* immolation; *çastra,* arme, fer, sabre, couteau; *çastrajîvin,* soldat de profession; *çasya,* qui doit être frappé, tué, immolé. On écrit aussi *çańsâmi, çêśâmi* (de *çiś*); et, pour signifier dormir, *çaństâmi, sasâmi.*

*Çańsâmi, çańsê,* indiquer, montrer, raconter, dire, célébrer, louer, désirer, souhaiter, lat. censeo; c'est le *thaťi* des Perses (*thaťi Dârayaras,* Darius déclare); *çańsayâmi,* faire exécuter; *çańsitavrata,* qui a accompli un vœu; *çańsin,* qui indique, qui raconte, qui célèbre; *çaństṛ,* panégyriste, flatteur; *çańst'a,* heureux; *çańsya,* désirable.

*Çak'âmi,* embrasser, occuper, remplir; *çâk'a,* branche.

*Çâḍê* ou *çâlê,* louer, célébrer.

*Cârdûla,* tigre. (On ignore l'étymologie de ce mot, lequel est pris toujours en bonne et noble part.)

*Çasmi,* ordonner, régir; *daṇḍaḥ çâsti prajâs,* le châtiment régit le peuple; gouverner, commander, punir; *çâsana,* ordre, précepte, édit, contrat; *çâsitṛ,* celui qui régit, maître, instituteur; *çâsti,* sceptre, gouvernement; *çâstrin,* savant, pandit; etc. *Râjñî râjyam açiśat,* la reine gouverna le royaume; *ity açât,* tel est l'ordre qu'il donna; *çiśyân çiśyad ďarmêṇa,* qu'il punisse justement les élèves. Au moy. *çâsê* (vêd.), implorer, demander: *taṃ twâṃ vayaṃ çâsmahê,* nous te le demandons.

## CLXVII.

शि — *Çi-nwê*, j'aiguise une arme ; au figuré,
Je rends l'esprit plus vif, plus acéré.
शिङ्ख्, शिङ्घ् — *Çiyk-âmi*, va, se meut. *Çiyĝâmi*, flaire ;
शिञ्ज् — *Çiñj-ê*, tinter ; *ciyĝaṇa*, vase en verre.
शिट् — *Çiṭ*, *cêṭâmi*, rendre aux gens peu d'honneur ;
शिल् — *Çil-a*, l'épi laissé pour le glaneur.
शिष् — *Çiś*, *çinaśmi*, je laisse, j'abandonne ;
*Çiś-yê* (passif), rester, même en personne.
शी — *Çî* (fait *çayê*), — d'où *quies*, — κεῖται, dort,
Repose et gît, *fût-ce aux bras de la mort.*

### APPENDICE.

*Çinômi*, *çinwê*, aiguiser, exciter, égayer : *çiçîhi râya âbara*, réjouis-nous, apporte-nous les richesses. Lat. cio, cieo.

*Çiykâmi*, aller, se mouvoir.

*Çiyĝâmi*, flairer ; *çiyĝâṇa*, le mucus nasal ; *çiyĝâṇaka*, phlegme, humeur lymphatique. *Çinyĝana*, un vase de verre (pourquoi ?).

*Çiñjê*, tinter : *gaṇṭâs çiçiñjirê*, les cloches ont tinté ; *çiñja*, *çiñjila*, tintement ; *çiñjin*, qui tinte ; et plusieurs autres mots.

*Çêṭâmi*, dédaigner, mépriser.

*Çilâmi*, glaner ; *çila*, épi qui reste après la moisson pour les glaneurs ; *çili*, barbe de blé, flèche ; *çilâ*, pierre, roc ; (lat. silex).

*Çinaśmi*, laisser ; au pass. *çiśyê*, être laissé, être de reste, rester : *Yudi çiśyatê*, il reste sur le champ de bataille (il est tué) ; *çiśṭâ tê damayanty êkâ*, il ne te reste que Damayantî.

*Çayê*, être étendu, s'étendre : *çiçyê harir udadæ*, Hari se coucha sur la mer. Lat. quiesco, quies. Gr. κεῖμαι, κοιμητήριον, cœmeterium, cimetière (champ du repos).

## CLXVIII.

शीक् *Çîk-ayâmi,* brille et parle, illumine ;
*Çîkâmi,* geint, souffre, endure et se mine ;
*Çîkê,* marcher, s'avancer, se mouvoir,
Répandre à flots, verser, faire pleuvoir.
शीभ् *Çîb-ê,* se flatte et soi-même s'honore ;
शील् *Çîl-âmî,* pense ; — *ayâmi,* tente, explore.
शुक्, शुच् *Çuk,* va, se meut ; *çuć-yê,* tend à moisir ;
शुच् *Çuć,* pleure et geint, vif est son déplaisir.
शुच्य् *Çućyâmi,* brasse, exprime un suc, distille ;
शुट्, शुण् *Çut̥, çuṇ-âmi,* va boitant ou vacille.

### APPENDICE.

*Çiçîkê çônitam vyôma,* le ciel versa une pluie de sang ; *çîkara,* petite pluie, pluie chassée par le vent ; *çîgra, çîgriya,* prompt, rapide ; *çîgra-gâmin, çîgravêga,* qui va vite ; *çîgra-yê,* se hâter ; et beaucoup d'autres mots.

*Çîbê,* se glorifier.

*Çîlâmi, çîlayâmi,* faire, méditer, considérer, visiter, parcourir, essayer ; *çîla,* doué de, versé dans ; *çîlana,* étude pratique des çâstras faite en vue de la vertu ; *çîlavat,* doué d'un bon naturel, moral, vertueux ; et beaucoup d'autres mots.

*Çâkâmi,* aller.

*Çućyâmi, çućyê,* devenir humide, se pourrir, veut dire aussi être pur, clair, transparent, briller d'un pur éclat ; éclairer ; *çući,* clair, transparent, le feu, le soleil, la lune, la saison chaude, la planète de Vénus ; au figuré, la pureté morale ; *çurćivar-ćayê,* acquérir un pur éclat ; *çurćiyê,* devenir pur ; et beaucoup d'autres mots.

*Çuć,* pleurs, gémissement, regret, affliction, d'où le verbe *çôćâmi, çôćê, çôćimi,* pleurer, gémir, déplorer, regretter (avec l'accus.).

*Çućyâmi,* distiller, baratter.

*Çôt̥âmi, çuṇâmi, çuṇt̥âmi,* aller, boiter. Comparez *çôṇâmi.*

## CLXIX.

शुण्ट् *Çuṇṫ-ayâmi,* dessèche, est desséché ;
शुध् *Çuđ,* vivre pur, sans tache ni péché.
शुभ् *Çuƀ, çumƀâmi, çôƀê,* je frappe, tue,
J'orne, étincelle, à parler m'évertue.
शुर् *Çur-a,* lion, héros, astre brillant ;
*Çuryê* (parfois *çûryê*), je suis vaillant.
शुल्क् *Çulk-a,* l'impôt, la taxe, le péage,
Arrhes, profits, gain de femme en ménage.
शुल्व् *Çulv-ayâmi,* produire, mesurer ;
*Çulva,* cordon ; loi, règle à révérer.

### APPENDICE.

*Çuṇṫâmi, çuṇṫayâmi,* rendre sec ou le devenir. Ce sont les deux sens du verbe français sécher.

*Çuđyâmi, çuđyê, çunđâmi, çunđê, çunđayâmi*, être ou devenir pur, clair ; nettoyer, se nettoyer ; au fig. être purifié, et, par suite, être effacé : *na hastâ ruđirêṇa çuđyatas*, les mains ne se lavent pas avec du sang ; *na vârinâ çuđyatỳ antarâtmâ*, la conscience ne se lave pas avec de l'eau ; *pâpam vêdâƀyâsêna çuđyati*, le péché est effacé par la lecture du Vêda ; *çudđa,* pur, clair, blanc, sans tache, sans péché ; *çunđyu,* le feu ; et beaucoup d'autres mots.

*Çuƀa*, beau, brillant, heureux, éminent, distingué, bon : *yat aċarati karma nâras çuƀa-açubam*, toute action pure ou impure (c'est-à-dire bonne ou mauvaise) que commet un homme. On voit, par cette citation, que *çuƀa* se prend dans le sens de bon, moralement ; *çuƀâ,* splendeur, éclat, beauté ; *çubayê,* se parer, briller ; *çuƀra,* couleur blanche, le cristal, l'argent, le soleil, le Gange ; *çuƀrâṅça,* la lune ; et beaucoup d'autres mots.

*Çuratâ,* héroïsme, vaillance, vigueur ; *çurayê,* agir en héros, montrer sa vaillance. On écrit aussi : *çûra*, *çûryê*, *çûratâ*, *çûrayê* ; gr. κῦρος, κύριος.

*Çulkayâmi,* quitter, laisser, produire, émettre, payer, gagner, acquérir, raconter.

*Çulkayâmi* et *çulvayâmi* ont des significations semblables ; *çulla*, *çulva, çulvâ, çulvî*, corde, cordon, loi, observance sacrée, rite du sacrifice ; masse d'eau, cuivre rouge. Quant à *çulvari,* soufre, les Latins l'ont conservé, dans leur sulphur.

## CLXX.

शुष् *Çuś-yâmi*, creuse, étanche un sol humide,  
D'où vient *çuśka*, privé d'eau, sec, aride.  
शूल् *Çûl-a*, colique, âpre douleur qui cuit ;  
शूष् *Çûś* comme *suś*, crée, engendre, produit.  
शृध् *Çṛd, çardâmi*, lâche avec indécence  
Un gaz bruyant dont l'odorat s'offense.  
शॄ *Çṝ-ṇâmi*, brise, abat, détache, rompt ;  
शेल् *Çêl*, je vacille, et marche ou lent ou prompt.  
शो *Çô* (fait *çyâmi*), sur la meule j'aiguise ;  
शोण् *Çôṇ-a*, feu, sang, couleur pourpre ou cerise.

### APPENDICE.

*Çuśyati jalam*, l'eau s'évapore ; *çuśyati mê kaṇṭ'as*, mon gosier se dessèche ; *çuśa*, siccité, dessèchement, trou dans le sol pour dessécher la terre ; *çusira*, troué, perforé, subst. trou, canal, cavité ; le feu ; un rat ; *çuśila*, le vent ; *çuśka*, sec, lat. siccus, gr. σαυκρός, σαῦλος, σαχνός ; *çuśṇa*, desséchant.

*Çûlâmi*, être malade, crier ; *çûla*, colique, lancination, mort ; lance, pique, dard.

*Çûśâmi*, procréer.

*Çṛd* (*çardâmi, çardê, çardayâmi*), péter ; au fig. insulter ; *çṛdû*, l'anus. Comparez *pard*. En outre, être ou devenir humide, faire effort pour s'élever.

*Çṝ*, se briser : *Himavân çîryêt*, l'Himavat s'écroulerait.

*Çêlâmi*, aller, se mouvoir.

*Çyâmi*, p. *çaçœ*, fut. 1 *çâtâsmi*, fut. 2 *çâsyâmi*, aor. 1 *açâsam*, aor. 2 *açâm*, pp. *çâta* et *çita*.

*Çôṇâmi*, aller, se mouvoir, mais plus souvent être ou devenir rouge ; *çôṇa, çôṇita*, rouge, écarlate ; sang, rubis ; et plusieurs autres mots indiquant tous des choses de couleur rubiconde.

## CLXXI.

शौट् *Çæṭ*, est hautain, il prend un fort grand air;
*Çæṭ-ayâmi* (causatif), rendre fier.
श्चुत् *Çcut, çcôtâmi*, verse, répand, écoule;
श्नथ् *Çnat-âmi*, frappe, et sous sa main tout croule.
श्यै *Çyæ, çyâyê*, tend à se coaguler;
श्रङ्क् *Çraṅk-ê*, se mettre en mouvement, aller.
श्रण् *Çraṇ*, pour les dons peut servir de modèle;
श्रत् *Çrat*, c'est la foi; d'où vient *çradda*, fidèle.
श्रथ् *Crat*, fait des nœuds ou les va défaisant;
श्रम् *Çram-a*, fatigue, exercice épuisant.

APPENDICE.

*Çæṭayâmi*, causat. rendre fier; *çæṭira*, fier, hautain; homme fier et hautain, quoique de rang inférieur; héros, ascète; *çæṭîrya*, héroïsme. La racine *çræḍ* (par *ḍ* au lieu de *ṭ*) a le même sens que *çræṭ*.

*Çcôtâmi* (pron. *stchôtâmi*) et *çcyôtâmi*, verser, répandre; *çcôta* et *çcyôta*, l'action de verser, de répandre.

*Çnaťâmi, çnaťayâmi*, frapper, tuer, détruire: *purim*, une ville. *Çnaťiṛ*, meurtrier.

*Çyâyê*, se coaguler, se prendre par le refroidissement; *çînaṃ gṛtam*, beurre fondu refroidi et solidifié.

*Çraṅkê* et *çraṅgâmi*, se mouvoir.

*Çrâṇayâmi*, causat. *çraṇayâmi*, de *çraṇâmi*, donner, prodiguer.

*Çrat*, foi, fidélité; d'où *çraddadâmi*, avoir foi, croire, lat. credo; *çradda*, *çraddâmaya, çraddâlu, çraddâvat*, croyant; *çrâdda*, fidèle, qui a la foi.

*Çraťâmi, çraťayâmi, çrâťayâmi, çraťnâmi*, lier, nouer, délier, détacher, être lâche, détendu, sans ressort, mou, faible; réjouir, égayer, s'efforcer, tuer; *çraťana*, *çranťa*, action de lier, de délier, de mettre en liberté, de tuer.

*Çrâmyâmi*, être épuisé par les austérités, être las; *çramaṇa*, ascète, religieux; *çramin*, qui se lasse, qui subit volontairement un exercice fatigant; *çramaṇâyê*, devenir pauvre comme un ascète; *çrânta*, ascète; *açrama*, refuge, ermitage; *âçritas*, qui se réfugie.

## CLXXII.

| | |
|---|---|
| श्रम्भ् | Çrambẽ-ê, bonhomme en sa philosophie, |
| | Se laisse vivre ; à tous il se confie. |
| श्रा | Çrá, cuire en paix ce dont je me nourris, |
| | (Quelque çrâna, modeste mets de riz). |
| श्राम् | Çram, c'est «clamo» : j'invoque, appelle, implore; |
| त्रि, श्री | Çri, révérer. Çrî, bonheur qu'on adore. |
| शु | Çru (κλύω, grec), prête l'oreille, entend ; |
| | Son passif mène à célèbre, éclatant. |
| श्रोण् | Çrô-ṇi, la hanche, et çrôṇa, cul-de-jatte ; |
| श्लाघ् | Çlâǵ-ê, l'orgueil m'enivre, et je me flatte. |

### APPENDICE.

Çrambê (partic. çrabda), avoir du laisser-aller, s'en rapporter volontiers à tel ou tel. Se conjugue souvent avec le préfixe vi.

Çrâmi, çrayâmi, faire cuire. On dit aussi çri, crinâmi, çriṇê. Le crâṇa (coction, potage) est une polenta de riz fermenté.

Çrâmayâmi, appeler ; c'est le latin clamo.

Çri, crayâmi, crayê, entrer, chercher asile (crayawe, craya, refuge); puis obtenir, recevoir, etc., mais surtout honorer. Çritawat, servi, adoré.

Çri (par i long), c'est félicité, beauté, etc., mais dans le genre adorable et divin. Ce terme, devenu une sorte d'adjectif, se place en avant de divers noms de personnages ou de choses que l'on veut signaler au respect. Ex. Çri-Râmâyaṇa, l'heureuse (c'est-à-dire la sainte) Râmaïde.

Çru, quelquefois (couler comme sru, sravâmi); mais ordinairement çru (criṇómi) signifie entendre, écouter, au fig. obéir. Çravayâmi, raconter (faire entendre) ; çrûtimat, auditeur ; çruḍi (impérat. vêd.), écoute, κλῦθι. Çrarṇa, cruti, crôtas, oreille, ouïe ; çruta, objet de l'audition, et par ex. l'Ecriture sainte ; çralakṛti, vanté, célèbre. Cf. en grec le κρὸ radic. d'ἀκροάομαι et le κλ de κλύω, κλυτός, κλέος. En lat. le clutus d'inclytus.

Çrôṇâmi et çlôṇâmi, amasser, amonceler ; çrôṇi, çrôṇi, çrôṇipalaka, hanches, fesses, cuisses, voie, chemin ; gr. κλόνις, lat. clunis ; çrôṇivimba, corde que l'on porte autour des hanches.

Çlâǵê, flatter, se flatter, louer, célébrer ; çlâǵâ, louange, acte d'adoration, flatterie; çlâǵya, adorable, digne de louange. On dit aussi çlâǵayâmi.

## CLXXIII.

| | |
|---|---|
| श्लिष् | *Çliś-yâmi*, lie ; il serre dans ses bras ; |
| श्लोक् | *Çlôk-ê*, compose, écrit ; fait des *çlôkas*. |
| श्वन्, श्वर्त् | *Çwan* et *çun*, chien. *Çwart*, vit triste, en mécompte ; |
| श्वल्, श्वल्क् | *Çwal-âmi*, court ; *çwalk-ayâmî*, raconte. |
| श्वस् | *Çwas-imi*, souffle, il gémit en chemin ; |
| | *Çwas* (latin *cras*), c'est le jour de demain. |
| श्वि | *Çwi*, grossit, croît, s'enfle, se tuméfie ; |
| श्वित् | *Çwit*, devient blanc, la vue en est ravie. |
| ष्ठिव् | *'Sṭiv* (au parfait *tisṭêva*), saliver ; |
| ष्वक्क् | *'Swakk*, où bien *śwaśk*, gravir et s'élever. |

APPENDICE.

*Çlêśâmi*, comme *çrêśâmi*, brûler ; mais *çlês-yamî*, joindre, unir ; et *çliśyâmi*, lier, attacher : *sandinâ*, par un nœud, ou enlacer dans ses bras ; *çliśâ*, embrassement ; *çlêśa*, union, ligature, adhérence.

*Çlôkê*, composer des vers, écrire en vers ; *çlôka*, stance ou distique.

*Çwan*, chien (thème faible, *çun*). C'est justement le grec κύων, κυνὸς, κυνί.

*Çwart* (comme *swart*), *çwartayâmi*, vivre dans l'affliction.

*Çwalâmi*, *çwallâmi*. On dit aussi *çwâtrâmi*. *Çwalkayâmi*, dire, raconter.

*Çwayâmi*, s'enfler, se tuméfier, grossir : *Asya kuxiś çuçâva*, son ventre se gonfla ; croître, grandir : *uśâ açwêt*, l'aurore a grandi. Gr. κύω, κῦμα.

*Çwasimi*, respirer, siffler : *ivôragâs*, comme des serpents ; *çwasana*, *çwâsa*, *çwâsin*, respiration, souffle, soupir, vent ; *çwasanâçana*, *çwasanôtsuka*, serpent ; *çwâsayâmi*, faire respirer, donner du relâche ; *çwâsahêti*, sommeil.

*Çwas*, le *cras* des Latins (comme νέκυς, νεκρός). *Çwastana*, adj., *crastinus*.

*Çwêtê*, être ou devenir blanc ; *çwitnya*, blanc ; *çwitra*, l'air, l'éther ; *çwêta*, blanc, couleur blanche ; de là beaucoup de dérivés et de composés. Cette racine s'écrit aussi *çwid* et *çwind*.

*Sṭivâmi*, *sṭivyâmi*, rejeter en crachant ; lat. spuere ; comme σπουδαῖον et studium.

*Swakkâmi*, *swas* et *swaskâmi*, aller, monter. Presque toutes les racines en *śa* s'écrivent mieux par *sa*. Nous allons les donner à cette lettre.

## CLXXIV.

सग् *Sag-âmi*, vêt (de casaque pesante);
सघ् *Saġ* (de *sam-han*?) tue; aux dieux il présente.
*Saċ-ê* (sequor), suivre un loyal ami;
(On trouve moins *saċê* que *siśaċmi*).
सज्, सञ्ज् *Saj*, *sañjâmi*, tient à, s'attache, adhère;
सञ्च् *Sañċ-âmi*, va, cherchant ce qu'il préfère.
सट् *Saṭ*, fait partie; au moins a du rapport;
सट्ट् *Saṭṭ-ayâmi*, je frappe, je suis fort.
सद् *Sad* (*sidâmi*), s'assied comme un vieux père;
*Sadâmi*, part, et voyage (au contraire).

### APPENDICE.

*Sagâmi*, *sagayâmi*, couvrir; gr. σάττω, σάγη, le sagum gaulois, nommé par nos pères un sayon, et que l'Antiquité cite partout comme type d'un vêtement grossier.

*Sagnômi*, frapper, tuer, offrir en sacrifice, recevoir en offrande; *saṅġa*, troupe, foule, assemblée de religieux buddhistes. La racine *saġ* est peut-être formée de *sam-han*.

*Saċê*, *siśaċmi*, suivre, poursuivre, s'attacher à, obéir, servir, honorer, être favorable, lat. sequi; *saċiva*, ami, compagnon, conseiller, ministre; *ċâyêva ƀuvanam siśakti*, comme l'ombre suit le soleil; *vatsam mâtâ siśakti*, la mère suit son veau; *Agni vanâ siśakti*, le feu s'attache au bois.

*Sajâmi*, *sajjâmi*, *sañjâmi*, être adhérent; au fig. avoir de l'attachement pour, tenir à.

*Sañċâmi*, *sajjâmi*, *sajjê*, aller, se mouvoir, suivre; comme *saċê*.

*Saṭâmi*, avoir rapport à, faire partie de; *saṭayâmi*, montrer, manifester; *saṭa*, mèche de cheveux des ascètes, crinière, huppe, aigrette.

*Saṭṭayâmi*, être fort, tuer; habiter; donner.

*Sad*, *sîdâmi*, s'asseoir, s'affaisser, périr de lassitude: *sîdanti mama gâtrâṇi*, mes membres se dérobent sous moi; *sîdêyur lôkâs*, les mondes tomberaient dans l'immobilité; latin sedes, sedeo, etc. *Sadana*, *sadas*, *sadman*, siége, séance, résidence; *sadasya*, membre d'une assemblée. Quant à un autre verbe *sad* (qui fait *sadâmi*), il rappelle au contraire le grec ὁδός, et il signifie se mettre en voyage; *sadâmi*, *sâdayâmi*, aller; *sadru*, qui va, qui se meut.

## CLXXV.

सन् *San-âmi*, donne, offre en hommage, obtient ;

*Sani, santi* ( donation ) en vient.

सप् *Sap-âmi* ( voir *saćê* ), respecte, honore,

Suit quelque chef, le sert, parfois l'adore.

सम् *Sam,* le σύν grec ; *samâmi* se troubler;

सम् *Samas*, égal, ou qui peut ressembler.

सम्ब् *Samb-ayâmi*, je joins, j'attache et noue ;

सर्ज् *Sarj-âmi*, gagne, au trafic se dévoue.

सर्ब् *Sarb*, comme *sṛp*, lentement s'avancer ;

सल् *Sal* ( le latin *salio* ), s'élancer.

### APPENDICE.

*Sanâmi, sanômi, sanwê.*

*Saparyâ,* honneur, adoration ; *saparyâmi,* honorer, adorer.

*Sam* , préfixe ; en grec , σύν (et probablement aussi ἅμα. En latin, cum. De là ( et de *san* ), une foule de composés ; par exemple, *sańskṛtam* ( le sanscrit ), c'est-à-dire *confectum*, pris dans le sens de *perfectum*.

*Samâmi* , *samayâmi* , être agité, troublé.

*Sambayâmi*, lier, unir.

*Sarjâmi*, acquérir, gagner par le travail ; *sarjû*, marchand.

*Sarbâmi*, aller.

*Salâmi* (pour *sarâmi*, de *sṛ*) ; grec, ἅλλομαι ; lat. salio ; *sala*, *salila*, eau, gr. σάλος, ἅλς, lat. sal, salum, etc. ; *salilaja*, lotus ; *salilênđana*, feu sous les eaux.

## CLXXVI.

सश्च् — *Saçċ-âmi*, suit, poursuit, traverse, longe;
सस् — *Sas, sâsasmi*, dans le sommeil se plonge.
सह् — *Sah*, veut et peut soutenir, résister,
Souffrir, attendre, endurer, supporter.
साध् — *Sâđ*, prend sa tâche, et l'accomplit sur l'heure;
साल्, शाल् — *Sâla, çâla*, halle ou SALLE, ou demeure.
सिच् — *Siċ, siñċâmi*, j'arrose (mon jardin);
सिट् — *Siṭ* (voyez *çiṭ*), témoigner du dédain.
सिध — *Siđ*, ou repousse, écarte, instruit, enseigne;
Ou réussit, vit heureux, monte et règne.

APPENDICE.

*Saççâmi* veut dire aussi favoriser, donner, se fermer, etc. *Saççantaş*, ennemis.

*Sasmi*, et *sâsami*, dormir, s'écrit aussi *sańst*; d'où *saństara*, un lit.

*Sahâmi, sahê*, infinit. *sahitum* et *sôḍum* : *pitêva putrasya arhasi dêva sôḍum*, ô Dieu, sois indulgent comme un père l'est pour son fils; gr. ἔχω, σχῶ, ἴσχω; *saha*, patient, endurant, subst. force de résistance, pouvoir, gr. ὀχός; *sahalôka*, le monde de ceux qui souffrent, c'est-à-dire le monde des hommes; et beaucoup d'autres mots.

*Sâđnômi, sâđâmi, sâđyâmi*, causat. *sâđayâmi*; *sâđaka*, utile; *sâđana*, exécution, achèvement.

*Sâla* ou *çâla* (angl. hall, fr. salle), c'était le grand logis primitif; la demeure d'un chef des temps héroïques.

*Siñċâmi, siñċê*, arroser, verser, asperger, répandre : *jalam*, de l'eau.

*Sêṭâmi*, dédaigner, comme *çil*.

*Siđ*, dans les acceptions du premier vers, fait *sâđâmi* : *Agni raxâńsi sêdati*, Agni éloigne les Raxasas. Dans les acceptions du second vers, il se conjugue en *siđyâmi*. Celles-ci font s'achever, réussir, devenir parfait : *puruśakârêṇa vinâ dævaṃ na siđyati*, le destin ne peut s'accomplir sans l'action de l'homme. De là, *siđđa*, un saint, un poète inspiré, un ascète ou adepte possédant des pouvoirs surnaturels. *Siđđi*, accomplissement, perfection acquise, résultat final, délivrance finale, efficacité de l'ascétisme.

## CLXXVII.

सिन्धु *Sindu*, liqueur dont les flots répandus
Sacrent l'autel ; fleuve, — et surtout l'Indus.
सिभ् *Sib*, *sêbâmi*, frapper comme la foudre ;
सिव् *Siv*, *sisêva*, (suo, latin), c'est coudre.
सिंह, सु *Sinha*, lion ; *su*, produire un enfant ;
Parfois aussi domine, est triomphant.
सु *Su*, bien, bon, beau, l'εὖ grec (préfixe utile) ;
*Su* (mais *sunwê*), j'extrais et je distille.
सुट्ट् *Sutt-ayâmi*, dédaigne, estime peu ;
सुर् *Sur*, resplendir ; *sura*, soleil, un dieu.

### APPENDICE.

*Sindû*, le fleuve (par excellence), le *Sindus*, ou selon les Iraniens, le *Hindus*. Cette dernière prononciation fut empruntée aux Perses par les Grecs, qui même y supprimèrent l'esprit rude ; voilà pourquoi nous disons l'Inde et les Indous. Malgré cela, l'Angleterre dit encore très-bien « les émirs du Sind. »

*Sib* ou *simbâmi*, briller, frapper, tuer. On écrit aussi *sub* et *sumb*.

*Sivyâmi*, parf. *sisêva*, partic. *syûta*, coudre. Lat. suere.

*Sinha*, lion ; *sinhakêçara* (lat. leonis *cæsaries*), crinière de lion.

*Su* : *savâmi*, *sœmi*, moyen *suvê*, pas. *suyê*, partic. *suta*, *sûta*, *sûna* (angl. sun), enfant : *Sâ sutam sâtê*, elle enfanta un fils. *Savâmi* ou *sœmi* veut dire aussi dominer, être maître ; et *savâmi*, *savê*, aller. Quant au *su* qui donne *sunômi*, *sanwê*, il signifie extraire un jus, l'exprimer : ainsi, *sômam*, le jus sacré de l'asclépiade.

*Su*, qui n'est conservé en latin que dans sudum (*su*, *diu*, beau ciel), — a perdu son esprit rude dans l'εὐ des Grecs, dont en sanscrit il joue constamment le rôle : *sukarman*, qui agit bien ; *sujana* (εὐγενής), bien né ; *sukêça*, qui a de beaux cheveux.

*Suttayâmi*, dédaigner, estimer peu, devient passif aussi, et veut dire être petit, de peu de valeur.

*Surâmi*, briller, luire, être maître, être chef ; compar. *swar*. *Sura*, le soleil ; gr. σείριος, ἥλιος ; lat. sol ; au figuré, un dieu, un savant. *Surakârmuka*, arc-en-ciel ; *suralôka*, le monde des dieux, le *swarga*, le paradis ; *surasindu*, le fleuve des dieux (le Gange) ; et beaucoup d'autres composés. On écrit aussi *sûryê*, *sûra*, *sûrya*.

## CLXXVIII.

सुह् *Suh-yâmi*, semble à tout destin se plaire,
Ou pour le moins, il supporte, il tolère.
सू *Sû-yê, suvê*, mettre au monde, enfanter ;
*Sû* (*suvâmi*), commander, exciter.
सूच् *Sûć-ayâmi*, révèle, fait connaître ;
*Sûd-ê*, je frappe, égorge, tue un être.
सूद्, सूप् *Sûda, sûp-a*, cuisinier, sauce ou mets ;
सूर्क्ष् *Sûrx*, ou néglige, ou rejette à jamais.
सृ *Sṛ, sarâmi*, va, marche dans l'espace,
Ou, comme une onde, il glisse, il coule, il passe.

### APPENDICE.

*Suh*, se réjouir des choses, ou, du moins, s'en contenter. *Suhita* (probablement de *suh* et de *ilâ*), bien traité, bien disposé, satisfait ; bon à, propre à.

*Sû*, celle qui enfante (la mère) ; ordre, commandement ; *sûta*, né, engendré ; extrait, exprimé ; de là, le célèbre *sôma* ; *sûti*, naissance ; *sûna*, né, extrait, fleuri, épanoui ; *sûnu*, fils, fille ; (germ. sohn), et beaucoup d'autres mots. Quant à *suvâmi*, inciter, exciter, il appartient à la langue vêdique.

*Sûci*, indication, signes, gestes ; *sûćaka*, qui désigne, qui révèle ; *sûćana*, l'action de montrer, d'indiquer ; et beaucoup d'autres mots.

Est-ce de *sûd-ê*, tuer (causat. *sûdayâmi*), que vient *sûda*, cuisinier, mot qui veut dire aussi sauce ou fricassée ?

*Surxâmi* (parf. *suśûrxa*), dédaigner, négliger une personne ou une chose, n'en prendre aucun souci. *Suxaṇa* (quoique sans *r*), manque de respect.

*Sarâmi, sisarmi*, marcher, s'avancer, couler ; *sṛka*, le vent, une flèche (ce qui s'avance rapidement).

## CLXXIX.

सृज् *Sṛj*, émet, lance ; il produit, il répand ;
सृप् *Sṛp*, *sarpâmi*, glisse comme un serpent.
सृभ् *Sṛb́* (*sṛmb́*, idem), à frapper s'évertue ;
सॄ *Sṝ* (par *rî* long), de même frappe et tue.
सेव् *Sêv-ê*, hanter, fréquenter, demeurer ;
Figurément, rendre hommage, honorer.
सै *Sæ*, *sâyâmi*, s'affaisse, n'est plus ferme ;
सो *Sô*, *syâmi*, mène une chose à son terme.
स्कन्द् *Skand*, ou s'élève ou descend (*scandere*) ;
Monte surtout : — *dyâm*, au ciel éthéré.

### APPENDICE.

*Sṛjâmi*, *sṛjyê*, laisse échapper, répand : *jalam*, de l'eau ; lance : *vânam*, une flèche ; prononce : *giras*, des paroles ; met, dépose ; *skandê srajam*, une guirlande sur l'épaule ; enfante, produit : *putram*, un fils. *Sṛj*, celui qui émet, qui produit ; *sṛṣṭa*, (partic.), lâche, répandu, produit, émis, rejeté, abandonné ; *sṛṣṭi*, production.

*Sarpâmi*, gr. ἕρπω, lat. serpo et repo. *Séhê* (rarement employé) veut dire aussi aller.

*Sṛb́* ou *sṛmb́*, frapper, tuer. *Sṝ*, *sṛṇâmi*, a le même sens.

*Sêvê*, *sêvâmi*, c'est le gr. σέβομαι, d'où σεβαστός, auguste. *Vṛddân sêvêta*, qu'il honore les vieillards ; *sêvaka*, serviteur ; *sêvana*, *sêvâ*, culte, domesticité ; *sêvin*, qui fréquente, qui honore ; et beaucoup d'autres mots.

*Sæ*, *sâyâmi*, languir, dépérir, se faner, tomber.

*Sô*, *syâmi*, finir, terminer, achever ; par conséquence, détruire, tuer.

*Skandâmi*, ordinairement monter, signifie quelquefois aussi, s'affaisser, descendre, tomber : c'est a-scendere et de-scendere ; *rêtas skandati*, la semence tombe à terre ; *skandayâmi*, causat. répandre, négliger, parfois amasser : *skandana*, l'action de monter, ou, au contraire, descente (de bile), diarrhée.

## CLXXX.

स्कभ् *Skaƀ, skaƀnômi,* je fiche, enfonce, appuie ;
स्कु *Sḱu-nê, skunwê,* couvrir comme de pluie.
स्कन्द् *Sḱund,* à son gré, va par sauts et par bonds ;
स्कुम्भ् *Skumb,* je l'arrête et retiens ; j'en réponds.
स्खद् *Sḱad* (au parfait *caśḱadê*), je déchire,
Je mets en fuite et me plais à détruire.
स्खल् *Sḱal-âmi,* tombe ou chancelle en marchant ;
Au figuré, pèche, est faible ou méchant.
स्तक् *Stak,* rend les coups, résiste avec courage ;
स्तन् *Stan-ayitnu,* tonnerre, bruit d'orage.

### APPENDICE.

*Skaƀ* et *skamƀnômi* , *skaƀnâmi* , *skamƀê, skamƀayâmi,* ficher, enfoncer pour étayer ; *skamƀas* , étai , poteau.

*Skunômi, skunwê, skunâmi, skunê, skâvayâmi* , couvrir : *iśuvṛśṭiƀis* , d'une pluie de flèches.

*Skud* et *skundê,* aller par sauts et par bonds. Voir *skand.*

*Skuƀnômi* et *skuƀnâmi* , arrêter, retenir quelqu'un ; empêcher quelque chose.

*Skadana,* destruction, défaite ; mise en fuite, en déroute, en pièces.

*Sḱalâmi,* vaciller, commettre une erreur, une faute, un péché (lat. scelus ) ; *sḱalayâmi,* causat. ; *sḱalana, sḱalita* (part.), action de chanceler, de vaciller, chute, erreur, faute, péché.

*Stakâmi, stakayâmi,* rendre coup pour coup, résister.

*Stanâmi,* gémir, soupirer, résonner ; *stanayâmi*, tonner ; *stanana,* son, gémissement, soupir, bruit ; *stanita* (partic.) et *stanayitnu,* bruit du tonnerre. Lat. tonat, qui a dû être jadis stonat ( comme on le voit encore par le grec στένω, et par le lithuan. stenu ). Il paraît que la première idée que le tonnerre ait présenté ait été une sorte de gémissement ; pensée qui se retrouve dans le sanscr. *rudita* (cri terrible, mais d'abord pleurs ).

Du reste, il y a dans *stanayitnu,* comme dans *tonitru,* une désinence peu ordinaire, probablement amenée par l'onomatopée.

## CLXXXI.

स्तम्भ् *Stamb́-a*, poteau, barrière, empêchement;
Au figuré : stupeur, étonnement.

स्तिघ् *Stiǵ-nwê*, s'élève au dessus de la foule;

स्तिप् *Stip* (fait *stêpê*), goutte à goutte découle.

स्तिम् *Stim*, je suis fixe, — ou bien, moite, humecté;

स्तु *Stu-ta*, *stutya*, digne d'être vanté.

स्तूप् *Stûp-a*, monceau, tombe monumentale;

स्तुभ्, स्तृ *Stub́*, célébrer; *stṛnwê*, déploie, étale.

स्तृक्ष् *Stṛx-mi*, se meut, marche, va n'importe où;

स्तेन् *Stên-ayâmi*, voler; *stên-a*, filou.

### APPENDICE.

*Stab́nômi*, *stab́nâmi*, étayer, consolider; rendre immobile d'étonnement, de torpeur; *stamb́a*, étai, poteau, pilier, colonne; *stamb́ayâmi* (causat.), rendre immobile, arrêter; *bâhûn*, les bras; *vajram*, une arme.

*Stiǵnômi*, *stiǵnwê*, monter, s'élever; le verbe allem. steigen.

*Stêpê*, parf. *tiṣṭipé* et *tiṣṭêpê*, distiller, c'est-à-dire tomber goutte à goutte.

*Stimyâmi*, être immobile, fixe ou roide; — être humide, mouillé.

*Stu* : *stæmi*, *stavimi*, *stuwê*; pass. *stûyê*, partic. *stuta*, louer, célébrer, chanter; *stuti*, louange, hymne; *stutya*, digne de louanges. *Stôtṛ*, panégyriste; *stôtra*, *stôma*, louange, éloge; gr. στόμα.

*Stûpyâmi*, *stûpayâmi*, amasser, amonceler, élever; *stûpa*, tas, amas de terre, de pierres, etc., sorte de tour, de mausolée, en pâli : *t́ûpa*, angl. top (sommet), gr. τύμβος, lat. tumulus. Les pyramides funèbres des anciens rois, dans le haut Indus, s'appellent encore des stopas.

*Stub́*, *stob́ê*, comme *stu*; c'est-à-dire, vanter, prôner, célébrer.

*Stṛṇômi*, *stṛṇâmi*, ou *stṝṇômi*, etc., étaler, étendre à terre; quelquefois abattre, c'est-à-dire, tuer; lat. sterno; gr. στρώννυμι. Dans le sens de tuer, on dit aussi *stṛhômi*, *stṝhâmi*, *stṛṅhâmi*.

*Stṛxmi*, (pron. *strikch-mi*), aller.

*Stêya*, *stæna*, *stænya*, vol, larcin; *stêyin*, *styêna*, voleur.

## CLXXXII.

स्त्यै *Styæ*, crie ensemble, en bruit d'écho résonne;
स्थग् *S'tag-âmi*, cache, ou ne montre à personne.
स्थल् *S'tal-a*, terrein, tente, sol bien soigné,
STALLE, lieu sûr et d'avance assigné.
स्था *S'ta*, *tiṣṭâmi*, se tenir droit et ferme,
(*S'tânur iva*), comme un pieu, comme un terme;
Stable, immobile et fixe demeurer,
(*Akarmakṛt*, sans rien faire); durer.
स्ना *Snâ-mi*, se baigne, il se lave lui-même;
स्निह् *Snih*, je chéris, je suis attaché, j'aime.

APPENDICE.

*Styæ*: *styâyâmi*, résonner, crier ensemble, pousser des cris, puis rassembler, entasser; *styâna* (partic.), gros, massif, gras, onctueux, substantiv. grosseur, épaisseur, stupidité; *styana*, veut aussi dire écho.

*S'agâmi*, *s'agayâmi*, couvrir, cacher. Grec στέγω, lat. tego; *staga*, trompeur, voleur, escroc; *s'agana*, action de cacher.

*S'alâmi* (comme *s'â*), se tenir debout; *stala*, lieu préparé (en terrain ferme), tente, emplacement choisi; en franç. stalle.

*S'â*: *tiṣ'âmi*, *tiṣ'é*, gr. ἵστημι, lat. stare, sistere. Cette racine a beaucoup de dérivés et de composés, tels que; *s'âna*, halte ou résidence; *s'iti*, station; *s'âvara*, montagne; comme adjectifs, fixe, immobile, solide; *s'ira*, stable, durable; *s'ûṇa*, pilier, statue de fer, enclume; *stæra*, vigueur. Comme adjectifs, *s'ûla*, massif; *s'éyas*, sorte de comparat. de *s'â*, superlat. *s'éṣ'a*, durable, plus durable, très-durable; etc., etc.

*Snapayâmi* (causat. de *snâ*), baigner, laver; *snâna*, bain; *snâniya*, relatif au bain, bon pour qu'on s'y baigne; *snâyin*, qui se baigne, qui se lave. Lat. nare?

*Snihyâmi*, je chéris, j'aime; *snêha*, affection, tendresse; *snêhan*, ami; *snêhita*, aimé; *snêhin*, qui aime; et plusieurs autres mots. Le participe de ce verbe est *snigda* ou *snîḍa*.

## CLXXXIII.

स्नु — *Snu* (fait *snœmi*), c'est couler, dégoutter;

स्नुस्, स्नुह् — *Snus*, mange, il prend; *snuh*, vomir, rejeter.

स्नेह् — *Snêha*, corps gras, onctueuse tendresse;

स्पन्दे — *Spandê* s'émeut, tressaille *avec ivresse*.

स्पर्ध् — *Spard-ê*, je lutte, en émule, en rival;
A tout le moins, je veux être l'égal.

स्पश् — *Spaç-âmi*, fait, accomplit quelque chose,
Prépare, unit, joint, arrange, dispose.

स्पृ — *Spṛ-nômi* charme, intéresse *un enfant*;
Nous réjouit, nous charme, nous défend.

APPENDICE.

*Su: snœmi*, pass. réfléchi, *snavê*, pass. impers. *snûyatê*, couler, dégoutter.

*Snusyâmi*, parf. *susnôsa*, manger, prendre. Il signifie aussi être ou devenir invisible.

*Snuhyâmi*, parf. *susnôha*, vomir.

*Spandê*, être agité par des mouvements convulsifs, par des spasmes.

*Spardê*, rivaliser, égaler : *asmân êkaḥ spardatê*, il nous égale à lui seul; *spardayâmi* (causat.); *spardâ*, émulation, rivalité, lutte, le fait d'égaler quelqu'un.

*Spaçâmi*, *spaçê*, joindre, disposer; *spâçayâmi* (causat.), prendre, saisir, embrasser; — *spaça*, espion, agent secret, combat livré pour de l'argent contre une bête féroce; *spaṣṭa*, manifeste, évident. Ces deux derniers mots ont quelque chose d'étrange : on dirait qu'ils supposent l'ancienne existence d'une racine *spaç*, analogue à *paç*, et correspondant au latin spec (spec-tator, spec-ulator; inspicere, etc.).

*Spṛṇômi*, garder, défendre, réjouir, égayer, vivre; *sparitṛ*, (*spṛ*, *sfœtṛ*), celui qui peut nous sauver ou nous perdre, comme un ennemi, un oppresseur, un fléau, une maladie, etc.

## CLXXXIV.

स्पृश् *Spṛç-ê*, je touche, atteins, ou même arrose ;
स्पृह् *Spṛh*, envieux, j'aspire à quelque chose.
स्फट् *Sp'aṭ-ayâmi*, tuer, fendre, entr'ouvrir ;
D'où *sp'aṇṭâmi*, cherche à s'épanouir.
स्फर् *Sp'ar-ayâmi*, l'arc se tend, le trait vibre ;
स्फल् *Sp'al-âmi*, tremble et perd son équilibre.
स्फाय् *Sp'ay-ê*, s'accroît, a les membres grossis ;
स्पिच् *Spiċ*, cette chair sur quoi l'homme est assis.
स्फिट्ट् *Sp'iṭṭ-ayâmi*, *sp'êṭayâmi*, méprise ;
Ou parfois cache ; ou frappe, abat et brise.

### APPENDICE.

*Spṛçâmi*, *spṛçê*, toucher, atteindre, asperger ; *spṛç* et *spṛça* (en compos.), qui touche ; *spṛṣ́ṭi*, le contact, le toucher ; *sparçana*, attouchement, action de palper. *Spastum iċâmî putra sparçana paççimam*, nactus ultimum contactum (aut palpamentum) corporis mei filii. *Spṛçâ* et *spṛçî*, deux sortes de plantes ; *sparçalajja*, la sensitive.

*Spṛhayâmi*, *spṛhayê*, désirer, envier ; *spṛhâ*, désir ; *spṛhanîya*, *spṛhya*, désirable ; *spṛyahâlu*, désireux.

*Spaṭa*, expansion de la peau du cou du nâga ; *spaṭika*, *spaṭikaçilâ*, *spaṭikâçman*, *spaṭikôpala*, cristal ; *spâṭaka*, goutte d'eau. On dit aussi *spuṭâmi*, *spôṭê*, *spuṇḍê*.

*Sparâyâmi*, brandir ; *sparaṇa*, agitation, palpitation, vibration. On dit aussi *spurâmi*, *spulâmî*, d'où *spura*, vibrant, tremblant, et *spuliṅga*, étincelle ; *spôrayâmi*, faire vibrer, brandir, etc.

*Spal*, vaciller, s'ébranler (σφάλλω des Grecs), peut aussi vouloir dire activement ébranler. Il a encore le sens de jaillir et d'apparaître.

*Spâyê*, s'enfler ; causat. *spâvayâmi*, *spâra*, *spîra*, gros ; *spâla*, *spila* (partic.), accru, qui a réussi, nombreux, abondant ; *spâti*, grossissement, gonflement.

*Spiċ*, au duel, signifie les coussins naturels (les deux fesses).

*Spiṭṭayâmi*, *spêṭayâmi*, dédaigner, mépriser, frapper, tuer. On dit aussi *spuṭṭayâmi*.

## CLXXXV.

स्फुड् *Sp'uḍ-âmi,* couvre ; il tâche d'abriter ;

स्फुण्ट् *Sp'uṇṭ-ayâmi,* c'est rire et plaisanter.

स्फुर् *Sp'ur,* ou s'ébranle, ou commence à paraître ;

स्फुर्छ् *Sp'urć,* oublier, sembler ne plus connaître.

स्फुर्ज् *Sp'urj-atu,* foudre ; il vient de *spurjâmi ;*

*Sp'urj,* en effet, tonne, ou bien a frémi.

स्मि *Smi* (*smile* anglais), sourit *aux jeux d'enfance.*

स्मृ *Smṛ,* du passé garde la souvenance.

स्यन्द् *Syand-ê,* couler ; *syandâmi,* va courant ;

*Syandana,* char, et tempête, et torrent.

### APPENDICE.

*Spuḍâmi* ; on dit aussi *st'uḍâmi,* ce qui rappelle la connexité phonétique de σπουδὴ avec *studium.*

*Spuṇṭayâmi*, plaisanter, s'écrit également par un *ḍ : spunḍayâmi.*

*Spûrććâmi,* perdre de vue, oublier ; parf. *puśpûrćća,* partic. *spûrććita* et *spûrṇa.*

*Spurjâmi, spûrjâmi,* tonner, frémir ; *spurja, spûrja, spûrjaka,* le tonnerre d'Indra.

*Smi, smayê;* parf. *sismiyê* ; 1er aor. *asmâsi* ; partic. *smita.* Les Anglais ont conservé ce joli mot dans leur *smile (smail),* — qui est à la fois verbe et nom (comme *sourire* en français).

*Smarâmi,* se souvenir, regretter ; gr. μέριμνα, souci, μάρτυς, qui rapporte en témoignage ses souvenirs ; lat. memor ; *smṛti,* mémoire, souvenance, désir, regret. La *smṛti*, règles et préceptes écrits contenus dans les çâstras (par opposition à la *çruti*, ou enseignement oral et traditionnel) ; *smṛtimat*, qui a bonne mémoire ; et beaucoup de dérivés.

*Syandê*, couler, quelquefois répandre ; activ. *syandâmi,* courir çà et là, descendre en courant ; *syanda,* mouvement d'une chose qui coule ; *syandanârôha,* soldat monté sur un char ; *syandin,* qui coule : salive.

## CLXXXVI.

स्यम् *Syam-âmi,* va, crie à pleine poitrine;

स्याम् *Syâm* (par *â* long), considère, examine.

स्रंस् *Srańs-ê,* tomber; *srasta,* déchu, perdu;

*Srańsin,* qui choit, qui reste suspendu.

स्रिभ् *Sriƀ* (comme *sṛƀ*), frappe en façon de flèche;

स्रिव् *Sriv-yâmi,* glisse et s'en va; se desséche.

स्रु *Sru,* s'écouler (*ru* français, grec ῥέω);

*Srava,* fontaine, et *srôtas,* un cours d'eau.

स्वक्क्, स्वङ्ग् *Swakk,* va, se meut; *swaẏg* (idem), se déplace;

स्वज् *Swaj-ê, swañj-ê,* je presse, étreins, enlace.

### APPENDICE.

*Syam-âmi, syam-ayâmi,* aller, résonner, bruire; *syamika* ou *syamika,* le temps, un nuage, une fourmilière, un arbre (on ne voit pas trop pourquoi).

*Syâm-ayâmi* (long), examiner, considérer.

*Srańs-ê* (participe *srasta*), tomber. Causat. *srańs-ayâmi,* agiter, troubler, faire tomber.

*Sriƀ* et *srimƀ* sont des équivalents du *sṛb* (par un *ṛ*), qui veut dire frapper, atteindre, et dont l'indicat. est *sarƀâmi.* A ce verbe *sarƀ* remonte peut-être le mot sarbacanne, dont personne n'a pu encore découvrir l'étymologie.

*Sriv-yâmi,* s'en aller, se dessécher; parf. *sisrûva,* partic. *sryuta.* Causat. *srivayâmi,* sécher, tarir.

*Sru* (*sravâmi*), couler, s'écouler, et, par suite, périr; *sravam,* écoulement (sueur, urine, etc.). Causat. *sravayâmi,* répandre: *asṛk,* le sang. *Srôtaswatî* et *srôtaswinî,* rivière.

*Swaẏkê* et *swaẏg-âmi,* se mouvoir, vaciller.

*Swajê* ou *swañjê,* enlacer, prendre dans ses bras. Causat. *swañjayâmi,* faire embrasser.

## CLXXXVII.

स्वद् *Swad-âmi*, goûte aux mets appétissants;
*Swadê*, délecte et charme tous les sens.
स्वन् *Swan-as* (sonus), le bruit d'un corps sonore;
*Swan-ayâmi*, j'orne, pare et décore.
स्वप् *Swap-na*, somnus, ὕπνος, sopor, sommeil;
स्वयं *Svay-aṃ*, le soi, maître de son conseil.
स्वर् *Swar-ayâmi*, blâme et déconsidère;
स्वर्त् *Swart*, est craintif, il vit dans la misère.
स्वसृ *Swasṛ*, la sœur (pour *swastṛ*); nom bien doux;
Mais d'où vient-il? sa source échappe à tous.

### APPENDICE.

*Swadâmi*, goûter, et même manger (d'où *swadana*, comestion); adoucir, donner aux choses une saveur, un tour agréable; au moyen *swadê*, avoir un goût flatteur; grec ἁνδάνω, ἥδομαι, ἡδονή, etc.; *swâda*, goût, action de déguster; *swâdu*, savoureux, agréable, gr. ἡδύς, lat. suavis, d'où suadere; angl. sweet, etc. On écrit aussi *swardê*.

*Swanâmi*, sonner, résonner, lat. sonare; *swana*, *swani*, *swanita*, *swâna*, son, bruit; *swânta*, qui résonne; une caverne, la pensée.

*Swapâmi*, *swapîmi*, dormir, s'endormir, se coucher pour dormir, être étendu mort : *banđavâ mê swapanti*, mes parents dorment (du sommeil de la mort); *swapnaj*, dormant, endormi, *swâpa*, somnolence, stupidité. *Swapnas* se traduit, lettre pour lettre, en grec par ὕπνος, et en latin par sopnus, qui à la longue est devenu somnus.

*Swarayâmi*, blâmer, mépriser.

*Swayam* (du primitif *swa*), est un indéclinable, que représentent assez souvent le *sui*, *sibi*, *se* des Latins, le ἑς des Grecs (pour αὐτός), mais surtout notre mot LE SOI. *Swayam-bu*, Dieu (l'Etre qui existe par lui-même); *swayamvara*, le libre choix que la fille indoue faisait elle-même de son fiancé.

*Swartayâmi*, craindre, vivre dans la misère. C'est aussi un des innombrables verbes qui signifient aller.

*Swasṛ*. Force nous est bien de placer ce mot dans les radicaux, puisque l'on ignore de quel verbe il provient. On est sûr, seulement, qu'il se terminait jadis par *tṛ* (comme *brâtṛ* ou *duhitṛ*), puisque l'allemand possède encore schwester, et l'anglais, sister. — Sa ressemblance lointaine avec *çwaçrû* (lat. socrus) est-elle, ou non, un rapport fortuit?

## CLXXXVIII.

स्विद् *Swid*, c'est du chaud sentir l'humide effluve ;
*Swêda*, sueur ; *swêdani*, poêle, étuve.
स्वृ *Swṛ*, *swarâmi* (*ṛ* bref), mon chant pieux
Fera monter un hymne jusqu'aux dieux.
स्वॄ Mais *swṝnômi* (de *swṝ* long), — autre verbe, —
Montre un guerrier valeureux et superbe
Qui frappe, tue, et, toujours menaçant,
Fait, sous ses pieds jaillir des flots de sang...
स्वस्ति *Swasti?* — Non pas. *Swasti*, phrase bénigne,
Disant « C'EST BIEN », de la paix est un signe.

### APPENDICE.

*Swid-yâmi*, suer ; *swêdayâmi*, faire suer ; *swêdana*, sudation ; *swêdaw-pruṡ*, goutte de sueur ; *swêdani*, étuve. Lat. sudare, sudor.

*Swṛ*, bref (*swarâmi*), sonner, rendre un son, prononcer, chanter ; aller ; parf. *saswâra* et *saswara* : *Saswar ha yam marutô gôtamô yas*, l'hymne que Gôtama vous a chanté, ô Maruts.

*Swṝ*, long (*swṝnâmi*), frapper, blesser, tuer.

Diagramme de bon augure, signe d'approbation et vœu de paix, le fameux *swasti* est un terme indéclinable, lequel n'aurait, à la rigueur, aucun droit de figurer dans notre *Jardin des racines*, puisqu'il se compose de deux mots (*su asti*, lat. *bene est*), et qu'il veut dire simplement C'EST BIEN. Mais cette sorte d'*amen* est si usitée, qu'on serait presque étonné de ne nous en voir faire aucune mention.

Du reste, il n'est pas placé, dans nos vers, à son rang tout à fait alphabétique. Sa nature le rendait tellement une chose terminale, que nous l'avons mis à la fin de la lettre *sa*. Il y sera la clôture du chapitre des sifflantes.

## CLXXXIX.

हट् *Haṭ-âmi*, brille, éclate, resplendit ;
हठ् Avec *ṭ* rude, agir comme un bandit.
हट्ट् *Haṭṭ-a*, marché, la foire du village ;
हद् *Had-ê*, χέζω, d'un poids je me soulage.
हन् *Han-mi*, tuer, détruire, ou pousser fort ;
हनु *Hanu* (gena), mâchoire, arme, — la mort.
हम्म् *Hamm-âmi*, va, se meut et se démène ;
हय् *Hay*, bien lassé, se donne encor grand'peine.
*Haya*, le yak, bœuf-cheval d'Orient ;
हर्, हर्य् *Har-i*, vert, jaune ; *haryâmi*, va priant.

### APPENDICE.

*Haṭâmi*, parf. *jahâṭa*, briller, luire ; *hâṭaka*, or ; *hâṭakamaya*, en or.

*Haṭ'âmi* (à la fois nasal et aspiré), sauter, agir avec violence, être méchant, scélérat ; *hâṭ'a*, violence, acte de rudesse et de brutalité.

*Haṭṭa*, marché ou foire ; *haṭṭaćôraka*, petit filou qui exploite les foires ; *haṭṭavilâxmi*, gourgandine en exhibition dans les foires.

*Hadê*, parf. *jahadê*, partic. *hauna*, lâcher son ventre. Gr. χέζω.

*Hata*, partic. de *han-mi*, gr. ἔθανον, θάνατος, frappé, tué ; substantif, coup, meurtre ; *hatâça*, désespérant ou désespéré ; *hati*, carnage ; *hatnu*, arme ; *hat'a*, homme abattu, sans courage; *hana* (en compos.), qui tue ; *hanu*, maladie, mort ; *hantṛ*, meurtrier, destructeur ; et beaucoup d'autres mots.

*Hanu* (*gena*), la joue, la mâchoire, et, par la morsure, la mort.

*Hammâmi*, aller, se mouvoir. On retourne aussi à la consonne *n*, et l'on dit également *han-mâmi*, *han-mê*.

*Hayâmi*, aller, se fatiguer, sonner, retentir, honorer. Du sens aller, est provenu *haya*, cheval, *hayâ*, jument ; *hayana*, voiture couverte. Proprement, le *haya* n'est pas le cheval ; mais le *yak* (*bos grunniens* des naturalistes), animal qui sert de *jumentum* à tous les peuples de l'Himavat ; spécialement aux Tibétains.

*Hari*, vert, jaune, et même blanc jaunâtre. Pris au sens de vert (et devenu, comme substantif, le nom de l'herbe ou du gazon), l'adjectif *haritas* a produit le latin viridis.

*Haryâmi*, se fatiguer ; aimer, désirer, adorer, prier. En outre (on ne sait pourquoi), menacer,

## CXC.

हल् *Hal,* aux sillons s'applique avec courage;
*Halaṃ,* charrue; *hali,* le labourage.
हस् *Has-âmi,* rit, sans soins du lendemain;
हस्त् *Hast-a,* coudée; ou la trompe, ou la main.
हंस् *Haṅs-a,* chez nous se dit l'oie ou le cygne;
हा *Hâ,* quitte, laisse, à perdre se résigne.
हि *Hi-nômi,* c'est aller et s'avancer;
Dans le Vêda, jeter, darder, lancer.
हिक्क् *Hikk-â,* hoquet, sanglot, voix qui se brise;
हिड् *Hiḍ-ê, hiṇḍê,* passe outre, fuit, méprise.

APPENDICE.

*Halâmi,* labourer; *hala, hâla,* charrue; *halabṛti,* agriculture; *halayâmi,* causat. faire labourer; *hali,* sillon du labour, agriculture, labourage; *halin,* laboureur; *halya,* labourable, réunion de charrues, sol cultivé; *hâlika,* relatif à la charrue, au labour, aux laboureurs.

*Hasâmi,* rire, rire de, s'épanouir; *hasa, hasana,* le rire. Ce mot veut dire aussi foyer portatif, réchaud, fourneau; d'après *hasanîmaṇi,* le feu, Agni; *hasat, hasantî, hasantikâ,* petit fourneau, réchaud; *hasika, haritz, hâsa, hâsikâ,* le rire; *hâsin,* qui rit; *hâsayâmi,* faire rire; *hasila,* l'arc de Kâma.

*Hasta,* la main de l'homme, la main (trompe) de l'éléphant.

*Hâ* forme le verbe *jahâmi,* quitter, abandonner: *kuṇ jahâsi mâm,* pourquoi me délaisses-tu? se débarrasser, éviter, perdre: *putram,* un fils; *prâṇân,* la vie; au moy. *jihê,* s'en aller, se retirer; *hâtavya,* qu'il faut quitter; *hâpayâmi,* causat. perdre, négliger; *hîna* (partic.), privé de, abandonné, usé, dégradé.

*Hâtra,* gages, salaire (pourquoi?); est-ce ce qu'on laisse au départ?

*Hinômi,* je lance: *vajram,* la foudre; figur. mener, exciter, accroître, aider.

*Hikkâmi, hikkê, hikkayâmi,* sangloter, avoir le hoquet.

*Hiḍ* ou *hiṇḍ,* aller, passer outre, et par conséquent dédaigner; *hiṇḍana,* action d'aller, de rôder.

## CXCI.

हिन्व् *Hinv-âmi*, sait égayer par ses jeux ;
हिम् *Him-a*, l'hiver, le froid des temps neigeux.
हिरण्, हिंस् *Hiraṇ-a*, l'or ; *hiṅs*, du poing blesse ou tue ;
हिल् *Hil*, par le geste à causer s'évertue.
हु *Hu, juhômi*, sacrifie en maint lieu ;
*Huta*, victime offerte à quelque dieu.
हुड् *Huḍ*, j'amoncelle avec peine infinie ;
हुण्ड् *Huṇḍ-a*, le tigre, ou le mauvais génie.
हुर्छ् *Hurćć*, est courbé, marche comme un serpent ;
हुल् *Hul*, couvre et cache, ou bien s'en va frappant.

### APPENDICE.

*Hinwâmi, hivâmi*, réjouir, égayer.

*Hima*, adj. glacial ; subst. la froidure, les frimas, la neige. etc. Lat. hiems ; lith. ziêma ; gr. χεῖμα, χιών, etc. *Himavat*, froid et neigeux ; par excellence, la chaîne de l'Himavat, c'est-à-dire de l'Himâlaya (l'Imaüs des Anciens).

*Hiraṇu*, l'or ; *hiraṇya*, richesse ; *hiraṇaya*, d'or, aureus.

*Hiṅsâmi, hiṅsê, hinasmi, hiṅsayâmi*, frapper : *musṭiḃis*, à coups de poing ; blesser, faire du mal, tuer, détruire ; *hiṅsaka*, malfaisant, ennemi, bête de proie ; *hiṅsâ*, blessure, meurtre, offense, injure, méfait, désir de nuire ; *hiṅsâtmaka, hiṅsalu*, disposé à nuire ; *hiṅsaru*, tigre ; *hiṅsalûka*, chien sauvage ; *hiṅsra*, malfaisant, meurtrier, féroce.

*Hil*, tâcher de se faire entendre par gestes ; minauder.

*Hu* forme le verbe *juhômi*, immoler, offrir un sacrifice, gr. θύω ; *huta*, *lavidina, hutavaya*, Agni (qui porte l'offrande aux dieux) ; *hutâça*, le feu (qui s'en alimente).

*Huḍ* et *hûḍâmi*, amonceler, entasser ; être plongé ; *huḍê*, aller.

*Huṇḍa*, tigre, porc, animal ou vil ou stupide ; mauvais génie.

*Hûrććâmi*, partic. *hûrṇa*, se courber, aller d'une façon sinueuse ; *hûrććana*, courbure, sinuosité.

*Hôlâmi*, aller, frapper, blesser, tuer ; ou bien cacher, couvrir.

## CXCII.

हूण् *Hûṇ-a*, barbare, à main grossière et forte;
हृ *Hṛ* (grec αἴρω), saisit, ravit, emporte.
हृद् *Hṛd* (*herz* ou *heart*), le cœur, il bat, gémit;
हृष् *Hṛś-yê*, mon poil se hérisse et frémit.
हेट् *Hêt*, est méchant, heurte, tourmente et brise;
हेड् *Hêḍ-ê*, *hêlê*, je m'irrite ou méprise.
हेड् *Hêḍ-nâmi*, gagne en fortune, en santé,
Renaît plus pur, accroît sa sainteté.
हेष् *Hêś-in*, cheval, *qui dévore l'espace;*
होड् *Hôḍ*, rôde ou glisse ; avec dédain il passe.

APPENDICE.

*Hûṇa*, ce substant., dont on ne sait pas l'origine, semble n'être que le nom national des Huns, peuple que les Aryas de la Bactriane et du Sind doivent avoir connus.

*Harâmi*, *harê*, *barâmi*, *harmi*, *jiharmi*, partic. *hṛta*, s'emparer, saisir ; gr. αἴρω, j'enlève: *hṛtajñâna*, dont la science est ravie, qui a perdu la raison ; *hṛtadana*, dépouillé de son avoir ; *hṛtarâjya*, privé de la royauté ; et autres mots.

*Hṛd*, cœur ; *hṛdaya*, même sens. En grec κέαρ et καρδία, lat. ex, corde ; germ. herz ; angl. heart, etc. De *hṛd*, une foule de dérivés et de composés, dont nous ne donnons pas la liste.

*Hṛsyâmi*, *hṛsyê*, fr. hérisser, lat. horreo, part. *hṛśṭa*, hérissé, dressé, joyeux, étonné, surpris ; *hṛśṭa mânasa*, qui a le cœur joyeux ; *hṛśṭaróman*, qui a le poil ou les cheveux dressés ; *hṛśṭavat*, joyeusement ; *hṛśṭi*, hérissement du poil, joie ; et beaucoup d'autres mots. La racine *hṛś* forme, en outre, le verbe *harśâmi*, mentir.

*Hêṭâmi*, *hêṭê*, ou *hêḷâmi*, frapper méchamment ; causat. *hêṭayâmi*, faire frapper ; *hêṭa*, coup, tourment, vexation, empêchement, obstacle.

*Hêḍê*, mépriser, s'irriter ; *hêḍaja*, colère ; *hêlana*, mépris, dédain, coquetterie. *Hêḍ* forme aussi (on ne sait pourquoi) le verbe *hêḍâmi*, envelopper, vêtir.

*Hêḍnâmi*, renaître, étendre sa fortune, accroître sa pureté.

*Hêśê*, hennir ; *hêśâ*, hennissement.

*Hôḍê*, aller, passer, négliger, dédaigner ; *hôḍa*, bateau, radeau. On écrit aussi *hœḍê*.

## CXCIII.

ह्नु, ह्मल् *Hnu*, pour le vol se cacher. *Hmal-âmi*,
Tout vacillant, ne marche qu'à demi.
ह्यस् *Hyas*, c'est HIER, mot vulgaire en Europe,
ह्रग् *Hrag-âmi*, couvre, il cache, il enveloppe.
ह्रप् *Hrap* (comme *hlap*), *hrâpayâmi*, parler,
Se faire entendre et bien articuler.
ह्रस् *Hras-âmi*, rend un son qui s'atténue;
En général, décroît et diminue.
ह्राद् *Hrâd-ê*, tinter; *hrâda*, bruit, tintement;
*Hrâdin*, la foudre et le fleuve écumant.

### APPENDICE.

*Hnuvê*, parf. *juhnuvê*, fut. 2 *hnôsyê*, se cacher de quelqu'un, dérober, ravir.

*Hmalâmi*, aller, se mouvoir, vaciller; causat. *hmalayâmi* et *hmâlayâmi*, ébranler.

*Hyas* se reconnaît dans χθές, quand ce mot est prononcé par un Grec moderne; car celui-ci y fait entendre le *ch* doux d'un *ich* allemand, puis le *th* doux des Anglais. *Hyas*, d'ailleurs, se retrouvait dans le vieux sabin *hiesi*, et dans son dérivé *hicsternus*, d'où restent le germ. gestern et l'angl. yester-day, lesquels représentent encore le sanscrit *hyastana*. Dans le latin propre, on a dit hesternus, hesi, — et même heri (par suite de l'habitude âryenne qui change volontiers l'*s* en un *r*); — mais les peuples romains ont gardé l'*i* ou le *ya*, mal à propos supprimé. Ainsi, les Italiens continuent de dire jeri, les Français hier, et les Espagnols a-yer.

*Hragâmi*, couvrir, cacher, s'écrit aussi *hlagâmi*.

*Hrâpayâmi*, *hlâpayâmi*, parler, faire du bruit.

*Hrasâmi*, sonner, résonner, diminuer, décroître; *hrasiman*, brièveté, petitesse; *hraswa*, *hrasîyas*, *hrasiṣṭa*, court, plus court, très-court, bref, petit, insignifiant; *hrâsa*, un son; causat. *hrâsayâmi*, amoindrir, raccourcir.

*Hrâdin*, adject. qui fait du bruit.

## CXCIV.

ह्री *Hrî*, la pudeur ; *jihrêmi*, le sang monte
Jusqu'à mon front envahi par la honte.

ह्रेष् *Hrêś-â*, *hlêśâ*, du coursier belliqueux
Cri répété, hennissement fougueux.

ह्लाद् *Hlâd-ê*, se livre aux transports de la joie ;

ह्वल् *Hwal-âmi*, tremble et chancelle en sa voie.

ह्वृ *Hwṛ*, *hwarâmi*, *hwṛṇômi*, tout blessé,
Je suis gisant, abattu, terrassé.

ह्वे *Hwê*, *hwayâmi*, *hwayê*, demande, implore,
Convoque, appelle ; et d'autres sens encore.

### APPENDICE.

*Hrinîya*, *hrî*, *hrîkâ*, honte, pudeur, modestie, crainte pudique, blâme, reproche ; *hrita*, *hrika*, *hrîku*, *hrîmat*, *hrijita*, modeste, pudique, honteux, dominé par la honte, par la pudeur ; *jihrêmi*, rougir de honte, de pudeur, rougir devant quelqu'un ; *hrêpayâmi*, faire rougir de honte.

*Hrêśê*, hennir ; causat. *hrêśayâmi*, faire hennir.

*Hlâdê*, partic. *hlanna*, se réjouir, s'égayer, s'amuser avec ; *hlâda*, joie, gaieté ; causat. *hlâdayâmi*, réjouir, égayer. Angl. glad, très-content.

*Hwalâmi*, chanceler, trembler ; causat. *hwâlayâmi*, ébranler, faire trembler : *mahîm*, la terre.

*Hwarâmi*, part. *hwṛta*, *hruta*, causat. *hwârayâmi* ; courber, abattre, terrasser.

*Hwayâmi* (vêd. *havê*, *huwê*), invoquer : *Rudram huvêma*, invoquons Rudra ; *manisi havatê vâm*, un sage vous invoque. Il possède, outre ce sens, celui de rivaliser (provoquer).

FIN DES DÉCADES SANSCRITES.

# SUPPLÉMENT PHONÉTIQUE

## POUR LE TABLEAU DU SYSTÈME TRANSCRIPTIF

(VOIR PAGES XV–XVIII)

Pendant le cours de l'impression de ce travail, quelques-uns des hommes éclairés qui en apprécient la pensée et qui se proposent d'en recommander un jour la mise en usage, nous ont adressé une question intéressante.

Ils nous ont demandé de quelle manière, quand viendra l'heure de faire commencer l'étude scolaire du sanscrit; de quelle manière, disons-nous, il sera bon de faire prononcer, par la jeunesse des colléges, les antiques vocables indous. Comment, par exemple, un lycéen, quand il aura à réciter à haute voix nos vers techniques, devra s'y prendre pour faire toujours bien comprendre, soit à son professeur, soit à ses camarades, quelles lettres sanscrites il aura eu l'intention d'articuler.

La difficulté, en effet, a du sérieux ; car, ici, les confusions sont possibles en grand nombre, — en très-grand nombre, — d'après la nature de l'alphabet brahmanique : système savant et compliqué, dont la perfection même oblige à observer tant de nuances (1).

---

(1) Ainsi en français, où la finale est — brève dans *animale*, *belle*, *espèce*, et longue dans *mâle*, il *bêle*, j'*espère* ; — brève dans « un libertin *pèche* », et longue dans « un marinier *pêche* »; — brève, dans « il faut que ce paysage, je le *peigne*, » et longue dans « cette pauvresse a des cheveux si mal en ordre qu'il faut qu'on les lui *peigne*, » — de telles différences ont beau être énormes, elles restent pure affaire de bonne tradition, car l'orthographe est la même (ou à peu près) dans les cas opposés. — Il n'en est pas ainsi en sanscrit, où non-seulement les nuances sont beaucoup plus nombreuses, mais où elles s'expriment toutes au moyen de lettres diverses.

Pareilles chances d'erreur sont infiniment moindres dans le domaine de l'hellénisme; aussi n'a-t-on guère eu à s'occuper d'y parer, tant qu'il ne s'est agi que de la récitation des *Racines grecques* de Lancelot ([2]).

Mais sur le terrein où nous sommes placés, — nous, sanscritistes de Nancy, organisateurs d'un nouveau classicisme pratique, — l'interrogation qui nous est adressée est naturelle. — Nous aurions même dû la prévoir, et y répondre d'avance par quelques pages, qui eussent été mises à la suite de notre page XVIII, c'est-à-dire en manière d'appendice au tableau transcriptif.

Cette omission, nous allons la réparer.

Avant tout, cependant, présentons une remarque générale.

Eût-il été aussi complet qu'on voudra l'imaginer, notre tableau de transcription n'avait point à sortir des limites d'un résumé; il ne devait ni ne pouvait devenir un « *traité* de la prononciation sanscrite. » Quiconque veut tout de bon la connaître, quiconque a besoin de l'apprendre, est tenu d'aller l'étudier AILLEURS.

Les gens peuvent, par exemple, en prendre une première idée (et pas mal juste), dans le tableau, déjà un peu raisonné, qui pré-

---

([2]) Supposé que l'Université et les séminaires eussent adopté, dans les classes, le phonétisme grec moderne, — il y aurait eu, pour les élèves, mille sujets de méprises : confusion, par exemple, entre l'*êta*, l'*iôta*, l'*upsilon*, le groupe ει et le groupe οι (également prononcés *i* tous les cinq); confusion entre l'*epsilon* et la diphtongue αι; souvent confusion aussi jusque entre l'*omicron* et l'*oméga*. Mais, comme les colléges, — par de beaucoup meilleures raisons qu'on ne croit, — ont su conserver la réforme dite *érasmienne* (laquelle demanderait pourtant quelques changements, mais partiels), — il n'y a, dans les récitations que font nos lycéens, de méprises possibles qu'entre le θ et le τ, ou entre le κ et le χ. Du reste, rien de si aisé que de les faire même totalement cesser, et de ne plus laisser d'ambages du tout; car il suffirait d'adopter pour le θ les règles du *th* anglais, et pour le χ celles du *ch* allemand.

cédait dès 1857, les *Fleurs de l'Inde*, — pages 11 à 22 ([3]); — ou bien dans notre *Grammaire-Rudiment*, — seconde édition, — pages 1 à 37 ([4]).

Mais surtout, ils peuvent s'en rendre bien compte moyennant la lecture du travail spécial où l'auteur du premier de ces deux livres a traité la matière *in extenso* et d'une manière expresse : monographie qui a paru sous forme de brochure ([5]); — qui, en outre, par exception, et vu l'importance de son sujet, se trouve avoir été insérée aussi, quoique hors rang, dans le *Journal asiatique* de la même année ([6]).

Là, se trouve examiné, en détail, tout l'organisme phonétique, et subséquemment scripturaire, des vieux Indiens. Là se trouvent discutés, lettre par lettre, et l'alphabet dit *dêvanâgari*, et les divers systèmes métagraphiques essayés par divers orientalistes, chez plusieurs nations de l'Europe, pour le bien rendre, le bien représenter. Là, aussi, est finalement proposée, après discussion, la méthode transcriptive la meilleure (ou du moins la moins mauvaise) possible; — méthode qui, joignant au mérite du maximum d'approximation de la vérité, celui d'une entière simplicité ([7]), résout, ce nous semble, la question jusqu'au degré où elle était soluble. — Méthode, enfin, qui, adoptée qu'elle est par l'Ecole de Nancy pour tous les ouvrages du sanscritisme scolaire ([8]), nous paraît destinée à devenir,

---

([3]) *Fleurs de l'Inde*, etc., suivies d'une troisième édit. de l'*Orientalisme rendu classique*. Nancy et Paris, 1857.

([4]) *Méthode pour étudier la langue sanscrite*, par Em. Burnouf et L. Leupol. Seconde édition (Benjam. Duprat), 1861.

([5]) Des *Alphabets européens appliqués au sanscrit*. — In-8°, Paris (Benj. Duprat), 1860.

([6]) Livraison supplémentaire (qui double le cahier du mois de juin); placée à la fin du premier semestre de 1860 du *Journ. asiat.*, — tome XV de la cinquième série de ce recueil.

([7]) Constamment et sans exception, *signe pour signe*; — jamais deux lettres pour une.

([8]) *Méthode grammaticale*, — *Dictionnaire*, — *Selectæ*, — Supplément (pourânique) du *Selectæ*, — *Fleurs de l'Inde*, — *Bhagavad-Gita*, etc.

un jour, la règle transcriptive universelle ; comme le système *métrique*, en vertu de sa nature simple et parfaite, finira par triompher partout des résistances particulières, plus ou moins obstinées.

Ceci une fois bien entendu, venons au fait.

Comment sied-il que les collégiens prononcent, devant un maître, — ou des amateurs, devant un auditoire de philologues, — les antiques mots indiens qui font partie du *Jardin des Racines ?*

# VOYELLES.

Tenant pour généralement connu, même des écoliers, que le signe *u* équivaut à un *ou* français, — car là chose a lieu chez tous les peuples, hormis chez nous, — il ne se présente d'explications à donner que sur le *ṛ* (et sur son accessoire, le *ḷ*).

Bizarre émission frôlante, que les Sanscrits seuls ont considérée comme vocale, tandis que le reste du genre humain la regarde comme consonnante (ou très-peu s'en faut), — le *ṛ* n'est pas, il est vrai, tout à fait équivalent à l'*r* consonne, dont il n'a pas la franche simplicité. Il consiste dans une sorte de roulement, qu'on a comparé, non sans justesse, au bruit produit par une volée de perdreaux, c'est-à-dire *rrrr*.

Cependant, et comme il est nécessaire de faire reposer sur quelque chose de vraiment sonore cette prétendue voyelle, puisqu'elle *compte* dans les vers, — car là, soit à elle seule, soit mariée à des consonnes, elle forme syllabe, — force est bien d'y insérer un son réel quelconque. — Dès lors, quelques personnes font, du *ṛ*, un *ru* (*rou* ou *reu*), d'autres un *ri*, d'autres un *eur*, d'autres un *ar*. — Cette dernière valeur serait assez recommandée par certains faits grammaticaux (¹). Malgré cela, la valeur *ri* prévaut ; elle a, en effet, des titres pour prévaloir. Aussi, est-ce celle dont, au milieu du chaos qui règne, nous conseillons l'adoption. Et même nous la suggérons (quoique dubitativement), par l'emploi d'un *iota souscrit*, — signe grec éminemment convenable ici, jusque par son vague, puisque l'iota souscrit indiquait une valeur plutôt virtuelle que positive (²).

---

(¹) Notamment par le *gouṇa*. Voir là-dessus les Grammaires.

(²) Lire, à ce sujet, les pages XIII à XXI, et LXXXIII à LXXXVIII, de la dissertation sur les alphabets européens appliqués au sanscrit. (*Journal asiatique*, supplément à juin 1860.) Là seulement on pourra trouver discutée à fond la question sous tous ses points de vue.

Dans l'obligation donc, où se trouvent les écoliers, de prononcer la chose de quelque manière, nous les engageons, s'ils rencontrent, par exemple, *kṛla*, à dire *krrrrila*. D'abord, la présence de l'*i* fera voir qu'il y a là une voyelle; et puis le roulement (*rrrr*) fera sentir qu'il ne s'agit pas, avant l'*i*, de la consonne *r*. — Cette méthode, sans être tout à fait satisfaisante (car il n'y en a point de bonne), sera moins mauvaise que d'autres.

Pour le *ḷ*, — lettre peu importante, puisqu'elle n'existe guère qu'en théorie, et qu'on n'en cite pratiquement qu'un seul exemple bien connu (*kḷp*), — nous engageons les écoliers à suivre une marche analogue. Ils diront donc, tout bonnement, *kllllip*, en faisant vibrer leur langue comme une corde de violon.

## DIPHTHONGUES.

C'est à Burnouf l'ancien (l'helléniste), qu'est due la première idée de représenter par un *æ* la diphthongue ऐ, qu'en général, surtout hors de France, on figure par *ai* ou *âi*. Il eut raison d'agir ainsi (3); et moins que personne nous hésiterons à suivre là-dessus son exemple, nous qui avons pris pour règle l'unité des signes. — Cela n'empêche pas que si les écoliers (au lieu de prononcer simplement *é* ce monogramme *æ*, qui renferme deux éléments) — veulent le prononcer *ei* (4), ainsi que le pratiquait toujours Chézy, — qui même l'écrivait par ces deux lettres juxtaposées, — ils feraient bien. D'une part, en effet, ils éviteraient par là que l'on pût confondre la diphthongue ऐ (*æ*) avec la voyelle ए (*é*), simple quoique réputée complexe, — et de l'autre, ils seraient dans la vérité phonétique originelle; car peut-on méconnaître dans les instrumentaux pluriels en *æs* l'équivalent des vieux datifs latins en *eis* (ex. *queis* pour *quibus*)?

Sur la diphthongue *œ*, — au sujet de laquelle surtout nous renvoyons forcément à la brochure déjà citée les lecteurs curieux de s'instruire, — il suffit de dire ici que la différence entre ce groupe et celui qui se composerait d'un *a* et d'un *u* (5), est purement théorique. Qu'elle est néces-

(3) Voir *Alphabets européens appliqués au sanscrit*, pages XXVI à XXX.

(4) Non pas l'*ei* français de *peine* (lequel n'est qu'un simple *è* ouvert), mais l'*ei* allemand (de *drei*), l'*ei* italien (de *lei*), l'*ei* espagnol (de *seis*).

(5) Bien entendu qu'il s'agit ici d'un *u* prononcé *ou*.

saire pour la raison, d'après de saines règles étymologiques ([6]), mais que, pour l'oreille, l'*au* doit se prononcer comme on phonétiserait le digramme *au* ([7]), — (bien entendu, à l'allemande, à l'espagnole ou à l'italienne) —.

# CONSONNES.

Voyons, maintenant, le chapitre des consonnes.

Prenons-les comme elles nous viendront à la pensée, — moins dans l'ordre de l'alphabet dêvanâgarique que dans l'ordre où elles se présentent le plus naturellement à l'idée d'un Européen. Ce sont les labiales qui s'offrent d'abord à l'esprit.

## LABIALES.

Le *b* et le *p* sont, dans notre sanscrit, les mêmes qu'ailleurs ; mais le *b* et le *p* aspirés (*ƀ*, *p̄*) n'ont point d'équivalents en français ; — surtout la première de ces deux lettres.

Par le coup d'œil linguistique, on voit que l'une et l'autre correspondent, en grec, en latin, etc., tantôt à une sorte de *b* ([8]), de *v*, de digamma, tantôt à une façon de *p* soufflé, ou d'*f* ([9]). Au fond, dans ces articulations sanscrites, le jet primitif de la consonne se faisait clairement sentir, à part de l'aspiration surajoutée. Aussi le *p̄* serait-il fort bien rendu par ce groupe *pf* dont les Allemands font tant d'usage ([10]) ; et, par exemple, *p̄âlam* (fruit) n'aurait pas de représentation plus fidèle que l'orthographe française *pfalam*. Eh bien, par la loi des similitudes, la transcription *pf*, adoptée pour le *p̄*, devra pour le *ƀ*, se changer en *bv* (*bw* allemand). Ainsi, les mots sanscrits *ƀaẋ*, *ƀaj*, *ƀânu*, *ƀâs*, *ƀû*, — nos étudiants français auront à les prononcer *bvakch*, *bvadj*, *bvânou*, *bvâs*, *bvou*.

---

([6]) Consulter *Alphabets européens appliqués au sanscrit*, pages XXIII à XXVI.

([7]) Alors, va-t-on dire, une confusion phonétique va devenir possible. — Mais non, car le cas *ne se présentera pas*. — Il ne saurait se présenter, puisque, d'après les lois phonétiques et graphiques du sanscrit, quand l'*a* rencontre un *u*, ce digramme doit être remplacé par la voyelle *o*.

([8]) Témoin le *brûder* et le *brother* des peuples germains, le *bog* des peuples slaves, etc.

([9]) φύλλον, *folium*, *flos*, etc.

([10]) *Pfaltz*, *pfeife*, *pferd*, etc.

## GUTTURALES.

En fait de gutturales, le *k* ténu, c'est-à-dire simple, est une lettre qui va toute seule. Et si le *k* aspiré (*k̔*) présente à des bouches exclusivement françaises quelques difficultés d'émission, il n'offre du moins aucun embarras en ce qui concerne la règle à suivre. Cette consonne, en effet, est tout bonnement la *jota* espagnole, le *ch* dur des Allemands (dans *buch* ou *nachbar*), le kleth des Hébreux, le خ (*kha*) des Arabes, des Turcs et des Persans : cette *gutturale râclante*, qui, très-naturelle au genre humain, n'est guère inconnue qu'à trois langues : au français, à l'anglais et à l'italien.

Quant au *g̔* aspiré, qui est la douce de ce *k̔*, — il répond au غ (*g̔aïn*) de l'arabe et de tous les idiomes musulmans (1). C'est un *ga* très-fort et un peu grasseyé, — tandis que le *ga* ordinaire est émis couramment et de l'avant-bouche. Par parenthèse, aux endroits où nous employons ce dernier comme l'un des éléments de notre métagraphie sanscrite, il y aura lieu, pour les collégiens, de ne jamais lui donner, même devant *e* ou *i*, l'articulation du *j* français. Ainsi, dans le mot *gira* (voix), la première syllabe sera prononcée comme dans l'italien *ghirlanda*, ou comme dans le français *guitare*.

A la suite des *ka* et des *ga*, faisons mention du groupe *x̔a*, car il représente un *k* suivi d'une sifflante.

De quelle sifflante ? — Comme cette dernière (dans l'alliance dont nous parlons) est un *ch* français, — c'est-à-dire un *sh* anglais ou un *sch* allemand, — consonne que nous rendons dans notre alphabet transcriptif par un *s* aspiré (*s̔*), — le groupe क्ष aurait pour représentation naturelle *ks̔*; aussi usons-nous quelquefois de ce digramme. Mais plus habituellement, nous y employons la lettre *x*, en ayant seulement soin de la couronner de l'esprit rude, qui fait partie intégrante du *s̔*.

Au reste, quand même, par des raisons de commodité typographique, nous négligerions d'ajouter cet esprit, — eh bien, le simple *x* devrait toujours être regardé comme aspiré, et conséquemment se phonétiser *kch*. Pourquoi ? Parce que la combinaison *ks* (au lieu de *ks̔*) est étrangère aux

---

(1) Il s'agit de cette sorte de *g* que les militaires français d'Afrique ont pris si ridiculement l'habitude de transformer en *r*, — ne rougissant pas d'aller jusqu'à être obligés de dire « les califes de *Bardad,* les rois de Castille et d'*Araron*, les oranges de *Portural.* » Voir, dans le *Journal asiatique* d'avril-mai 1857, l'article rectificatif intitulé : « De la vraie prononciation du *ghaïn* arabe. »

habitudes sanscrites. — Ainsi, soit que les imprimeurs aient mis *aẋi* (œil), ce qui est la manière tout à fait correcte, — soit que, par une orthographe plus familière, ils aient écrit simplement *axi*, — peu importe : — dans l'une comme dans l'autre hypothèse, il faudra savoir lire *akśi*, et par conséquent prononcer (à la française) *akchi*.

## PALATALES.

Quelque chose de semblable aura lieu pour deux palatales dont nous allons parler, le *j* et son aspirée, où pareillement un signe graphique pourra être sous-entendu. Mais voyons d'abord la question du fond.

Notre *ć* et notre * j́* sont les *c* et les *g* italiens doux. — Doux : nous entendons, par là, tels qu'ils se prononcent devant *e* ou *i*, comme dans *ceneri*, *girare* (*tchénéri*, *dgirare*).

Quant aux deux aspirées qui y correspondent, c'est-à-dire quant à *c̓* et *j̓*, — comme on en saisit difficilement la différence d'avec les premières, il ne nous est pas du tout aisé de la faire comprendre. Pour y parvenir, cependant, nous conseillons, comme moyen, aux gens, d'ouvrir plus largement la bouche, et d'émettre, avec plus de souffle et d'une façon plus dure, la consonne. C'est à peu près ce que font les Espagnols dans le *ch* de leur *gavacho*, ou les Allemands dans le *tsh* de leur *kladderadatsch* : — *gavatchho*, *kladderadatschh*.

Pour mieux indiquer quelle est, dans notre alphabet transcriptif, la valeur, toute palatale, du caractère *j*, — nous y ajoutons un accent aigu (sans préjudice de l'esprit rude quand l'aspiration a lieu); telle est notre méthode régulière ([15]). Mais, quand cet accent viendrait à être omis, et que nos typographes feraient usage du *j* simple, il ne faudrait pas moins considérer ce signe comme palatal, et le prononcer *dgé* ou *djé* (c'est-à-dire à la manière d'un *g* italien ou d'un *j* anglais); car jamais, dans notre système transcriptif pour le sanscrit, elle ne représente ni le simple *ji* français (sans addition d'un *d*), ni moins encore le *jod* allemand (*yod* hébreu, *ya* arabe, *y* anglais ou espagnol).

## DENTALES.

Au sujet du *t* et du *d* ténus, nulle remarque n'est à faire ; mais pour leurs aspirées (*t̓* et *d̓*), quel parti adopter ?

---

([15]) Voir *Alphab. européens appliqués au sanscrit*, page XXXVIII.

Quoique la phonétisation primitive de ces dernières soit douteuse, il nous suffit qu'elle puisse avoir été, aux temps védiques, celle dont les Grecs modernes et les Anglais nous donnent l'exemple dans leurs langues ([14]), pour que nous profitions de cette ressource, précieuse comme moyen de discerner à merveille certaines lettres différentes.

Donnons donc au *t* et au *d* aspirés du sanscrit (*t̛* et *đ*) la valeur sibilante, — soit dure, soit douce, — que possèdent chez les Anglais le *th*, et chez les Grecs le θ.

Pour le *t̛* (de *t̛aḍâmi*, par exemple), prenons le soufflement du *th* dur britannique (tel qu'il existe dans *through* ou *monthly*), ou du *θ* dur romaïque (d'ἀθλητὴς, θρόνος, κ. τ. λ). Et pour le *d* aspiré (*đ*) de *đarâmi*, etc., prenons le soufflé délicat du *th* britannique doux (de *those* ou *mother*), lequel est aussi la valeur du *θ* doux athénien actuel (dans ἐίθε ou πλῆθος). Par là, nous nous ferons entendre, sans aucune méprise possible ; et cependant nous serons sûrs de n'être pas tombés bien loin de ce qui a dû être l'ancienne vérité ([15]).

## LIQUIDES.

Des quatre consonnes liquides que les grammairiens brahmanistes ont appelées des sémi-voyelles (*ya*, *ra*, *la*, *va*), la première, c'est-à-dire *ya*, a existé jadis en français, — et même y subsiste, quoiqu'elle y soit théoriquement méconnue. Le *ya* doit donc s'articuler, comme on articule le *yé* français de *Ba-yonne*, *pa-yen*, *a-yeux*, *Go-yon*, eau-de-vie d'*Anda-ye*, un coup *de yatagan*, un cheval *du Yémen*, un fromage de *Gru-yères*, etc.

La dernière (व) se prononce — ou tout à fait *va*, à la façon du *w*

---

([14]) Y a-t-il moyen de douter que μέθυ ne soit *mađu*? que τιθήμι soit *dađâmi*? Non; eh bien, le *th* doux et le *d* aspiré (*đ*) se correspondaient donc. Ne sait-on pas, d'ailleurs, que le *d* (même ordinaire) des Grecs modernes a quelque chose qui est mêlé d'une sorte de *z*? Tellement qu'à leur entendre prononcer ῥόδον, on en conçoit très-bien la parenté avec *rosa*.

([15]) Que le *th* du zend ou de l'ancien perse fût une lettre soufflante (inclinant d'abord vers les *s*, puis vers les *f*), cela ne saurait faire un doute. En effet, le *puthra* des inscriptions de Darius a conduit au *puser* persan, et le personnage mythologique *Thretaon* a produit chez les modernes un *Feridoun*; tout comme θήρ est devenu *fera*, — θύραι, *fores*, etc.; — à la même façon que les Russes ont transformé Θεοδώρα en *Fédora*.

allemand, — ou bien un peu *oua*, à la manière du *w* anglais. Les deux autres (*ra* et *la*) n'offrent rien de particulier.

Rien non plus sur le *ma*, — duquel nous pouvons très-bien parler à propos des liquides, quoique la systématisation brahmanique le place (non sans de doctes raisons) à la suite des labiales (16). Le *ma* sanscrit est l'*m* ordinaire. — Il a, même, avec nos habitudes françaises un point de contact extrêmement marqué ; c'est qu'il se nasalise souvent. — Dans ces cas-là, nous avons indiqué la chose en le sous-ponctuant. Ainsi, quand l'élève lira dans les livres sanscrits nancéyens le mot *apadaṃ*, il en prononcera la finale absolument comme la dernière syllabe du nom de l'homme primitif *Adam*.

## NASALES.

Puisque nous voici conduits à parler des nasales, débarrassons-nous d'abord de l'*n* avec accent aigu (*ń*). Ce caractère, est, comme l'*m* à point inférieur (*ṃ*), un signe de l'*anouswara* (17). Il n'en diffère que par l'origine, et non par la valeur. On verra, soit dans notre Grammaire (18), soit, plus en détail, dans le Traité de M. de Dumast sur les Alphabets (19), pourquoi il y avait convenance à créer, pour l'anouswara dit *nécessaire*, un signe transcriptif particulier, — qui a été cet *ń*, — tandis que l'anouswara libre ou subsidiaire (20) n'a besoin d'être exprimé que par l'*m* sous-ponctué : *ṃ*. — Mais pratiquement c'est la même chose, c'est-à-dire que *sańkṛsta* ne diffère point pour l'oreille, de ce que serait *saṃskṛta*. On trouve, dans les deux cas, la bonne et simple nasalité française, *an*, — absolument comme dans *le nouvel an* (21).

---

(16) Le *ma* est tellement une liquide, que certains peuples n'arrivent pas à le distinguer nettement d'avec le *va* ou *wa*. On sait, par exemple, que les alphabets syllabiques de Darius confondaient, pour nommer les Mèdes, la prononciation de *Mâ-da* avec celle de *Wa-da*.

(17) Nous n'avons point à expliquer à nos lecteurs ce que c'est en sanscrit que l'*anouswara*; car une personne qui en serait encore à l'ignorer, n'aurait probablement pas l'idée d'étudier notre *Jardin des Racines*.

(18) *Méthode*, etc., par Burnouf et Leupol. Seconde édit., pages 12 et 13.

(19) Des *Alphabets européens appliqués au sanscrit*, pages LVI à LX.

(20) Celui que Bopp appelle *anouswara vicaria*.

(21) Si, par hasard, cet *ń* accentué aigu, se trouvait suivi d'un *h*, ne pas chercher

Pour ce qui est du *na* (न), c'est notre *n* ordinaire, avec articulation simple et franche. Quant à l'*n* coiffé d'un accent circonflexe, il représente notre *gna* français, c'est-à-dire le ञ du dêvanâgari. Cette consonne (qui n'est, au fond, que l'articulation d'un *na* suivie de celle d'un *ya*), les Catalans la représentent avec raison par *ny* (ex. le mot *senyor*); et c'est ainsi, pour être dans la justesse, que tous les peuples auraient dû faire. Mais les Français et les Italiens ont pris *gn* (*seigneur*, *signore*), les Portugais ont préféré *nh* (*senhor*). Quant aux Espagnols, chacun sait qu'ils ont adopté un *n* con tilde, c'est-à-dire avec accent circonflexe, *ñ* : *señor*. — Eh bien, leur *ñ*, voilà le signe que nous adoptons, parce qu'il remplit la condition posée dans notre système transcriptif, de ne mettre jamais pour chaque lettre asiatique qu'une seule lettre européenne.

Il existe une dernière nasale brahmanique; savoir, celle qui, d'après le système du phonétisme sanscrit, est seule admise devant le *k*, le *k̓*, le *g* et le *ĝ*. Elle représente quelque chose de spécial: une nasalité que modifie sourdement l'approche d'une gutturale. Les Français ne sont pas habitués à la discerner, mais les Allemands la sentent très-bien dans leur mot *lang*, ou les Anglais dans leur mot *song*.

Habituellement, les sanscritistes la nomment *nga*; mais, comme notre règle est de ne jamais employer qu'un signe unique, il nous faut trouver dans les alphabets européens une lettre qui ait cette valeur. Or, la seule qui la possède, c'est le γ grec, lorsqu'il précède soit un autre γ, soit un κ, soit un χ. Dans ces cas-là, le premier *gamma* d'ἄγ-γελος, tout comme le gamma d'ἀγ-χων, est un véritable ङ; et nul doute qu'il ne faille voir là une vieille trace de la filiation âryaque des Hellènes. Aussi, adoptons-nous, sans aucune hésitation, pour figurer le ङ dévânagarique, le γ grec. Et seulement, afin d'empêcher toute erreur, nous le couronnons d'un point; nous écrivons γ̇. — Ce point superposé suffit pour faire clairement discerner le *gamma* nasal, signe d'un *ng*, d'avec le gamma ordinaire ou simplement guttural, lequel correspond au ग (*ga*).

Nous voici, ce semble, arrivés au terme de la tâche. — Et pourtant non, puisqu'il nous reste à parler des cinq lettres *t*, *t̓*, *d*, *đ*, *n*.

---

à établir liaison ni fusion entre les deux choses. Ainsi, dans le mot *sinha* (lion), se bien garder de marier l'*n* à l'*h* et de tenter là une articulation complexe (telle que serait en portugais *sinha*, c'est-à-dire en français *signa*). Dire séparément *sin-ha* comme dans les mots français « un *sein haletant*. » — N'avons-nous pas *en-hardir*?

### CÉRÉBRALES.

Extraordinaires pour l'Europe, ces articulations, dont l'équivalent ne se retrouve dans aucune langue âryenne, — pas même dans le zend de Zoroastre, — sont nommées, par les grammairiens du Gange, *lettres de tête*, ce que les nôtres traduisent fort bien par *consonnes cérébrales*. L'origine en est des plus obscures; on les suppose, non sans raison, empruntées à quelque race asiatique aborigène, — soit touranienne, soit plutôt dravirique. — Quoi qu'il en soit, dans notre alphabet transcriptif, nous les distinguons d'avec leurs correspondantes par un signe uniforme : le point inférieur. — Elles ont, pour spécialité phonétique, toutes cinq, de se prononcer PAR LE NEZ.

Telle est donc, bien que l'effet à produire soit peu agréable, telle est l'indispensable méthode qu'auront à suivre les collégiens. — Dans la nécessité, où ils se trouveront, de faire comprendre, au professeur ou à un camarade, qu'ils veulent se servir du *ḍa*, et non du *da*, — ou bien du *ṇa*, et non du *na*, — force leur sera de parler du nez, et, comme dit le peuple, de *capuciner*. Mieux vaut cela que d'exposer les auditeurs à se tromper sur le sens des mots sanscrits.

### LETTRES dites CHAUDES.

Il y a des consonnes que l'Inde brahmanique réunit sous le nom bizarre de lettres *chaudes*; ce sont l'aspirée et les trois sifflantes.

#### L'aspirée.

Sur l'*h*, rien à dire de très-particulier; c'est notre *h* de *haine*, de *héros*, de *hasard*, ou de *cahoter*.

Notons, cependant, que cette lettre possède constamment sa valeur plénière, et que, par exemple, dans le terme *brahman* (où la syllabe *brah* se réduirait en allemand à un simple *brâ* long), cette syllabe se termine par une franche aspiration, fermement consonnante, équivalant à une sorte de *kh* adouci (ce qu'il faudrait écrire en allemand *brachman*, ou très-peu s'en faut). Voilà, par parenthèse, pourquoi les Brahmanes ont été fort bien nommés, par les Grecs βράχμανες, et par les Latins *brachmanes*.

Ce qui déroute surtout nos oreilles, c'est le cas où l'*h* sanscrit (ह) est suivi, bien qu'initial, d'une autre consonne, — liquide, il est vrai : — *hma*;

*hra*, *hla*. La surprise, pourtant, ne devrait pas se produire, si l'on se rappelait que dans les langues européennes même, de pareilles combinaisons ont eu lieu. Certains noms, d'origine franque, — en passant de la forme mérovingienne *Khlotar*, *Khludwig*, etc., à la forme moyen-âge *Lotar*, *Ludwig*, ont traversé la phase intermédiaire (carlovingienne) *Hlotar*, *Hludvig*, pendant le règne de laquelle la gutturale râclante (*kh*), avant de disparaître, s'était transformée en simple *h* aspiré, — lettre seulement restée très-forte. — Et n'oublions pas que, pour souvenir d'un tel état de choses, il subsiste à Prague un palais-citadelle qui s'appelle encore le *Hradschin*.

### Les sifflantes.

Rien à observer au sujet de la troisième des sifflantes (स). Nous la peignons par l'*s* ordinaire, dont elle a en effet la valeur. — Bien entendu seulement qu'on ne l'adoucira jamais et qu'il en sera toujours comme de l'*s* des Espagnols, qui ne s'altère point ([22]).

La seconde sifflante (ष) étant le *ch* français ou le *sch* germanique, nous la considérons (d'accord en cela avec les Anglais, lesquels l'écrivent *sh*) comme une aspiration de l'*s*; et en conséquence, nous représentons ce caractère par *s* affecté d'un esprit rude : *s̒*.

Quant à la première, on discute un peu sur son phonétisme primordial. Quelques-uns ont supposé là le zézéyement du *z* espagnol de *corazon*; d'autres savants ont soutenu que le श pourrait bien avoir eu, jadis, l'articulation molle et quasi-humide du χ doux des Grecs actuels (dans ἔχω), ou du *ch* doux des Allemands (dans *ich* ou dans *sprechen*). Mais le plus grand nombre n'y reconnaît qu'une sorte d'*s*, dont la nuance est fort difficile à assigner ([2]).

Et seulement, comme nous voyons, d'après les étymologies, cette lettre répondre tantôt à un *c* sifflant (témoin *decem* pour *daçan*, *centum* pour *çatam*), — tantôt à un *c* dur ou *cappa* grec (ex. κύων pour *çwan*, πέλεκυς pour *paraçu*, *pecus* pour *paçu*), — il nous a paru indispensable de la figurer par un *c*, attendu que cette consonne européenne peut recevoir l'une ou l'autre valeur. A la vérité, nous cédillons ici toujours la lettre ; mais, malgré la

---

([22]) On sait que les Français, s'ils voulaient rendre exactement le son du *rosa* des Castillans, seraient obligés d'écrire *roça*.

cédille, il reste, dans l'emploi d'un *ç* au lieu d'un *s*, quelque chose qui suffit pour indiquer virtuellement parenté originelle entre le श et les gutturales.

Après cela, comment faire, pratiquement, pour distinguer, de vive voix, ce *ç* sanscrit d'avec l'*s* ?

En vérité, nous ne savons au juste que répondre. Le plus fin y serait embarrassé, car la décision ne saurait être qu'arbitraire.

Il faut, si l'on tient ici à jouir d'une règle, se la créer.

Veut-on, par exemple, convenir, — entre élèves et maître, — que la lettre *s* restera purement la sifflante simple, स ? et qu'au contraire le *ç*, puisqu'on dispute sur son ancienne nature, pourra être exprimé de quelque manière artificielle? — Qu'il le sera (supposons) par un soufflement un peu épaissi ; de façon que le bout de la langue vienne toucher l'intérieur de la rangée des dents? — Ce serait comme parlent quelquefois certaines jeunes filles, qui semblent avoir la langue un peu trop longue, et dont on représente par l'emploi d'un *c* au lieu d'*s* le petit défaut phonétique, en peignant ainsi leurs phrases : « *Moçieu, çi vous vouliez me laiçer paçer.* »

## LE VISARGA.

Bien que le *visarga* ne s'appelle pas précisément une LETTRE, et passe pour n'être qu'un signe orthographique, — il y aurait lacune à ne pas en faire mention. — Et la vraie place pour en parler, c'est à la suite des lettres *chaudes*.

Son premier rôle, en effet, c'est de tenir lieu d'une légère aspirée finale, et de produire un hiatus. Son second (et le plus réel) est de remplacer un *s* terminal.

Il a bien un troisième emploi : celui d'être le germe d'un *r*; mais ceci est indirect, et ne se présente pas uniquement en sanscrit. Qui ne sait que chez les vieux Latins, *Valerius*, *Furius*, *ara*, se disaient *Valesius*, *Fusius*, *asa*? et que la déesse *Flora* s'appelait *Flusa*? Qui ne sait qu'*eram*, *ero*, *amarem*, ont remplacé *esam*, *eso*, *amasem*? et que *tellus*, *honos*, *arbos*, ont changé leurs génitifs *tellusis*, *honosis*, *arbosis*, en *telluris*, *honoris*, *arboris*? La mutation d'*s* en *r* n'étant pour le *visarga* qu'une dérivation secondaire, il n'y a pas lieu de s'en occuper ici; et la seule chose à examiner, c'est de savoir s'il faut conseiller aux collégiens d'articuler ce signe par une aspirée ou par une sifflante.

Par une sifflante, cela vaut beaucoup mieux ; déjà même, en fait, nous levons tout embarras ; car dans nos ouvrages scolaires, et notamment dans le présent *Jardin des Racines*, presque toujours nous orthographions franchement par un *s* simple les syllabes visarguées. Au lieu d'écrire *kâmaḥ* ou *nadîbiḥ*, nous mettons *kâmas* et *nadîbis*. Pour des écoliers, c'est beaucoup plus simple; et cela leur fait mieux sentir le rapport des cas de la déclinaison sanscrite avec ceux de la déclinaison latine.

Mais quelle sifflante convient-il de faire entendre? Nulle raison n'indiquant le *ça*, ni encore moins le *cha*, il ne paraît pouvoir être sérieusement question que du *sa*. Seulement, et afin de faire bien comprendre à leur maître qu'ils ont l'intention de représenter un visarga (c'est-à-dire un *s* et non un स), nous leur conseillons d'en faire un *s* adouci, une sorte de *z* français ou anglais. Rien de plus simple et de plus clair qu'un tel moyen; car, justement, comme le sanscrit ne possède pas l'articulation du *z* français, la ressource n'offrira qu'avantages, sans inconvénients aucuns.

Telles sont les principales remarques que nous avions à présenter, tant aux professeurs qu'aux écoliers, sur la meilleure manière de prononcer, dans les *classes* des colléges européens, la langue de l'antique civilisation brahmanique.

Au fond, résoudre (de manière ou d'autre) ces sortes de problèmes est d'une nécessité si visible, que la chose ne présente plus guère qu'une question de TEMPS. — Car, on a beau faire : force sera bien d'adopter, pour le sanscrit, un système fixe, quelconque, de prononciation *classique*. Il est impossible aux routiniers, quoi qu'ils fassent, de fermer encore longtemps la porte à ce noble, à cet utile, à ce triomphant idiome, lequel (qu'il soit ou père ou oncle du grec et du latin) réclame impérieusement sa place dans le monde *scolaire*, — où sa présence apportera tout à la fois largeur, profondeur et conciliation; — conciliation par voie de LUMIÈRE.

# ERRATA

On sait que Mme Ve Raybois avait doté Nancy d'un avantage tout-à-fait sans exemple en province : la possession d'une imprimerie à la fois orientaliste et classique, desservie par des moyens d'action uniquement locaux.

Un tel foyer de travail, privilège non moins utile que flatteur, les successeurs de cette femme remarquable ne l'ont point laissé dépérir. Il subsiste pour l'honneur de la contrée, puisque, dans la ville qui fut la capitale de l'ancienne *nation* lorraine, on a continué de publier d'importants ouvrages relatifs aux langues de l'Asie (¹) sans avoir été obligé de faire venir pour cela, de Paris, un seul ouvrier spécial.

Voici, notamment, que, grâce aux soins d'un jeune homme à la fois philologue et typographe (M. L. Sordoillet), les *Racines sanscrites* viennent d'être imprimées à Nancy et avec un degré de correction qui laisse peu à désirer. Les inexactitudes, assez rares et assez légères, que renferme encore le volume, nous les signalons ci-contre, en vue des collégiens ; car il ne faut laisser subsister, pour des étudiants, la chance d'aucune méprise. Mais ces fautes, elles proviennent moins d'inadvertance de la part des ateliers Stanislas (anciens ateliers Raybois) que d'épuisements momentanés de notre propre attention. Pourquoi ne pas l'avouer, en effet ? Notre cerveau,

---

(¹) G. Eichoff, *Grammaire générale indo-européenne* ou comparaison des langues grecque, latine, française, gothique, allemande, anglaise et russe, entre elles et avec le sanscrit. Paris, 1867, Maisonneuve et C[e], éditeurs.

Rosny, *Revue orientale*, journal des orientalistes. Paris, Maisonneuve et C[e].

surchargé de soucis, a pu s'affaisser, par instants, sous le poids des mille affaires administratives créées par une guerre gigantesque.

Brachmanici quandoque bonus dormitat Homeri
Cultor et interpres.

L. L.

| Pag. | Lignes ou vers. | On lit : | Lisez : |
|---|---|---|---|
| 1 | L. 6 de la col. 1 | *ἀγ̇ὴς* | *ἀγὴς* |
| 8 | Vers 10 | *uḱ*; ou bien | *uḱ*, ou bien |
| 12 | Vers 3 | *ṛj... arjê* | *ṛj*, *arjê* |
| | Vers 4 | *ṛñj... ê* | *ṛñj-ê* |
| | Vers 5 | *ṛṇ... arnômi* | *ṛṇ*, *arnômi* |
| 13 | Vers 2 | *ṛś... arsâmi* | *ṛś*, *arśâmi* |
| 24 | Vers 9 | *kuṇḍ-ayâmi*, d'où | *kuṇḍ-ayâmi*, protéger; d'où |
| 43 | Vers 2 | *Két-ayâmi* | *Kêt-ayâmi* |
| 54 | Vers 3 | tournoiement | tournoîment |
| 68 | Après la l. 10 de la col. 2, des notes, ajoutez : | | Gr. γέρων, γραῦς, γῆρας. |
| 113 | Fin de la col. 2 | preces, viennent | preces, — percontari même, — viennent |
| 128 | Vers 6 | Sait et comprend. *Mid* | मिद् Sait et comprend. *Mid* |
| 129 | Vers 8 | *Muka* | मुख *Muka* |
| 145 | Vers 7 | रेठ् *Rêṭê*, parler; *rênu* | रेठे रेणु *Rêṭê*, parler; *rêṇu* |
| 168 | Col. 1, ligne 9 | *Cilâmi*, *cilayâmi*, faire | *Cilâmi*, faire, méditer. |
| *Ibid.* | *id.* l. 10 | considérer, visiter | *Clayâmi*, visiter. |

# UN ÉPILOGUE.

C'est aux vétérans de la cause (aux premiers soutiens de l'orientalisme RENDU CLASSIQUE), que M. Leupol, dans son incurable modestie, a passé la plume, pour leur faire tracer, à sa place, quelques pages finales : — pages réclamées, ce semble, pour clôture de ces *Racines*, naïvement rimées, qui sont le quatrième et dernier terme de sa tétralogie sanscrite.

Sous bien des rapports, il eût mieux fait de ne charger de l'*Epilogue* personne que lui; car c'est aux AUTEURS, estimables et laborieux, qu'il appartient surtout de formuler eux-mêmes la conclusion de leurs œuvres.

Mais, puisqu'il veut absolument se substituer quelqu'un, prêtons-nous à son envie. Prenons acte ici des travaux par lui accomplis dans nos contrées; et que sa volonté soit faite!

DUMAST.

# ÉPILOGUE.

De même que les philosophes enseignent, tous, que chez l'homme l'exercice de la pensée ne cesse jamais entièrement, fût-ce dans le sommeil; — de même on ne peut pas, dans l'histoire, citer une seule époque où l'activité de l'esprit humain se soit arrêtée tout à fait.

Ainsi, les siècles les plus enténébrés du moyen-âge, — ceux où le principe des investigations rationnelles paraît être demeuré le plus engourdi, — ont encore vu quelques sciences faire des pas en avant; la chimie par exemple, la médecine, l'astronomie, l'algèbre.

Ainsi, moins inféconds que l'on n'a coutume de se les représenter, les temps même de la Terreur française, ont été témoins, entre autres progrès décisifs, d'une innovation à la fois heureuse et grandiose : l'établissement du *système* dit *métrique;* de ce magnifique code des poids et mesures, non-seulement uniforme et complet, mais dont la permanence se trouvait assurée, grâce à un choix judicieux de bases, empruntées aux lois même de la Nature.

Eh bien, par un phénomène analogue, c'est au milieu de circonstances qui semblaient ne pouvoir guère se prêter au parachèvement de créations studieuses majeures, qu'aura été menée à terme la fière entreprise de populariser sérieusement le père de nos idiomes classiques, le sanscrit, — et de mettre cette belle langue en état de devenir scolaire, comme ont été rendus scolaires chez nous le grec et le latin.

Déjà, du reste, la conception même et les débuts de l'entreprise avaient offert, dès l'origine, quelque chose d'assez étrange. La première pensée, en effet, en appartenait à une simple ville de cinquante mille âmes, — dépourvue (en apparence au moins) des ressources spéciales nécessaires, — ressources qui semblaient alors être, en France, le privilège absolu de Paris. A une ville, il est vrai, qui conservait, sans que l'on y fît grande attention, quelques restes internes de sa vitalité d'ancienne capitale, mais voilà tout [1].

Cité noble et belle, mais peu considérable, peu populeuse, — qui seulement demeurait armée de ses doubles souvenirs glorieux, soit comme ville *universitaire* [2],

(1) D'ancienne capitale des Gallo-Francs *orientaux*, tout comme Paris a été de bonne heure la capitale des Gallo-Francs *occidentaux*. On sait que ce dernier rameau de l'arbre celtique s'est développé beaucoup plus que la branche de l'Est, — aussi vivace, aussi verte, mais moins *gourmande* (comme parlent les jardiniers).

(2) *Universitaire*, en tant qu'héritière des célèbres chaires mussipontaines. On sait, en effet, qu'aussitôt la mort de Stanislas, l'antique université de Pont-à-Mousson fut transférée à Nancy, et que là, par conséquent, elle avait, pendant un quart de siècle, dès avant la suppression des anciens grands corps enseignants (laquelle n'eut lieu qu'en 1792), distribué, dans ses cours de leçons supérieures, un enseignement tout-à-fait digne d'un passé mémorable.

soit surtout comme ville *souveraine*, — qui pouvait s'enorgueillir, à bon droit, d'avoir, pendant sept cents ans, porté sceptre et couronne [3], — Nancy n'avait, pour essayer de réaliser sa magnifique idée orientaliste, idée si européenne mais si hardie, — d'autres titres à l'espérance, que d'être en possession de deux ou trois dernières étincelles du feu sacré ; — de ce feu qui survit longtemps sous la cendre là où fut le foyer d'une nation quelconque [4] ; là surtout, à plus forte raison, où fut le foyer d'une nation énergique et propagandiste, chez qui brilla le flambeau de tout ce qui échauffe, éclaire et civilise [5].

(3) Sceptre SOUVERAIN SANS RÉSERVE ; couronne héraldiquement dite *fermée*, c'est-à-dire indépendante. Car, étant monarques honoraires de quatre *royaumes* (Aragon, Hongrie, Sicile et Jérusalem), les ducs de Lorraine et de Bar n'avaient point (en gros, et sauf pour certains territoires) de *suzerains* légitimes. Bien différents en cela des ducs de Bourgogne ou de Bavière, lesquels ne portaient qu'une couronne *ouverte*, — les souverains de Nancy, altesses dites *royales*, — tout aussi indépendantes que les rois de Castille ou d'Angleterre, — n'étaient mandés pour assister, comme grands vassaux, ni au COURONNEMENT D'UN EMPEREUR D'ALLEMAGNE à Francfort, ni au SACRE D'UN ROI DE FRANCE à Reims.

(4) NATION, et nullement PROVINCE. *Nation*, qui était le terme le plus conforme à la vraie nature des choses, n'avait pas seulement la justesse, mais le droit acquis ; il était le seul dont on fît usage en style diplomatique. Du reste, on peut voir encore qu'à Rome, l'église *Saint-Nicolas-des-Lorrains* était placée au même rang honorifique que *Saint-Louis-des-Français*.

(5) Sur les nombreuses *initiatives* prises au profit de l'Europe par le peuple lotharingien, voir toutes les découvertes récentes ; notamment l'ouvrage de M. de Dumast, intitulé : *Ce que fut jadis la Lorraine*. (In-12, 1866.)

Or, la tâche ainsi entreprise, — tâche qui avait exigé des labeurs inaccoutumés, et pour laquelle il avait fallu s'ingénier par des efforts rares, — rares, disons-nous, non-seulement dans l'ordre intellectuel, mais dans l'ordre matériel ([6]), — elle avait beau être réputée terminée : elle ne l'était qu'aux trois quarts. Grammaire, Dictionnaire, *Selectæ*, cela formait, sans contredit, un notable faisceau ([7]) ; mais, néanmoins, pareil ensemble, si complet qu'il pût sembler, réclamait encore un *Jardin des Racines ;* car ce n'est qu'alors, vraiment, que l'on se trouvait rivaliser avec l'enseignement collégial du grec. Grâce à un fait heureux, que signale (page XIII) notre Avant-Propos, le dernier quart a enfin suivi les autres. Et voici que le grand résultat poursuivi devient effectif ; il se présente avec sa plénitude.

Eh bien, encore une fois (car, en y songeant, on croit rêver), — *où* et *quand* a-t-il donc pu s'élaborer, s'imprimer, PARAITRE, — ce quatrième et dernier côté du carré ? ce complément presque inespéré de la tétralogie scolaire sanscrite ?

Ah! nous le répétons : ça été sous des *données* de lieux et de temps, que tout le monde y aurait présumées ABSOLUMENT IMPROPRES.

---

([6]) Gravure et fonte de caractères particuliers ; dressement d'ouvriers compositeurs doués d'une instruction technique, etc.

([7]) D'autant mieux que le *Selectæ* sanscrit se trouvait être doublé, un choix d'extraits des *Pouraṇas* étant venu lui servir de supplément.

Ça été dans des murs, il est vrai, où l'œuvre avait eu son berceau, mais que personne n'aurait imaginé pouvoir en devenir le théâtre de couronnement : dans des murs occupés par une armée étrangère, réduits au silence de tout professorat, et tenus comme séparés de relations, même académiques, avec le reste du monde; dans des murs où, par l'effet naturel de l'état de guerre, avaient forcément disparu les ressources ordinaires du travail ; murs, disons-nous, dont les habitants, préoccupés des soucis quotidiens de leur existence, manquaient et de l'aisance la plus modeste, et jusque des plus simples loisirs.

Au reste, jamais peut-être n'a-t-on mieux eu l'occasion de se remettre en mémoire l'une des vérités, si méconnues, formulées il y a deux cents ans par le fin observateur La Fontaine :

Laissez dire les sots : le savoir a son prix;

ou de se rappeler l'un des vers qui s'imprimaient, à Nancy même, en 1865, avant les dernières grandes crises de l'Europe :

Du savoir, tôt ou tard, la verge sera reine [8].

Qu'il y ait, quoi qu'on en ait pu dire, avantage, pour un peuple, à posséder la science, — à posséder surtout

---

([8]) Ceci se lisait dans une brochure nancéyenne qui, publiée un an avant la guerre de Sadowa, avait pour titre : *De l'Enseignement supérieur en France, et des extensions qu'il réclame.*

le véritable fruit de la science (la *compréhension*), — c'est ce qui commence à être confessé d'un public jusqu'à présent endormi, lequel avait presque fini par croire qu'ÊTRE BIEN RENSEIGNÉ SUR TOUTES MATIÈRES ne sert pas à grand'chose, et que peut-être un peuple, en cultivant la naïve ignorance (tandis que toutes les autres nations s'instruisent), prend le moyen de devenir meilleur qu'elles.

Ne dût-il même s'agir que des connaissances simplement philologiques, — chose dont l'avantage pratique saute moins vivement aux yeux, — elles ne sont jamais inutiles, ces nobles études littéraires, dont Cicéron, dans son plaidoyer pour le poète Archias, fait si bien ressortir le prix. Non-seulement elles apportent aux hommes consolation dans leur malheur : elles leur procurent l'estime, — l'estime fût-ce des rangs ennemis.

Saluée qu'elle avait été comme une petite Athènes sanscritiste, par l'auteur, déjà presque mourant, du *Cosmos*[9], — la première ville française qui ait osé se poser en chevalière d'un orientalisme rendu vraiment *classique*, ne pouvait être restée inconnue au pays des Wéber et des Bopp, à la contrée qui vit

---

(9) L'une des dernières lettres d'Alexandre de Humboldt est celle que l'illustre vieillard écrivit, déjà presque nonagénaire, à l'auteur des *Fleurs de l'Inde*, pour féliciter les Nancéyens sur leur noble tentative, à la fois linguistique, métagraphique et littéraire.

naître Max-Müller. Qui sait si quelque jour, selon la pensée, si morale, du vieux Homère de l'Inde, Nancy ne finira pas, — sous une forme ou sous une autre, — par obtenir quelque récompense de la ténacité de ses honnêtes labeurs[10] !

Certes, par le cours des âges, vont s'abaissant bien des puissances, même réputées invincibles; mais il existe un empire, du moins, qui, sans être tout-à-fait stable (car rien ne l'est), survivra de beaucoup à maints autres; — c'est la fraternelle société des esprits distingués, celle qui, chez nos aïeux, s'est appelée si longtemps la *République des Lettres*.

P. G. D.



(10) « Toute action humaine, soit bonne, soit mauvaise, fait recueillir à son auteur un fruit, mûri par la force du temps. » (Valmiki, la *Ramaïde*, chant I.)

# TABLE DES MATIÈRES.


Dédicace.......................................... v

Préface.......................................... VI

Tableau de transcription.......................................... XV

Le Jardin des Racines sanscrites.......................................... I

Appendice phonétique.......................................... 195

Errata.......................................... 210

Un épilogue.......................................... 213

Epilogue.......................................... 215

www.ingramcontent.com/pod-product-compliance
Lightning Source LLC
Chambersburg PA
CBHW060133170426
43198CB00010B/1142
* 9 7 8 2 0 1 2 6 8 7 1 1 0 *